FEUDEL · ADELBERT VON CHAMISSO

Universal Bibliothek

BIOGRAFIEN

Werner Feudel

ADELBERT VON CHAMISSO

Leben und Werk

1988

Verlag Philipp Reclam jun. Leipzig

Mit 103 Abbildungen

ISBN 3-379-00341-7

Reclams Universal-Bibliothek Band 490
3., erweiterte Auflage
Umschlaggestaltung: Friederike Pondelik unter Verwendung einer Porträtzeichnung nach einem Gemälde von Robert Reinick. Deutsche Staatsbibliothek Berlin
Lizenz Nr. 363. 340/99/88 · LSV 8023 · Vbg. 16,6
Printed in the German Democratic Republic
Grafischer Großbetrieb Völkerfreundschaft Dresden
Gesetzt aus Garamond-Antiqua
Bestellnummer: 6605021
00400

Französischer Emigrant und preußischer Offizier

1827 traf der französische Literaturwissenschaftler Jean-Jacques Ampère in der Berliner Mittwochsgesellschaft einen Dichter, der mehr als irgendein anderer das Gepräge trug, das man in Frankreich eine „deutsche Tournüre" nannte. „Der Mann war groß und hager, lange Haare hingen ihm auf die Schultern hinab, sein Gesicht hatte einen eigentümlichen Ausdruck von Wohlwollen und Festigkeit; es lag darin gleichzeitig etwas Zartes und Kräftiges, Abgespanntes und Kühnes ... Es war ein von der Natur auf seltene Weise ausgestatteter, aber vom Schicksal lange verfolgter Mann, ein französischer Emigrant und ein preußischer Offizier, ein Edelmann und ein Liberaler, ein Dichter und ein Botaniker, der Autor eines phantastischen Romans und ein Weltumsegler, es war ein Deutscher und ein geborner Franzose; kurz – es war Chamisso."[1]
Ampère war von den Gegensätzen fasziniert, die Chamissos schon vom Äußeren her ungewöhnliche Persönlichkeit prägten, und in der Tat gehört dieser Mann, der Dichter der in fast alle Kultursprachen übersetzten phantastischen Novelle *Peter Schlemihl,* des *Lied von der alten Waschfrau* und der volkstümlichen Balladen *Das Riesenspielzeug* und *Der rechte Barbier,* durch seinen außergewöhnlichen Lebensweg und die Eigenart seiner Dichtung zu den interessantesten Gestalten der deutschen Literaturgeschichte. Erst im Alter von vierzehn Jahren hat der aus Frankreich emigrierte Grafensohn die deutsche Sprache erlernt, und erst in seinem 38. Lebensjahr, nach wechselndem Aufenthalt in Deutschland und Frankreich und einer dreijährigen Forschungsreise um die Welt, wird er in Berlin seßhaft; dennoch zählt er um 1830 zu den bekanntesten Lyrikern im deutschen Sprachbereich. Als Schüler der Frühromantiker beginnend und auch später noch durch mannigfache Beziehungen mit der klassischen und romantischen Tradition verbunden, nahm er in der Restaurationsepoche als einer der ersten in Deutschland im Sinne des liberalen Bürgertums Stellung zu den großen politischen und sozialen Fragen der Zeit, so

Wappen der französischen Linie der Familie Chamisso

daß Heinrich Heine mit Recht sagen konnte: „Obgleich Zeitgenosse der romantischen Schule, an deren Bewegungen er teilnahm, hat doch das Herz dieses Mannes sich in der letzten Zeit so wunderbar verjüngt, daß er in ganz neue Tonarten überging, sich als einen der eigentümlichsten und bedeutendsten modernen Dichter geltend machte und weit mehr dem jungen als dem alten Deutschland angehört.“[2]
Das Geschlecht der Chamissos war von altem lothringischem Adel, urkundlich verfolgbar bis ins Jahr 1499. Mitglieder der Familie hatten seit dem 17. Jahrhundert als Offiziere hohe Ränge im Heere des französischen Königs eingenommen. Der Vater des Dichters, Comte Louis-Marie de Chamisso, Vicomte d'Ormond, Seigneur de Boncourt, Magnieux, Tournoison, Leviel, Dampierre usw., trug den militärischen Rang eines Oberstleutnants. Die Mutter, Marie-Anne Gargam, war die Enkelin von Pierre-François Gargam de Moncetz, des Gouverneurs der Stadt Châlons. Der Familienbesitz umfaßte neben dem Stammschloß Boncourt in der Champagne mehrere Güter und umfangreiche Ländereien.
Schloß Boncourt lag abseits des kleinen Dorfes Ante nicht weit von Sainte-Menehould am Rande einer landwirtschaft-

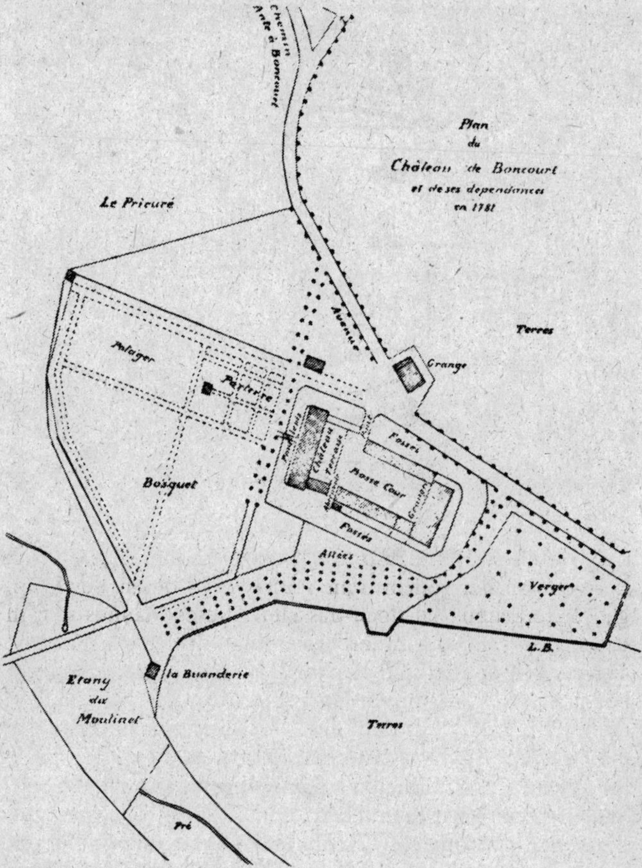

Plan des Schlosses Boncourt

lich genutzten Ebene. Weitläufige Gärten, eine mehrreihige Ulmenallee, Wall und Burggraben umschlossen einen rechteckigen Wirtschaftshof, an dessen Westseite sich der eigentliche Schloßbau, ein äußerlich schlichtes, im Innern aber reich ausgestattetes Wohngebäude aus Feld- und Backstein und mit steilem Schieferdach, erhob.[3] Hier wurde der künftige deutsche Dichter zwischen dem 27. und 30. Januar – das genaue Datum ist nicht bekannt – als vierter Sohn

Der Vater Louis-Marie Comte de Chamisso

des Grafen Louis-Marie de Chamisso geboren und auf den Namen Louis-Charles-Adélaïde getauft; hier wuchs er zusammen mit der um ein Jahr älteren Schwester Louise unter der Obhut der strengen Madame Campieu auf, die schon die Amme der Mutter gewesen war und nun auch die Erziehung des Sohnes im herkömmlichen Sinne leiten sollte.
Die ehrwürdige Großartigkeit des väterlichen Schlosses mit dem Burggraben, dem alten Wappen am Tor und der ruhenden Sphinx am Steinbrunnen hat sich tief in das Gedächtnis des heranwachsenden Jungen eingeprägt, dafür ist Chamissos berühmtes Gedicht *Das Schloß Boncourt* ein beredtes Zeugnis. Darüber hinaus wurde die Entwicklung des künftigen Dichters nur wenig von der Atmosphäre des Elternhauses beeinflußt. Er berichtet selbst, daß er als Kind un-

Die Mutter
Marie-Anne
Comtesse
de Chamisso

glücklich gewesen sei, daß er die meiste Zeit in der abgelegenen Kinderstube verbracht und früh schon in Opposition zu den Erziehungsmaßnahmen der abergläubischen Amme gestanden habe. Die Schwester schildert ihn als wortkargen, nachdenklichen Knaben, der sich gern von seinen Spielkameraden absonderte, um die Erscheinungen der Natur zu beobachten, eine Neigung, die er später lange unterdrückte, ehe er sie als seine eigentliche Berufung erkannte. *Ich weiß noch,* heißt es in einem späteren Brief, *wie ich die Insekten erspähte, neue Pflanzen fand, die Gewitternächte anschauend und sinnend an meinem offenen Fenster durchwachte, wie alle meine Spiele, mein Schaffen und Zerstören auf physikalische Experimente und nach Forschen der Gesetze der Natur ausging, weiß, daß, damals geleitet, ich vielleicht jetzt ein Buffon* [franz. Naturforscher; W. F.] *mit unendlichen Kenntnissen ausgerüstet dastehen würde ...*[4]

Louis-Charles war von den Eltern für den militärischen Beruf bestimmt, wie seine älteren Brüder Hippolyte und Charles, die als Leibpagen und später als Offiziere im Dienste des Königs standen. Die Zeitverhältnisse drängten die Entwicklung des Grafensohnes jedoch in eine ganz andere Richtung, als es seine standesbewußte Familie für ihn vorgesehen hatte. Er wuchs in einer Zeit des Umbruchs auf, in der die Ideen Rousseaus und der Enzyklopädisten den Glauben an jede geistige und weltliche Autorität zerstört hatten und das Bürgertum den Kampf gegen die feudalen Privilegien aufnahm. 1787 ließen der drohende Staatsbankrott und die Unruhen unter der Landbevölkerung auch äußerlich die Krise des Ancien régime sichtbar werden (der Comte de Chamisso stimmte als Deputierter des Landadels gegen die Neckerschen Reformvorschläge); zwei Jahre später stürmte das Volk von Paris die Bastille, verkündete die verfassunggebende Versammlung die Aufhebung der Adelstitel und Privilegien.

Aus den Akten des Archivs de la Marne geht hervor, daß Louis-Marie de Chamisso in den ersten Jahren der Revolution nach einem kurzen Zwischenaufenthalt in Châlons-sur-Marne zunächst noch abwartend auf seinen Gütern verblieb. Erst im Mai 1792, nach dem Beginn der Revolutionskriege, verließ er über Nacht mit seinen Angehörigen freiwillig Boncourt, um sich als persönlicher Adjutant des Herzogs von Broglie dem konterrevolutionären Emigrantenheer in den Niederlanden anzuschließen. Sein Besitz wurde von den Behörden des Distrikts Givry-en-Argonne eingezogen und ordnungsgemäß versteigert, das Schloß, weil sich kein Käufer fand, 1793 zum Abbruch freigegeben und von den Bauern der Umgebung so gründlich zerstört, daß heute nur noch der Burggraben zu erkennen ist. Das Gelände wird heute als Viehweide genutzt.[5]

Für die Familie und den elfjährigen Louis-Charles beginnt damit eine Zeit des Umherwanderns durch die Niederlande und durch Deutschland, anfangs fast immer auf der Flucht vor den Revolutionsheeren. 1792 sind sie in Luxemburg, 1793 und 1794 in Lüttich und in Den Haag. In Düsseldorf treffen sie wieder mit Hippolyte und Charles zusammen, die sich bis zuletzt in unmittelbarer Nähe des 1793 hingerichteten Königs Ludwig XVI. aufgehalten hatten. 1795 sind die Grafensöhne gezwungen, den Unterhalt der Familie durch den Verkauf von selbstverfertigten Miniaturen zu bestreiten. *Als Graf von Chamisso zu Boncourt geboren,* heißt es in einem Brief an die Brüder, *komme ich nach Würzburg, wo man beratschlagt, ob man mich zum Tischler machen soll; statt dessen werde ich wohldressierter Blumenverfertiger und Verkäufer zu Bayreuth; dann expediert man mich als Porzellanmaler nach Berlin ...*[6] Ähnlich schreibt er in einem französischen Schulaufsatz: *Von Stadt zu Stadt, von Land zu Land irrend, ohne Bindungen, ohne Vaterland, fast ohne Hoffnung, die Stütze der Elenden, habe ich das Unglück kennengelernt; kaum war es mir vergönnt, den Erzeugern meiner Tage nützlich zu sein. An ihr Schicksal gebunden und ihren Schritten folgend, habe ich Brabant, Holland, das Reich durchmessen; überall bot sich ein Bild des Unglücks meinen Augen; überall fand ich Landsleute von allerhöchstem Rang ins Elend gestürzt.*[7]

Im Winter 1795/96 hielten sich die älteren Brüder in den Herzogtümern Meiningen, Hildburghausen und Coburg auf, wo sie ein gutes Auskommen als Miniaturmaler fanden. Auch Louis-Charles wurde in Würzburg in dieser Kunst unterrichtet, die er später als Botaniker bei seinen Pflanzenzeichnungen nutzen konnte. Im Frühjahr 1796 versuchten Hippolyte, Charles und Prudent ihr Glück in Berlin. Zunächst gab es Schwierigkeiten mit der Polizei, die sie wieder abschieben wollte,[8] doch gelang es ihnen schließlich, in der preußischen Hauptstadt als Erzieher und Porträtmaler Fuß zu fassen und die Familie nachzuholen. Louis-Charles erhielt im Mai durch die Vermittlung von Hippolyte eine Stelle als Page der Königin Friederike Louise, der Gemahlin Friedrich Wilhelms II., der jüngste Bruder Eugène einen Platz im Kadettenhaus und später als Page der Prinzessin Ferdinand. Im Juli folgte die übrige Familie, die schnell Anschluß an die französische Kolonie der Stadt fand und bald auch Zutritt zum Hofe hatte. Hippolyte und Charles wurden ordentliche Mitglieder der Akademie der Künste, der Abbé Prudent Erzieher im Hause Dutitre, eine der reichsten Familien Berlins, die Schwester Louise zweite Vorleserin der Mutter der Königin. Damit war die Existenz der Familie Chamisso gesichert, schien auch der Lebensweg des jungen Louis-Charles-Adélaïde wenigstens äußerlich wieder in die alten, standesgemäßen Bahnen einzulenken.

Für die französischen Emigranten war Berlin ein bevorzugter Zufluchtsort; denn an Preußen, das sich am ersten Koalitionskrieg der Feudalmächte gegen Frankreich beteiligt hatte, schienen die revolutionären Ereignisse jenseits des

Rheines spurlos vorübergegangen zu sein. Das Ende 1794 verkündete „Allgemeine Landrecht" hatte die bescheidenen Reformansätze in der staatlichen Verwaltung und im Rechtswesen wirkungslos gemacht und die grundherrlichen Rechte und Privilegien des Adels gefestigt. Das Leben am Hofe Friedrich Wilhelms II. wurde von Mätressenwirtschaft und einem verschwenderischen Aufwand bestimmt. Das kam zu einem Teil der Kunst zugute. Haydn, Mozart und Beethoven haben für den cellospielenden König Quartette und Sonaten geschrieben. Staats- und innenpolitisch aber wurde die Meinung des Herrschers von bigotten Frömmlern wie dem Minister Johann Christoph von Wöllner beeinflußt, der mit dem berüchtigten Zensur- und Religionsedikt von 1788 die von Friedrich II. zumindest in religiösen Fragen gewährte Meinungsfreiheit wieder zu unterdrücken versuchte und 1794 unter anderen auch den Philosophen Immanuel Kant gemaßregelt hatte. Nach der Thronbesteigung Friedrich Wilhelms III. im Jahre 1797 wurde Wöllner zwar entlassen, doch blieben die Zensuredikte weiterhin in Kraft.
Und doch empfing der junge Chamisso gerade im konservativen Berlin die entscheidenden geistigen Anregungen für seine spätere liberale Gesinnung. Während auf dem Lande

Das Brandenburger Tor zu Berlin um 1800

noch die Erbuntertänigkeit herrschte, begann in Berlin, das damals schon mehr als 170000 Einwohner zählte, die allmähliche Wandlung von einer Residenz- zur modernen Großstadt. Zwar bestimmten noch der Adel, das Militär und die Hofbeamten das gesellschaftliche Leben Berlins, etwa ein Fünftel der Bevölkerung waren Angehörige der Garnison, mehr und mehr jedoch prägten die sich sprunghaft entwickelnde Industrie, besonders Textilmanufakturen, die Struktur der sich über die gefallenen Wälle ausdehnenden Stadt. Handwerker und Lohnarbeiter kamen aus allen Teilen des Landes nach Berlin. Das ansässige Bürgertum war in den Friedensjahren zu einem gewissen Wohlstand gelangt und dokumentierte nun auch äußerlich das gewachsene Selbstbewußtsein in einer regen Bautätigkeit und dem Streben nach großstädtischen Lebensformen. Im Süden entstand die Dorotheenstadt, im Westen die Spandauer Vorstadt. In den Bürgerhäusern entwickelte sich ein anregendes geselliges Leben, war man bemüht, die versagt gebliebene politische Emanzipation durch weltoffenes Bildungsstreben und eine zwanglose Begegnung mit dem Adel auszugleichen, vor allem in den Salons der wohlhabenden jüdischen Bürger, den Treffpunkten der Berliner Intellektuellen. Hier wirkten noch, trotz der Wöllnerschen Zensur- und Religionsedikte, die Gedanken eines Lessing, Rousseau und Voltaire, diskutierte man, aufgeschlossen für alles Neue, die kritische Philosophie Immanuel Kants, die sich erst allmählich in Deutschland durchzusetzen begann.
Eine eigentümliche Färbung erhielt das geistige Leben Berlins durch die etwa 5000 Bürger zählende französische Kolonie. Diese Nachkommen der Ende des 17. Jahrhunderts eingewanderten Hugenotten bildeten einen Staat im Staate mit eigener Gerichtsbarkeit, eigenen Religions- und Erziehungsinstitutionen. Der Handel und das Manufakturwesen der Stadt hatten durch ihren Gewerbefleiß einen bedeutenden Aufschwung genommen. Noch stark den geistigen Traditionen der alten Heimat verbunden, wirkten die einstigen Refugiés als Mittler zwischen französischer und deutscher Bildung. Dabei fühlten sie sich trotz ihrer Sonderstellung durchaus als Preußen, so daß die überwiegend katholischen Emigranten der Französischen Revolution kaum Einfluß auf die reformierte Hugenottengemeinde gewannen.

Chamisso kam mit den Hugenotten in Berührung, als er auf Anordnung der Königin im Sommer 1796 neben dem Pagendienst das Französische Gymnasium besuchen durfte, eine der vorzüglichsten Bildungsstätten Berlins, wo hauptsächlich die klassische französische Literatur und seit dem Aufenthalt Voltaires in der preußischen Hauptstadt auch die Philosophie der französischen Aufklärung gepflegt wurden. Jean Pierre Erman, der Direktor des Collège français, unterrichtete Chamisso in Rhetorik und klassischen Sprachen, der spätere Universitätsprofessor Paul Erman, ein Anhänger Kants und der französischen Aufklärung, in Physik und Philosophie, der künftige preußische Minister Ancillon in Geschichte. Ein intensives Studium der deutschen Sprache befähigte den wißbegierigen Pagen nach kurzer Zeit, Klopstocks „Messias" und Gedichte Schillers im Original zu lesen.
Für den jungen Chamisso, der bisher keinen geregelten Un-

Das Französische Gymnasium

Jean-Pierre Erman

terricht genossen hatte – Hauslehrer und später die Mutter konnten ihm nur das Notwendigste an Wissen vermitteln –, war dieser Schulbesuch von wesentlicher Bedeutung; denn hier wurde der französische Grafensohn und Katholik von reformierten Lehrern französischer Abstammung mit den Ideen des bürgerlichen Humanismus vertraut gemacht und im Geiste religiöser und nationaler Toleranz erzogen. Chamissos strenge, fast kalvinistisch anmutende Moralauffassung, seine Weltoffenheit und nationale Indifferenz lassen sich zu einem nicht geringen Teil auf jene Jahre am Französischen Gymnasium zurückführen.[9]

Helmina von Chézy, die spätere Freundin, hat den Pagen Chamisso romantisch-überschwenglich als Cherub im Scharlachskleid geschildert,[10] damit aber nur das äußere Erscheinungsbild erfaßt. Innerlich waren dem während der Wanderjahre in ungebundener Freiheit aufgewachsenen Jungen der bunte Flitter und die ihn umgebende gesellschaftliche Konvention des Ancien régime längst fremd geworden, so daß er dem Pagendienst nur mit Widerwillen nachkam. Ohne Bedauern vertauschte er deshalb im März 1798 den Pagenrock mit der Uniform eines Fähnrichs der preußischen Armee.

Die von den Eltern gewünschte Wahl des Offiziersberufes entsprach der Familientradition und wurde, wie von den meisten im preußischen Heere dienenden adligen Emigranten, anfangs auch vom jungen Chamisso als ehrenvoll und verpflichtend angesehen. In dem schon genannten Schulaufsatz hatte er geschrieben: *Meine Väter führten das Schwert zur Verteidigung ihres Landes und ihrer Herrscher; ich möchte, ihren Spuren folgend, die gleiche Laufbahn einschlagen und einem Lande dienen, das mich adoptiert hat, und seinen großmütigen Fürsten, unter deren erlauchter Herrschaft ich endlich wieder aufatmen durfte.*[11] Der Dienst im Regiment von Götze sagte ihm aber noch weniger zu als die Pagenstellung. In den Briefen an die Brüder klagte er wiederholt über den militärischen Zwang, die Gleichförmigkeit des Kasernenlebens und den mangelnden Kontakt zu seinen Regimentskameraden. *J'y suis l'étranger, der Fremde, der Franzos … es sind gute Teufel diese braven Germanen, die keinen fressen, aber ich habe hier nur Bekannte, keine Freunde.*[12] Um dieser Misere zu entfliehen, stürzte er sich in das Studium der Literatur und Philosophie.

Der junge Fähnrich las in diesen Jahren in bunter Folge deutsche und französische Autoren, wie sie ihm gerade in die Hände kamen: Goethe, Wieland, Bürger, Voltaire, Corneille, La Bruyère, La Rochefoucauld, Shakespeare in der deutschen Übersetzung von Eschenburg und immer wieder Schiller. Es hat ihn freilich weniger der Dichter der „Räuber" oder des „Don Carlos" angezogen, wie man annehmen sollte, sondern der Verfasser der großen Weltanschauungsgedichte. *Bemüht Euch*, schrieb er im April 1799 den Brüdern, … *„Die Ideale" zu besorgen, ein kleines Gedicht von Schiller, und lest es wie einen Brief Eures Bruders.*[13]

Die Vorliebe des jungen Chamisso für Schillers Weltanschauungsgedichte und überhaupt seine damalige Neigung zur philosophischen Spekulation sind im unmittelbaren Zusammenhang mit seinem unsicheren Emigrantendasein zu sehen. Herausgerissen aus der sozialen Sphäre des Elternhauses und noch ohne Bindungen an die neue Umgebung, suchte er nach einem neuen Lebensziel, glaubte er, moralischen und weltanschaulichen Halt durch das Studium der Philosophie zu finden. Er vertiefte sich in die Werke der französischen Aufklärer Voltaire, Diderot und Montesquieu, legte sich eine von Lamettrie beeinflußte epikureische Glückseligkeitslehre zurecht, nach der das Glück des Menschen auf der Vervollkommnung (perfectibilité) seiner Fähigkeiten und der Kunst zu genießen (l'art de savoir jouir) beruhe, und verwarf sie wieder, als er in Schillers Weltanschauungsgedichten und in Voltaires geistvoll-ironischen Erzählungen eine andere Meinung vertreten fand.[14] Schließlich stürzte ihn die Beschäftigung mit Kants „Kritik der reinen Vernunft" ähnlich wie den jungen Kleist in eine tiefe weltanschauliche Krise, die noch im *Faust* und in *Adelberts Fabel* nachwirkte und zum Bruch mit der Religion seiner Väter führte. In dieser Zeit der Selbstbesinnung wurde das Werk Jean-Jacques Rousseaus zum entscheidenden Bil-

Das Königliche Schloß zu Berlin

Adelbert von Chamisso als Siebzehnjähriger

dungserlebnis des jungen Emigranten.
Anhand der frühen französischen Briefe Chamissos läßt sich verfolgen, wie er sich seit 1799 mit den Schriften des großen Genfers auseinandersetzte und sich dessen Gedanken zu eigen machte. Von einem systematischen Studium war er freilich weit entfernt. Er ging vielmehr von seiner eigenen Situation aus und nahm auf, was ihm seine eigenen Probleme lösen half oder ihn in seinen eigenen Anschauungen bestärkte. *Ich lese jetzt Rousseau,* schrieb er 1799 dem Bruder, *und unter der Feder eines Meisters finde ich mit Sachkenntnis ausgedrückt, was ich tausendmal selbst gefühlt habe.*[15]

Jean-Jacques Rousseau

Zunächst wurde Chamisso von den im „Emile" entwickelten religionsphilosophischen Gedanken Rousseaus angezogen, die ihm mit ihrer Betonung der Moral als Grundlage eines jeden Glaubens einen Weg aus seiner religiösen Krise zeigten. Dann war es Rousseaus Kulturkritik, sein „Zurück zur Natur", das dem jungen Fähnrich, dem die gesellschaftliche Konvention seiner Klasse fremd geworden war, besonders zusagen mußte. 1799 schrieb er an Hippolyte: *Du hast die privilegierte Klasse durchlaufen, ohne sie um ihr Schicksal zu beneiden; Du hast oft die Nichtigkeit ihres Daseins und den trügerischen Schein ihrer Vergnügungen gesehen … glaubst Du, daß ich für alle ihre Gesellschaften die wohltuende Wärme des Sonnenstrahles in den ersten Frühlingstagen, daß ich das wunderbar wechselnde Schauspiel der Natur, welches denen unbekannt bleibt, die es nicht mit meinem Herzen zu genießen wissen, für all ihre Redouten und Feste hingäbe?*[16]
In dieser Briefstelle klingt schon die politisch-soziale Seite der Rousseauschen Kulturkritik, die ihn später nachhaltig beeinflussen sollte, vernehmlich an. Ein Jahr danach schrieb er an Hippolyte: *Werde ich nicht zur Klasse der schlichten und guten Bürger zurückkehren, die der Welt und ihrem Vater-*

lande nützen, Kinder, die wie wir einander lieben, zur Tugend und zum Glück erziehen und selbst das Glück von einer Frau empfangen, die dem Manne das ihrige verdankt?[17] Dieses Streben nach einem sinnvollen tätigen Leben innerhalb der bürgerlichen Gesellschaft – hier von Rousseaus Erziehungsroman „Emile" angeregt – wird den adligen Dichter als Lebens- und Werkproblem bis zum *Peter Schlemihl* beschäftigen und noch in seiner späteren Lyrik immer wieder anklingen.

Der Geist Rousseaus spricht auch aus einem 1799 geschriebenen sehr kritischen Bericht Chamissos an die Brüder über die Struktur des preußischen Militärstaates.[18] Wenig respektvoll und noch ganz mit den Augen eines Franzosen gesehen – allem Anschein nach diente Mirabeaus 1788 erschienene Schrift „De la monarchie Prussienne" als Muster –,[19] bezeichnete er dort den preußischen Staat als ein eigenartiges Monstrum. Existieren könne er nur durch eine viel zu große Armee, die wiederum nur auf Kosten der Bürger und Bauern lebensfähig sei. Die Willkür im System der Rekrutierung und die persönliche Unfreiheit der Bauern verletzten das Naturrecht; sie seien Grundübel im preußischen Staat.

Nicht freundlicher urteilte er über die Armee Friedrichs II., deren ruhmlosen Untergang er wenige Jahre später miterleben sollte. Ein Drittel der Garnison bestehe aus fremden Söldnern, Chamisso nennt sie Berufsdeserteure aus dem Abschaum aller Nationen, Sklaven der Bürgerschaft, die sie ernähre. Unter dem Offizierskorps herrschten Schlaffheit und Gewinnsucht, aber kein militärischer Geist. Der Subalterne setze wenigstens sein Leben gegen die Börse, der vorsichtige Hauptmann aber sein Leben und sein Geld gegen nichts; er wünsche den Frieden, weil sonst seine Einkünfte verlorengingen. Chamisso spielt hier auf eine verbreitete Korruptionserscheinung im preußischen Heer an. Die einzelnen Kompanien erreichten zum Beispiel nur während der Manöver ihre volle Kampfstärke. In der übrigen Zeit wurden viele Soldaten, meist hörige Bauern, zur Feldarbeit auf die Güter ihrer Herren beurlaubt. Der Sold aber wurde weiterbezahlt und floß zum großen Teil in die Taschen der hohen Offiziere.[20] Um die erschreckende Moral der Garden zu demonstrieren, zitierte Chamisso am Schluß des Briefes in sehr fehlerhaftem Deutsch die erste Strophe eines von den Soldaten oft gesungenen Liedes:

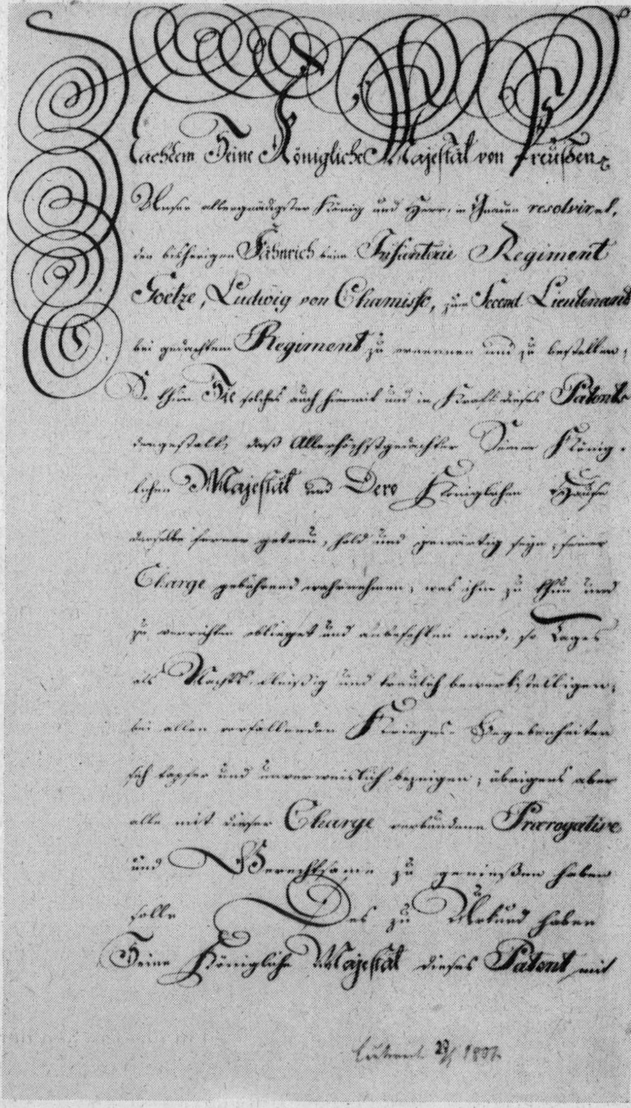
Nachdem Seine Königliche Majestät von Preußen
Unser allergnädigster König und Herr in Gnaden resolviret,
den bisherigen Fähnrich beim Infanterie Regiment
Goetze, Ludwig von Chamisso, zum Second Lieutenant
bei gedachtem Regiment zu ernennen und zu bestellen,
So thun Sie solches auch hiermit und in Kraft dieses Patents
dergestalt, daß Allerhöchstdenenselben Seiner König-
lichen Majestät und Dero Königlichen Hause
derselbe ferner getreu, hold und gewärtig seyn, seine
Charge gebührend wahrnehmen, was ihm zu thun und
zu verrichten obliegt und anbefohlen wird, so Tages
als Nachts, willig und treulich bewerkstelligen,
bei allen vorfallenden Kriegsgelegenheiten
sich tapfer und unverweislich bezeigen; übrigens aber
alle mit dieser Charge verbundenen Prerogative
und Gerechtsame zu genießen haben
solle. Des zu Urkund haben
Seine Königliche Majestät dieses Patent mit

[illegible] 1807

Chamissos Leutnantspatent

O Du großer König,
Du großer Potentat,
Wie sind wir Deiner Dienste
So überdrüssig satt.

(In Chamissos Orthographie lauten die beiden letzten Zeilen: „Wie sind wir deiner Dinst / so über drüsich sat.")[21] So konnte es nicht ausbleiben, daß der am 29. Januar 1801 zum Leutnant beförderte zwanzigjährige Franzose seine eigene Situation als unwürdig empfand. Es sei ein schmähliches Handwerk, seine Haut für Geld zu Markte zu tragen, schrieb er dem Bruder unter ausdrücklichem Hinweis auf Rousseau, und der Schwester riet er, ihren Kindern lieber den Hals umzudrehen, als sie zu preußischen Soldaten zu machen. *Dieser Beruf verdorrt den Geist und tötet das Herz.*[22] Sein Desinteresse am militärischen Handwerk führte zu Demütigungen von seiten seiner Vorgesetzten, an die er sich noch während der Niederschrift der *Reise um die Welt* erinnerte: *Ich träumte von dem Regimente, bei welchem ich gestanden, von dem Kamaschendienst; der Wirbel schlug, ich kam herbeigelaufen, und zwischen mich und meine Compagnie stellte sich mein alter Obrist und schrie: aber Herr Lieutenant, in drei Teufels Namen! – O dieser Obrist! Er hat mich, ein schreckender Popanz, durch die Meere aller fünf Weltteile, wann ich meine Compagnie nicht finden konnte, wann ich ohne Degen auf Parade kam, wann – was weiß ich, unablässig verfolgt; und immer der fürchterliche Ruf: aber Herr Lieutenant! aber Herr Lieutenant!*[23]
Wenn sich Chamisso in den drückenden Jahren des Kasernendienstes eigenen poetischen Versuchen zuwandte, so war das für ihn, der schon 1794 kleine französisch geschriebene Gedichte, Logogryphen und Rätsel zu Papier gebracht und mit eigenen Zeichnungen versehen hatte,[24] der notwendige geistige Ausgleich. Auch jetzt waren es zunächst französische Verse, zum Teil Übertragungen aus dem Deutschen, die er in einem Heft unter dem Titel *Contes en vers par un jeune exilé, premier cahier 1801* zusammenfaßte. Von einer Auseinandersetzung mit seinem Emigrantendasein, wie es der Titel vermuten läßt, ist in diesen an La Fontaines Fabeln geschulten humoristischen Verserzählungen wenig zu finden; nur in einer Montaigne nacherzählten Anekdote, „La Religieuse" (Die Nonne), wird sein Ringen um eine neue Weltanschauung oberflächlich berührt.

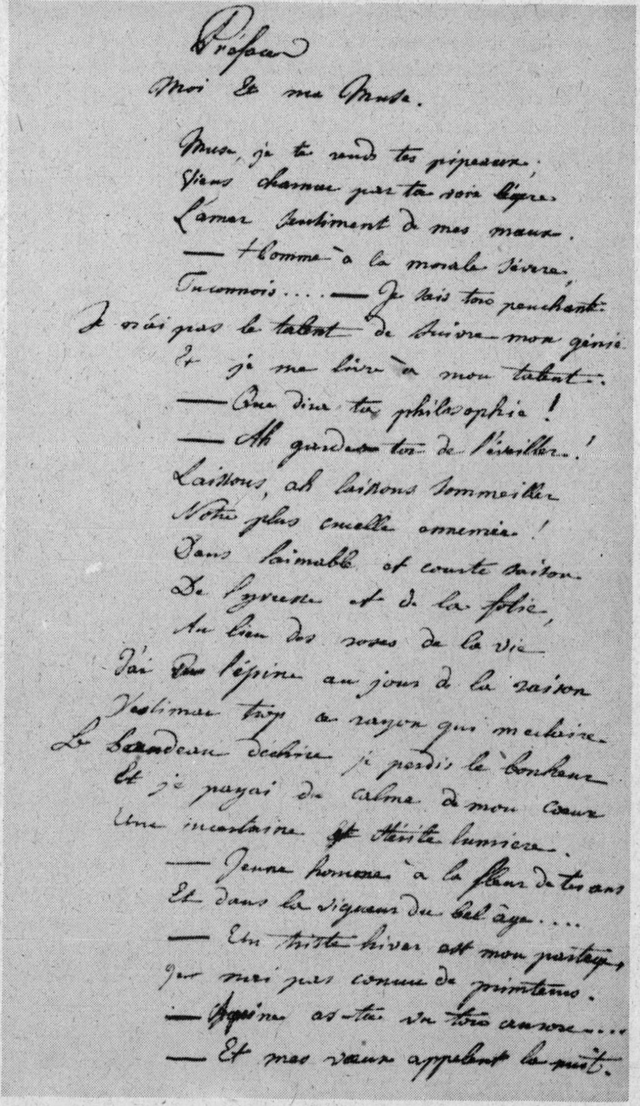

Préface
Moi et ma Muse.

Muse, je te rends tes pipeaux;
Viens charmer par ta voix légère
L'amer sentiment de mes maux.
— L'homme à la morale sévère,
Tu connois . . . — Je suis ton penchant.
Je n'ai pas le talent de suivre mon génie
Et je me livre à mon talent.
— Que dira ta philosophie!
— Ah gardons-nous de l'éveiller!
Laissons, ah laissons sommeiller
Notre plus cruelle ennemie!
Dans l'aimable et courte saison
De l'yvresse et de la folie,
Au lieu des roses de la vie
J'ai l'épine au jour de la raison
J'estimai trop ce rayon qui m'éclaire
Le bandeau déchiré je perdis le bonheur
Et je payai du calme de mon cœur
Une incertaine et triste lumière.
— Jeune homme à la fleur de tes ans
Et dans la vigueur du bel âge . . .
— Un triste hiver est mon partage,
Je n'ai pas connu de printems.
— A peine as-tu vu trois aurores . . .
— Et mes vœux appelent la nuit.

Aus „Contes en vers …"

Ein Jahr später wagte sich der dichtende Leutnant an die schwierige Aufgabe einer deutschen Übersetzung des französischen Trauerspiels *Le comte de Comminge ou les Amants malheureux* von François de Baculard d'Arnaud (Paris 1768). Es ist ein monströses Drama mit großen Leidenschaften, komplizierten Verwicklungen und einem rührselig-tragischen Ausgang, das kaum die Mühen der Übertragung rechtfertigt und in der Ausführung noch weniger den künftigen deutschen Dichter ahnen läßt. Chamisso rang noch mit der ihm fremden Sprache, seine Wortwahl war ungeschickt, und immer wieder schlichen sich grammatische Fehler und Gallizismen ein; trotzdem zeugt dieser unvollkommene Versuch von der außergewöhnlichen Sprach- und Formbegabung des jungen Franzosen.
Die intensive Beschäftigung mit der deutschen Sprache und Literatur führte dazu, daß Chamisso auch die Menschen in seinem Gastland mit anderen Augen betrachtete; aber noch dachte er nicht an einen dauernden Aufenthalt in Deutschland. Er sehnte sich nach Frankreich und nach seinen Angehörigen, denen im Februar 1801 vom Konsul Napoleon die Rückkehr bewilligt worden war. Im August 1802 konnte er zusammen mit seinem erkrankten Bruder Eugène die Eltern und Geschwister in Frankreich besuchen. Er verlängerte den Urlaub bis zum Anfang des Jahres 1803; aber an ein Bleiben war infolge der bescheidenen Vermögensverhältnisse nicht zu denken, und er wollte es auch nicht mehr, nachdem er erkennen mußte, daß seine durch den Zwang der Verhältnisse und das Studium der Philosophie errungene eigene Weltanschauung nicht mehr mit den standesgemäßen Idealen der Familie übereinstimmte. *Ihr stützt Euch darauf,* hatte er schon vorher den Eltern geschrieben, *was ich ohne die Revolution gewesen wäre, ich erwidere, daß ich ein ganz anderer Mensch geworden wäre, daß ich unter den durchaus anderen Verhältnissen nicht die Ideen, nicht den Charakter entwikkelt hätte, der heute eben meine Persönlichkeit ausmacht. Andere Vorurteile bringen andere Sitten mit sich. Würde ich besser geworden sein? Ich glaube schwerlich. Ich will daher unser Unglück, durch das ich mich gebildet habe, nicht anklagen, aber wollet nur nicht den Maßstab, der vielleicht für jeden anderen Menschen gepaßt, jetzt auf mich anwenden, da er nicht mehr für mich paßt.*[25]

Der Nordsternbund

Varnhagen von Ense schildert in den 1837 erschienenen „Denkwürdigkeiten" rückblickend seine erste Bekanntschaft mit dem jungen Dichter im Jahre 1803: „Den Franzosen konnte Chamisso in keinem Zuge verleugnen. Sprache, Bewußtsein, Sinnesart, ... alles erinnerte an seine Herkunft, nur war sein ganzes Wesen dabei mit einer besonderen, seinen Landsleuten sonst nicht grade eigenen Ungeschicklichkeit behaftet ... Seine langen Beine, die knappe Uniform, der Hut und Degen, der Zopf, der Stock und die Handschuhe, alles konnte ihm unvermutet Ärgernis machen; am meisten aber und sichtbarsten kämpfte er mit der Sprache, die er unter gewaltigen Anstrengungen mit einer Art von Meisterschaft und Geläufigkeit radebrechte, welches er auch in der Folge zum Teil mit Vorliebe beibehielt. Er hatte deutsche Lieder und Elegien gedichtet, sogar einen Faust in Jamben angefangen, und ich hörte mit Staunen und Bewunderung, was er davon mit seiner zerquetschenden Aussprache, in einer Türe stehend und den Durchgang hemmend, mir aus dem Gedächtnis hersagte."[1]

Diese Schilderung läßt Chamissos Schwierigkeiten mit dem Deutschen erkennen, vornehmlich in der Aussprache; sie zeigt aber auch seine Beharrlichkeit und den unbedingten Willen, die Schwierigkeiten zu meistern. Bis in seine letzten Tage zählte er französisch, den Akzent seiner Muttersprache hat er nie überwunden, und doch gelangen ihm schon nach sechsjährigem Aufenthalt in Deutschland die ersten poetischen Versuche in der ihm fremden Sprache.

Mit der von Varnhagen erwähnten Faustskizze griff Chamisso Anfang 1803 erstmals einen spezifisch deutschen Stoff auf. Die Anlehnung an Goethes Erdgeistszene aus dem Fragment von 1790 ist offensichtlich, auch Gedanken aus Schillers Gedichten „Resignation", „Das verschleierte Bild zu Sais", aus Kants „Kritik der reinen Vernunft" und Fichtes „Bestimmung des Menschen"[2] klingen an; nur ist alles ins Subjektive gewendet und auf die eigene weltanschauliche Krise zugeschnitten. Faust hat als Wahrheitssucher alle Gebiete des Wissens durchmessen, doch nicht das

Wesen der Dinge, sondern nur ihre Erscheinung geschaut. Vom Zweifel geplagt, wendet er sich der Magie zu und beschwört den guten und den bösen Geist, von denen der eine in Anlehnung an Schillers Gedicht „Resignation“ auf den Glauben und die Hoffnung als Quelle menschlichen Glücks verweist, der andere ihm alle Schätze der Wahrheit verspricht. Er soll erkennen, was der Mensch zu erkennen vermag. Faust verschreibt sich dem bösen Geist und erhält als niederschmetternde Antwort die Quintessenz aus Kants „Kritik der reinen Vernunft“: Der Mensch kann die *ewig verhüllte Wirklichkeit* nur durch die Vermittlung seiner Sinne erfassen, nur *eigene Schatten schaun und nichts erkennen.* Von hier führt kein Weg zur Erlösung im Goetheschen Sinne, auch nicht zur Hölle des Volksbuches. Faust gibt sich selbst den Tod, in der vagen Hoffnung, im Jenseits die Grenze zwischen Wesen und Erscheinung überspringen zu können.
Chamisso schickte den *Faust* in der Hoffnung auf eine Aufführung an Iffland, erhielt jedoch eine Absage.[3] Später hat er von einem *fast knabenhaften, metaphysisch-poetischen Versuch* gesprochen,[4] mit einigem Recht; denn die philosophischen Probleme werden abstrakt und mit von Schiller geborgtem Pathos vorgetragen. Lebensvolle Anschaulichkeit sucht man vergebens. Trotzdem nahm Chamisso später den *Faust* als Zeugnis für seine weltanschauliche und poetische Entwicklung in die Gesamtausgabe seiner Werke auf. In der Reihe der nachgoetheschen Faustdichtungen des 19. Jahrhunderts nimmt dieser Versuch durch die Subjektivierung der Problematik und die schon auf Lenau deutende letale Lösung einen bemerkenswerten Platz ein. Fausts Wahrheitsstreben wird ein radikaler Skeptizismus entgegengesetzt *(Der Zweifel ist menschlichen Wissens Grenze),* der menschheitliche Aspekt der Faustproblematik damit auf ein vergebliches subjektives Aufbegehren gegen die als objektiv angesehenen Grenzen des Menschen reduziert („Doch wozu ist des Weisen Torheit nütz?“; Motto der Dichtung aus Shakespeares „Was ihr wollt“). Es bleibt als Resümee ein für den jungen Chamisso bezeichnender Fatalismus, der auch noch die späteren Werke bis zum *Peter Schlemihl* bestimmen wird.
Chamissos Faust ging am Zweifel zugrunde; der Dichter hingegen entsagte vorläufig der philosophischen Spekulation, seit er in den Salons der jüdischen Familien Cohen,

Herz, Levin und Ephraim verkehrte. Im Gefolge der jüdischen Emanzipationsbestrebungen hatten sich diese Salons zu Stätten geistiger Begegnung entwickelt. Hier traf sich alles, was Rang und Namen hatte, ohne Rücksicht auf Stand und Bekenntnis. Dieser Versuch, die Standes- und Religionsschranken im geistigen Bereich zu überwinden, erwies sich zwar schon unmittelbar nach dem Zusammenbruch des alten Preußen nach der Schlacht von Jena als Illusion; dennoch übten die jüdischen Salons zeitweise einen bedeutenden Einfluß auf das gesellschaftliche und geistige Leben Berlins aus. Berühmt über die Grenzen der preußischen Hauptstadt hinaus war der Salon von Rahel Levin in der Jägerstraße, wo Schiller und die Staël zu Gast waren, die Brüder Humboldt, Fichte und Schleiermacher verkehrten, Ludwig Tieck und Friedrich Schlegel in anregendem Streitgespräch und bei dünnem Tee die Ideen der sich durchsetzenden Romantik erörterten.[5]

Die dort herrschende literarische Atmosphäre hatte es begünstigt, daß seit dem Auftreten der Brüder Schlegel und ihren literarischen Kämpfen mit dem alten Nicolai, dem Haupt der Spätaufklärung, Berlin neben Jena zu einem Zentrum der deutschen Frühromantik wurde. 1797 gab Tieck die „Herzensergießungen eines kunstliebenden Klosterbruders" heraus, eine Sammlung kleiner Aufsätze und Erzählungen seines Freundes Wilhelm Heinrich Wackenroder über mittelalterliche und altdeutsche Kunst. Im gleichen Jahr erschien Tiecks Märchenkomödie „Der gestiefelte Kater", 1798 der unvollendete Bildungsroman „Franz Sternbalds Wanderungen", 1800 die romantische Tragödie „Leben und Tod der heiligen Genoveva". Von 1797 bis zum Sommer 1800 weilte Friedrich Schlegel in Berlin, dessen 1799 veröffentlichter Roman „Lucinde" durch die radikale Kritik der sittlichen Normen der bestehenden Gesellschaft und den Anspruch auf volle Selbstverwirklichung des Individuums Aufsehen und heftigen Widerspruch erregte. 1801 folgte August Wilhelm Schlegel, der in den „Vorlesungen über schöne Literatur und Kunst" die vom Bruder in der Zeitschrift „Athenaeum" entwickelte romantische Kunstauffassung systematisierte und sich als Literaturkritiker und durch seine seit 1797 erscheinende meisterhafte Shakespeareübersetzung ein bleibendes Verdienst erwarb.

Rahel Varnhagen. Zeichnung von W. Hensel

Die literarische Strömung der Frühromantik war im Verlaufe der neunziger Jahre als Reaktion der jüngeren Generation auf die tiefgreifenden ökonomischen und gesellschaftlichen Veränderungen der Jahrhundertwende neben der weiterwirkenden Literatur der Spätaufklärung und der Klassik Goethes und Schillers entstanden. Sie hat die Entwicklung der deutschen Literatur in der ersten Hälfte des 19. Jahrhunderts in starkem Maße beeinflußt und darüber hinaus anregend auf die benachbarten west- und osteuropäischen Literaturen gewirkt. Die meisten dieser jungen Dichter und Schriftsteller waren nach 1770 geboren. Sie hatten sich die menschheitlichen Ideen der klassischen deutschen Literatur und Philosophie zu eigen gemacht und anfangs mit leidenschaftlicher Anteilnahme die revolutionären Ereignisse in Frankreich verfolgt, zumindest bis zum Sturz der Gironde. Um so tiefer war ihre Enttäuschung, als sich einerseits die feudalen Verhältnisse in Deutschland nach dem Scheitern der Mainzer Republik wieder zu konsolidieren schienen, andererseits im Gefolge der Revolution die Auswirkungen der sich allmählich durchsetzenden kapitalistischen Lebensverhältnisse fühlbar wurden. Hinzu kam, daß die meist in untergeordneten Stellungen tätigen jungen Schriftsteller im feudal zersplitterten Deutschland kaum gesellschaftliche Wirkungsmöglichkeiten fanden. Sie sahen sich einer Welt gegenüber, in der sich die menschlichen Beziehungen immer mehr versachlichten, so daß sich das von der Literatur und Philosophie des 18. Jahrhunderts entwikkelte Humanitätsideal immer weniger mit der gesellschaftlichen Wirklichkeit vereinbaren ließ. Unzufrieden mit den bestehenden gesellschaftlichen Verhältnissen, suchten die jungen Dichter individuelle Lebenserfüllung in der Sphäre des Geistigen. Das bedeutete für sie nicht Verzicht auf öffentliche Wirksamkeit, im Gegenteil. Das schriftstellerische Wirken der Frühromantiker in den neunziger Jahren, Friedrich Schlegels rigoroser Klassizismus, ihr Bemühen um ein universales, die Ergebnisse der klassischen Philosophie und Kunst, naturwissenschaftliche Theorien wie mystisch-theosophische Ideen umfassendes Weltbild sind gerade auf eine grundlegende Erneuerung des gesellschaftlichen Lebens der Gegenwart gerichtet. Sie setzten jedoch an die Stelle realen gesellschaftlichen Handelns die literarisch-geistige Aktivität, den Kult des autonomen Individuums, was den Gegensatz zu ihrer Umwelt nur noch verschärfte.[6]

Aus dieser krisenhaften Situation erwuchs die für das poetische Schaffen des jungen Chamisso wichtige Kunst- und Poesieauffassung der Frühromantiker, die hier freilich, da sie kaum auf eine einheitliche Formel zu bringen ist, nur in groben Umrissen skizziert werden kann. In ihren theoretischen Kunstdiskussionen knüpften die Brüder Schlegel, auch Novalis, anfangs durchaus noch an die ästhetischen Errungenschaften der Aufklärung und Klassik an, doch erfolgte auch hier die Wendung ins Subjektive. Da in der Gegenwart Ideal und Wirklichkeit weiter denn je auseinanderklafften, war es Aufgabe der Kunst, vor allem der

Ludwig Tieck

Dichtkunst, eine nicht mehr poetisch erscheinende Welt zu poetisieren. Das dichterische Werk sollte nicht Abbild der empirischen Wirklichkeit, sondern Gegenbild sein, Spiegel der autonomen Individualität des Dichters, der die Freiheit habe, durch „romantische Ironie“ den Eigenwert des gewählten Stoffes aufzuheben. „Die Welt muß romantisiert werden ...“, schrieb Novalis 1798 im „Athenaeum“. „Indem ich dem Gemeinen einen hohen Sinn, dem Gewöhnlichen ein geheimnisvolles Ansehn, dem Bekannten die Würde des Unbekannten, dem Endlichen einen unendlichen Schein gebe, so romantisiere ich es.“[7] Diese vom Dichter im Innern des Menschen aufgebaute poetische Welt sollte als Gegenwirklichkeit den Individuen die Möglichkeit zu freier Entfaltung und Selbstverwirklichung bieten. Friedrich Schlegel bezeichnete in diesem Sinne die romantische Dichtung als „progressive Universalpoesie“: „Ihre Bestimmung ist nicht bloß, alle getrennten Gattungen der Poesie wieder zu vereinigen und die Poesie mit der Philosophie

Julius Eduard Hitzig

und Rhetorik in Berührung zu setzen. Sie will und soll auch Poesie und Prosa, Genialität und Kritik, Kunstpoesie und Naturpoesie bald mischen, bald verschmelzen, die Poesie lebendig und gesellig und das Leben und die Gesellschaft poetisch machen ... Sie allein ist unendlich, wie sie allein frei ist, und das als ihr erstes Gesetz anerkennt, daß die Willkür des Dichters kein Gesetz über sich leide."[8]

Diese extrem subjektive Kunstauffassung hat auf die Dichter der jungen Generation ungemein anregend gewirkt, indem sie die Probleme des Künstlers und der Kunst unter den krisenhaften Bedingungen der zerfallenden feudalen und der sich durchsetzenden kapitalistischen Gesellschaft kritisch reflektierte und damit bewußtmachte und der Dichtung durch die Betonung der schöpferischen Phantasie und das Streben nach poetischer Universalität neue Wege wies. Daraus resultieren die Sehnsucht der Romantiker nach der Ferne, die Hinwendung zum Mittelalter, die Vorliebe für die Form des Kunstmärchens, ebenso das Fragmentarische ihrer Werke und die große Bedeutung, die sie der Allegorie und dem Symbolischen beimaßen. Nicht zufällig wurde auch der von seiner Umwelt isolierte, innerlich zerrissene Künstler zum bevorzugten Helden der literarischen Werke

August Wilhelm Schlegel

dieser Zeit und der poesiefeindliche Bürger, der „Philister“, der sich den gegebenen Verhältnissen anpaßt und diese sachlich nüchtern, „mit gesundem Menschenverstand“, zu seinem Vorteil nutzt, zum Gegenstand heftiger satirischer Polemiken.

Chamisso geriet unter den Einfluß der Frühromantik, als er in den Salons der jüdischen Familien Ephraim und Herz Anschluß an einen Kreis junger Dichter fand. Dazu gehörten unter anderen der jüdische Referendar Eduard Hitzig, später der erste Biograph des Dichters, die Hauslehrer Ferdinand Koreff und Karl August Varnhagen, der Kontorist Wilhelm Neumann, Ludwig Robert, der Bruder von Rahel Levin, und Chamissos Landsmann und Regimentskamerad Louis de La Foye. Sie trafen sich bei Hitzig oder dem jüdischen Theologen Franz Theremin zu poetischen Tees, meist aber bei dem Leutnant Chamisso auf der Wache am Brandenburger Tor, wo sie, angeregt durch Schlegels Vorle-

Karl August Varnhagen von Ense

sungen, über Philosophie, Poesie und Kunst diskutierten. Im Winter 1803/04 hörten Chamisso und seine Freunde August Wilhelm Schlegels Vorlesungen über „romantische Poesie“, den dritten Zyklus der „Vorlesung über schöne Literatur und Kunst“. Schlegel verfolgte damit die Absicht, in Berlin, der Hochburg der Spätaufklärung, die philosophischen und ästhetischen Ideen der Frühromantik zu popularisieren. Hatte er in den ersten beiden Zyklen einen weitgespannten Überblick über die antike Literatur gegeben und im Anschluß an eine rigorose Kritik des gegenwärtigen Zeitalters die Aufklärung gegenüber der vermeintlichen Universalität und Harmonie des Mittelalters abgewertet, so entwarf er in der dritten Vorlesung als Antithese zur antiken Literatur ein Bild der „romantischen Poesie“, die in den ganz von der christlichen Mythologie durchdrungenen Werken des hohen Mittelalters am reinsten und vollkommensten verwirklicht sei und erst im Schaffen Goethes wieder eine Entsprechung finde.

Diese Gedankengänge haben den jungen Chamisso und seine Freunde entscheidend beeinflußt, vor allem Schlegels Hinweise auf die großen Dichter der Weltliteratur Calde-

Chamisso. Nach einer Zeichnung von E. T. A. Hoffmann

rón, Shakespeare, Cervantes, den poetischen Wert des Nibelungenliedes und der deutschen Volksbücher. Im Streite der Romantiker mit der Berliner Spätaufklärung nahmen sie entschieden Partei für die Schlegelsche Richtung und brachten das auch äußerlich zum Ausdruck, indem sie, angeregt durch die mystische Naturphilosophie Franz von Baaders, den Polarstern zum symbolischen Zeichen ihres Freundschaftsbundes wählten.

Varnhagen berichtet darüber in einem Brief an Hitzig: „Schon längst hatte uns die Deutung der Himmelsgegenden

auf geistige Regionen gefallen, wie sie nach Baaders pythagoräischem Quadrat auch W. Schlegel in seinen Vorlesungen mitgeteilt hatte. Der Norden als Region der Wissenschaften war unser erwähltes allgemeines Gebiet, der Polarstern Zeichen dieser Richtung und zugleich der Unwandelbarkeit; in dem Garten in der Münzstraße Nr. 20, wo wir schöne Sommerabende verlebten, oft bis tief in die Nacht hinein, entstand zwischen uns der Gedanke an Ringe mit dem Stern und der griechischen Inschrift [τ.τ.π.ά., Anfangsbuchstaben von griech. Polarstern; W. F.]; an letzterem hatten wir unsere besondere Freude ..."[9] Entsprechend dem Bundeszeichen stand das Studium der griechischen Sprache und Literatur im Mittelpunkt des wissenschaftlichen Interesses des Berliner Nordsternbundes.
Für Chamisso waren die gemeinsam verbrachten Abende und die Auseinandersetzung mit der Schlegelschen Kunst- und Poesieauffassung tiefgehende, noch in seiner späteren Dichtung nachwirkende Erlebnisse. Sie befreiten ihn, wenigstens für einige Zeit, aus der quälenden Isolierung und festigten seine Vorliebe für Deutschland, für deutsche Kunst und Lebensart. Es war freilich ein idealisiertes Deutschland, für das der junge französische Emigrant schwärmte, ein Land der Dichtung und der Wissenschaft, das so nur in den Vorstellungen der Freunde existierte und sich bald als Illusion erweisen wird, eine Ersatzwelt im Sinne der Romantiker, die das zu bieten schien, was die Realität dem entwurzelten Grafensohn bisher verweigert hatte: die Möglichkeit für einen sinnvollen Neuanfang. Er änderte seinen Namen in Adelbert um, schrieb fortan nur noch in deutscher Sprache und verfaßte 1803 bis 1805 im Wettstreit mit den Freunden Sonette, Oden, Elegien, die in den sogenannten *Grünen Musenalmanachen* auch an die Öffentlichkeit gelangten. Äußeres Vorbild dieser Gedichtsammlungen war der Tieck-Schlegelsche Almanach von 1802, an den die häufige Verwendung des Sonetts, von Stanzen und spanischen Assonanzen erinnert. Übersetzungen aus dem Englischen, Altschottischen und den südromanischen Sprachen weisen auf die Schlegelsche Vorlesung. Ansonsten haben Goethe, Schiller, selbst Klopstock und der Göttinger Hain Pate gestanden.
Dem jungen Franzosen ist, wie die eingangs zitierte Schil-

derung Varnhagens zeigte, die Einfühlung in die Eigenart und in die Denkgesetze der ihm fremden deutschen Sprache nicht leichtgefallen, davon zeugen die Wortbildungen, Satzfügungen und die mehr als eigenwillige Orthographie in den Briefen Chamissos aus dieser Zeit.[10] Unter den Beiträgern des Almanachs war er daher anfangs noch der schwächste Poet und stärker als die Freunde auf fremde Vorlagen angewiesen. Er schrieb Oden in Klopstocks Manier, schwärmte wie die Göttinger für Liebe und Freundschaft, nahm sich Goethes „Römische Elegien“ und Schillers Weltanschauungsgedichte zum Vorbild und kopierte Bürgers Balladen, für die er bis in sein Alter eine eigentümliche Vorliebe behielt. Gegenüber seinen früheren Versuchen ist, wie schon beim *Faust*, die größere Sicherheit in der Sprach- und Formbeherrschung hervorzuheben; aber noch ist alles mehr oder weniger anempfunden. Dürre Reflexionen überwuchern die echte Empfindung, besonders auffällig in der von Novalis' „Geistlichen Liedern“ angeregten Übertragung des *Stabat mater*. Hier ist nichts von der tiefen Frömmigkeit und mystischen Glut der Vorbilder zu finden. Ab und zu nur klingen persönlichere Töne an, wie in dem 1803 entstandenen Sonett *An Friedrich Schiller:*

Des heilgen Herzens tiefstem Grund entschweben
Der Ideale göttliche Gestalten,
Den Stimmen gleich der himmlischen Gewalten,
Erstrahlen Deine Lieder in das Leben.

Dir mußte sich das junge Herz hingeben
Da glühend ihm die starken Töne hallten;
Ich sah des Lebens Blüten sich entfalten,
Den Retter, Dich, in fernem Lichte schweben.

Dir wollt ich nahn in Geistes Umarmungen,
Nach jenem Lichte wollt ich stark mich schwingen,
O höhne nicht des Strebenden Erkühnen!

Vom Lorbeer nicht das Haupt mir zu umgrünen,
Nicht um gemeinen Lobpreis zu erzwingen;
Um Deines Herzens Preis hab ich gerungen.[11]

Die Freunde schickten den im September 1803 in Leipzig erschienenen Musenalmanach auf das Jahr 1804 an Goethe und Schiller, ohne eine Antwort zu erhalten. Johann Gottlieb Fichte, der Gedichte zum zweiten Almanach beisteuerte, Zacharias Werner, Friedrich und August Wilhelm Schlegel äußerten sich aber anerkennend und unterstützten die jungen Dichter mit ihrem Rat. Die „Königlich privilegierte Berlinische Zeitung" und die „Zeitung für die elegante Welt" brachten freundliche Rezensionen. Den im Dezember 1804 in Berlin erschienenen Zweiten Jahrgang trafen dagegen die harte Kritik des Nicolai-Trabanten Garlieb Merkel in der „Neuen Berlinischen Monatsschrift" und die nach Varnhagen von einem Herrn von Jariges, nach einer bisher wenig beachteten Untersuchung aber von Caroline Schelling verfaßte *Blitzmordrezension* in der „Jenaischen Allgemeinen Literaturzeitung".[12] Letztere war für die jungen Poeten besonders unangenehm, da die Zeitschrift dem Lager Goethes nahestand. „Es findet ... eine entschiedene Monotonie in der Sammlung statt; weder Erfindung noch irgendeine gefällige Eigentümlichkeit hält uns fest, und besonders ist ein gänzlicher Mangel an Frische und Lebendigkeit in ihr auffallend", heißt es dort.[13] Im Hinblick auf die gerügte Unreife und Unselbständigkeit waren die Rezensenten zweifellos im Recht, das haben Varnhagen und Chamisso später selbst eingesehen. Dennoch gaben sie einen dritten Almanach auf das Jahr 1806 heraus. Er konnte zwar noch erscheinen, fand jedoch aufgrund der Wirren des Krieges nur wenig Beachtung.[14]
Ein großer Teil von Chamissos frühen Almanachgedichten ist an Cérès Duvernay gerichtet, eine vierundzwanzigjährige französische Hauslehrerin im Dienste der Familie Ephraim. Widrige Umstände hatten die junge Witwe nach Berlin verschlagen und gezwungen, eine Stelle als Erzieherin im Hause der Ephraims anzunehmen, wo der Dichter sie im Sommer 1803 kennenlernte. Chamisso verehrte die schöne, geistig anregende Frau mit der heftigen Leidenschaft seiner Jugend, davon zeugen einige erhaltene Briefentwürfe aus dieser Zeit. *Einzigartige, gefährliche Frau, willst Du meine Freundin, meine Schwester, meine Herrin sein?* schließt ein höchstwahrscheinlich aus dem Jahre 1804 stammender, nicht datierter Brief.[15] Cérès scheint seine Huldigungen

nicht ungern entgegengenommen zu haben. Sie gewährte ihm Vergünstigungen, quälte ihn mit Eifersüchteleien, hielt ihn sonst aber in Distanz, indem sie ihm statt Liebe Freundschaft anbot. Im Juli 1804 schrieb Chamisso an de La Foye: *Sie gab mir ein Rendezvous, wir lagen lange Stunden im hohen Grase gelagert, verschlungenen Armen, kämpfend in heißem Schmerz und Lust und ich – entrang ihr nicht die ernste Entschließung.*[16] Dieses für Chamisso unbefriedigende Verhältnis dauerte an, als Cérès Ende 1804 eine Stelle als Hauslehrerin in Königsberg annahm. *Fest und fester ... weben die seltsamen Bande sich, in denen dieses Weib mich gefesselt hält, und ich gehöre ihr ganz, ganz an; je me suis fait aimer d'elle!* schrieb er im März 1805.[17] Als sie im Herbst des gleichen Jahres auf der Rückfahrt Berlin berührte und ihm wieder mit der alten Vertraulichkeit entgegenkam, bot er ihr nochmals vergeblich seine Hand an. *Sie gehet unbekannt wie sie kam,* schrieb er schließlich resignierend dem Freund, *und sie läßt nur diese Adresse: poste restante ...*[18]
Die Zeit der Freundschaft und Liebe war nicht von langer Dauer. Schon vor Cérès hatten die meisten Freunde Berlin verlassen. Koreff ging zur Promotion nach Halle, Theremin in die Schweiz, de La Foye kehrte zu seinen Angehörigen nach Frankreich zurück. Eduard Hitzig erhielt eine Berufung nach Warschau, während Varnhagen und Neumann sich in Hamburg auf das Studium an der halleschen Universität vorbereiteten. Auch Chamisso hatte vor, in Halle zu studieren, sehr zum Mißvergnügen seiner Eltern, die seine wissenschaftlichen Ambitionen als unnütz und nicht standesgemäß verurteilten. Doch die Entwicklung des politischen Geschehens in Deutschland durchkreuzte alle seine Pläne. Napoleon war nach der Schlacht von Austerlitz Herr über ganz Süddeutschland geworden. Preußen hatte sich durch seine unentschlossene Politik von allen Bundesgenossen isoliert und mußte nun befürchten, das nächste Opfer des napoleonischen Machtstrebens zu werden. Ende Oktober 1805 erhielt die Berliner Garnison unvermutet Marschbefehl und verließ mit unbekanntem Ziel Berlin.
Chamissos Regiment zog über Magdeburg, Hildesheim bis in die Nähe von Kassel und Fulda. Auf der Rast in den Dörfern vertrieb sich der wenig kriegsbegeisterte Leutnant die Zeit mit hessischen Pfarrerstöchtern, setzte den Briefwech-

sel mit Cérès fort und nutzte die freie Zeit zum Studium und zu Streifzügen in die Natur. Wo er konnte, besorgte er sich Bücher, und die Wahl der Lektüre zeigte jetzt eine entschiedene Hinwendung des Dichters zu den Romantikern. Er studierte die Bibel, bemühte sich um die mystischen Schriften Jakob Böhmes, las Novalis, Tieck, Wackenroder und Brentano. Daneben vervollkommnete er, angeregt durch Fichte, seine Kenntnisse in den alten Sprachen, vor allem im Griechischen.

Im März 1806 besetzte Preußen das ihm im Vertrag von Schönbrunn zugesprochene Hannover; Chamissos Regiment rückte als ständige Besatzung in die Festung Hameln ein. Hier konnte der Dichter Ostern Varnhagen und Neumann begrüßen, die auf dem Wege nach Halle waren. Er rang sich zu einem Abschiedsgesuch an den preußischen König durch, um den Freunden zum Studium nach Halle zu folgen. Es wurde jedoch aufgrund der ernsten politischen Lage von seinen Vorgesetzten abgelehnt.[19]

Die Stimmung jener Tage fand ihren Niederschlag in der ersten größeren Prosaarbeit des Dichters, *Adelberts Fabel, ... an der ich mich seit acht Tagen dumm gedacht habe und diese Wachtnacht von 10 Uhr des Abends bis 6 Uhr des Morgens blind geschrieben ...*[20] Es ist ein allegorisches Märchen, im Sinne der Frühromantiker konzipiert und bis in die Einzelheiten von ihren Werken abhängig. Adelbert, der Held des Märchens, erwacht nach langem dumpfem Schlafe und findet sich von riesigen Eismassen umgeben. Unfähig, sich zu erheben, ergibt er sich in sein Schicksal, bis ihm eine schöne, mächtige Frauengestalt eine Haarlocke und einen Ring mit der griechischen Aufschrift *Thelein* (Wollen) überreicht. Mit plötzlichem Entschluß erhebt sich Adelbert, zerstört die Eismauer und begibt sich auf die Wanderschaft. Ein Sturm entreißt ihm die Haarlocke, und ihr folgend, gelangt er in das Reich der schicksalwebenden Parzen. Auf einem Throne gewahrt er einen erhabenen Greis und auf dessen Stirn den Namen *Ananke* (Notwendigkeit). Überirdische Harfentöne erklingen. Während Adelbert die Locke wieder mit dem Ring vereint, erscheint die Aufschrift *Synthelein* (Mitwollen). Er wirft sich anbetend vor dem Thron nieder, erwacht und sieht im Osten die Sonne aufgehen.

Persönliches Erleben, literarische Reminiszenzen und phi-

Friedrich de la Motte-Fouqué

losophische Grübeleien gehen hier eine krause Verbindung ein. In der Gestalt des Helden ist unschwer der Dichter zu erkennen; die Handlung weist auf den Entschluß Chamissos, sein Leben zu ändern, der Ring mit der griechischen Aufschrift auf den Nordsternbund. Stil und Anlage des Ganzen sind von Novalis, von Klingsohrs Märchen aus dem „Heinrich von Ofterdingen", angeregt. Die überirdische Frauengestalt erinnert an Tiecks Märchennovelle „Der Runenberg", der Abstieg in die unterirdische Hölle an Goethes „Märchen" aus den „Unterhaltungen deutscher Ausgewanderten". Damit verbunden sind von Fichte und Epiktet beeinflußte philosophische Spekulationen über das Problem der Willensfreiheit. Der Wille zur Tat überwindet die lähmende Lethargie; aber nur durch die Einsicht in die Notwendigkeit, durch „Mitwollen" mit dem vom Schöpfer bestimmten Geschick, wird der Held innerlich frei.[21]
Diese Gedankengänge werden durch allegorische Bilder und dunkle Symbole eher verwirrt als erhellt. Es gelang

dem Dichter nicht, das Ganze mit Leben zu erfüllen, weil er weniger von der Wirklichkeit als von abstrakten Vorstellungen ausging. Er erzählte nicht gelöst wie später im *Schlemihl*, sondern er bemühte sich pedantisch, den allegorischen Stil von Novalis nachzubilden. So blieb die Sprache hölzern – *ich fühle, ich kann noch keine ruhige Prosa schreiben*[22], bekannte er selbst –, und der Versuch, die Form des romantischen Kunstmärchens zu erobern, mußte damit vorerst noch scheitern.

Den zweiten Anlauf zur Bewältigung einer größeren Dichtung unternahm Chamisso im Sommer 1806, nachdem er in Nenndorf bei Hameln mit dem für die Welt des Rittertums begeisterten Baron de la Motte Fouqué zusammengetroffen war, mit dem er Friedrich Schlegels Dramen- und Romanauffassung diskutierte. *Dies Gespräch brachte uns auf eine Theorie,* schrieb Chamisso am 28. Juli 1806, *wie etwa aus einer Geschichte ihr Roman, aus diesem Roman sein Märchen, aus dem Märchen vielleicht noch sein Gesang zu ziehen sei, – oder doch immer so potenzierend, oder ausziehend, jegliches stufenweise bis zu seiner Musik zu führen und darzustellen sei. – Mit Pellegrin* [Fouqué; W. F.] *fielen wir auf eine andere Theorie, die eines Dramas, des höchsten vielleicht, wo die für sich höchst tragischen Figuren das höchste Komische gebären, und wiederum die für sich höchst komischen das gräßlichste Tragische. Shakespeare und die deutschen Puppen zeigten uns oft Strahlen unseres Ideals.*[23]

Das ist im Extrakt die Schlegelsche Theorie von der Verschmelzung der literarischen Formen und der Durchdringung des Tragischen mit dem Komischen. Ihre Anwendung sollte sie in der dramatischen Gestaltung des alten deutschen Volksbuches *Fortunatus* finden. Chamisso führte nur den zweiten Teil des Buches aus, die Abenteuer der Söhne, denen das vom Vater ererbte wunderbare Wunschhütlein und das geldspendende Glückssäckel nur Unglück bringen, weil sie nicht erkennen, daß Weisheit erstrebenswerter ist als Reichtum. Dieses von den Romantikern als Ausdruck des Unwillens gegenüber der aufkommenden Geldherrschaft oft gebrauchte Motiv weist schon auf den *Peter Schlemihl*; es wird hier freilich nicht konsequent durchgeführt. Nach dem Vorbild von Tiecks „Oktavian“ verlor sich Chamisso in romantische Formenspielereien; er experimentierte mit Terzinen, Dezimen, Stanzen, Blankversen, schob

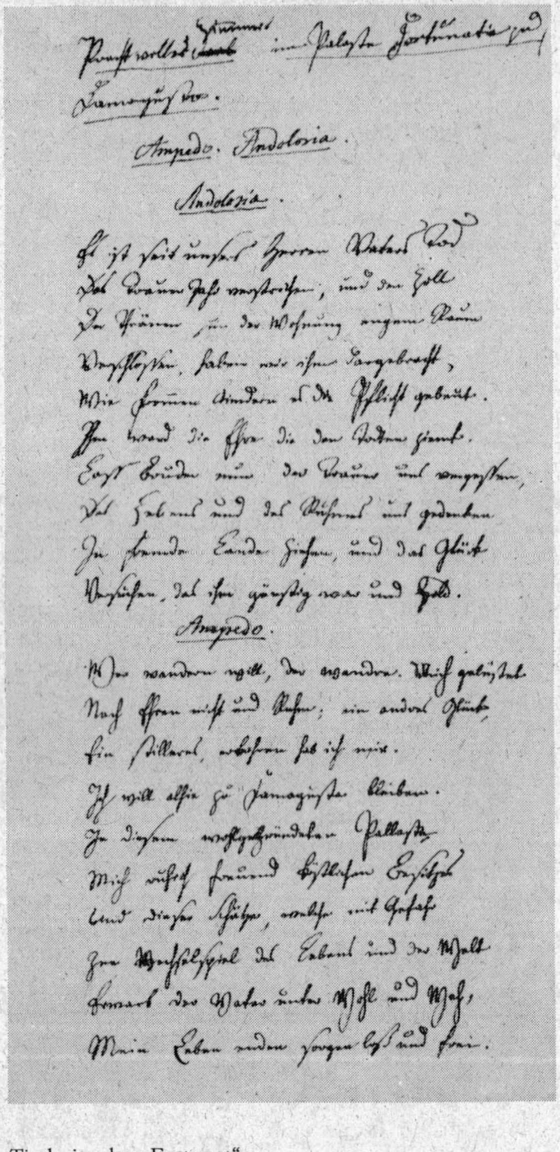
Prunkvoller Saal im Palaste Fortunati zu Famagusta.

Ampedo. Andolosia.

Andolosia.

Es ist seit unsers Herren Vaters Tod
Das Trauerfest verstrichen, und die Zeit
Der Tränen, für der Wehmut eigen Raum
Verschlossen, haben wir ihm dargebracht,
Wie frommen Kindern es die Pflicht gebeut.
Ihm ward die Ehre, die den Toten ziemt.
Jetzt Brüder nun das Trauern ist vergessen,
Das Leben und das Wirken uns gedenken
In fremde Lande ziehen, und das Glück
Versuchen, das ihm günstig war und hold.

Ampedo.

Wer wandern will, der wandre. Mich gelüstet
Nach Ehren nicht und Ruhm; ein anders Glück,
Ein stilleres, erkoren hab ich mir.
Ich will allein zu Famagusta bleiben.
In diesem wohlgegründeten Pallaste
Mich rühren freund'liche köstlichen Ergötze
Und dieser Schätze, welche mit Gesetz
Dem Wechselspiel des Lebens und der Welt
Entrückt der Vater unter Wohl und Weh,
Mein Leben ruhen sorgenlos und frei.

Titelseite des „Fortunat“

Sonette und Prosastellen ein und vergaß auch das Prinzip der romantischen Ironie nicht. So fällt zum Beispiel einer der Helden, Andolosia, von einem Baum und bleibt beim Vortrag seines Sonetts stecken, das dann der Souffleur zu Ende spricht. In kurzer Zeit waren 1800 Verse zu Papier gebracht; dann aber versiegte der Fluß. Chamissos dichterisches Gestaltungsvermögen reichte noch nicht aus, das hochgesteckte Ziel zu erreichen. Die Gestalten blieben blaß, und schließlich zwangen ihn die Kriegsereignisse, das Fragment liegenzulassen. Auch später hat der Dichter kein Verhältnis wieder zu dem Stoff gefunden – *mein armer Fortunat liegt da versiegelt auf meinem Tische, dem Eigentum gleich eines Verstorbenen,* schrieb er 1808 an Fouqué[24] –, und nur das vom französischen Chanson beeinflußte Lied *Katzennatur* nahm er später unverändert in seine Gedichtsammlung auf.
In den Tagen der Zusammenarbeit mit Fouqué hatte sich Chamisso am weitesten den Frühromantikern genähert. Wenn er diesen Weg nicht weiter beschritt und in den folgenden Jahren sich mehr und mehr von ihnen entfernte, lag es zu einem wesentlichen Teil daran, daß ihn zwar die Kunstauffassung der Frühromantiker nachhaltig beeinflußte, nicht im gleichen Maße aber ihre Weltanschauung. Er teilte weder die Feindschaft gegen Schiller noch ihre katholisierenden Neigungen, und für das Mittelalter hat er sich nur zögernd und nur für kurze Zeit begeistern können. Am wenigsten war er von den politischen Ansichten der Romantiker berührt. Während die Schlegel und Novalis, beunruhigt vom Ausgang der Revolution und den Napoleonischen Eroberungskriegen, schon seit dem Ende der neunziger Jahre dem Gedanken des Staatsvertrages entsagt hatten und im Sinne des englischen Politikers Edmund Burke für einen „organisch gewachsenen" Ständestaat eintraten, in dem die Macht des Adels erhalten bleiben sollte, waren Chamisso unter dem Eindruck des Revolutionserlebnisses und der Lektüre von Rousseaus „Contrat social" die sozialen Funktionen seiner Klasse zumindest fragwürdig geworden. Die nationale Wendung der Romantiker während der Napoleonischen Fremdherrschaft und zur Zeit der Befreiungskriege mußte ihm vollends fremd bleiben. So wurden die Gedanken Rousseaus und der Französischen Revolution in dem Maße für Chamisso wieder aktuell, wie ihn die Kriegs-

ereignisse zwangen, sich mit der politischen Wirklichkeit in Deutschland und Frankreich auseinanderzusetzen.
Diese Entwicklung deutete sich schon Ende 1805 an, als ihm während der sinnlosen Kreuz- und Querzüge durch Hessen die Entschlußlosigkeit des überalterten Offizierskorps und der erbärmliche Zustand der preußischen Armee bewußt wurden. *O ich bin heute grimmig, grimmig, daß ich mich zu Tode lachen möchte,* schrieb er den Freunden. *Sähen alle Esel so aus wie die, die uns führen, dann würden keine übrigbleiben, die man nach der Mühle mit Nutzen peitschen könnte ...*[25] *Auch herrscht von Anfang an eine liebenswürdige Unordnung, welche mich erschreckt: Brot, Futter fehlt, Pferde werden vermißt.*[26] Den französischen Revolutionssoldaten, den *raschen, tapferen Jungen, die zu Fuße gehen, frei von Gepäck, auf nackter Erde im Froste schlafen und rasch sind wie nicht Couriere hier zu Lande*, zollte er dagegen die höchste Anerkennung.[27]
Angesichts dieser Eindrücke mußte Chamisso seine von den Nordsternbündlern geprägten idealen Vorstellungen über Deutschland revidieren. *Wo ist Deutschheit? In dem Busen Einiger.,* schrieb er am 28. November an Varnhagen.[28] In dem etwa zur gleichen Zeit entstandenen Gedicht *Berührt vom gottgesandten Dämon* ... begrüßte er die Möglichkeit eines Bündnisses zwischen Preußen und Frankreich. Napoleon schien ihm berufen, die veralteten Formen des deutschen Reiches zu zertrümmern, damit eine bessere Zeit anbrechen kann.[29] Anfang 1806 schrieb er an de La Foye: ... *auch ein kräftiger Haß der Knechtsschaft ist in mir erblüht und eine tiefe Verachtung der Herrschaft und des schnöden Trosses der Erdwaltenden Formen und Verhältnisse.*[30] Ähnliche Gedanken entwickelte er in einer Reihe von Distichen:

Ritter? Treibt nicht Spott! Auf den Höhen dort stehen Burgen, Trümmergemauer.
Nichts war flach; es glättete sich und wurde geglättet: Taugte so ganz an den Hof.
Nachts ists; dumpf noch schlummert, doch wähne nicht tot, sie, die Menschheit.
Siehe, sie hat sich geregt, denkend Erwachen im Traum.
Hoffe! Sie wird die mit Macht fortschreitende Zeit aufrufen;
Künder des nahenden Tags, wahrlich, der Hahn hat gekräht![31]

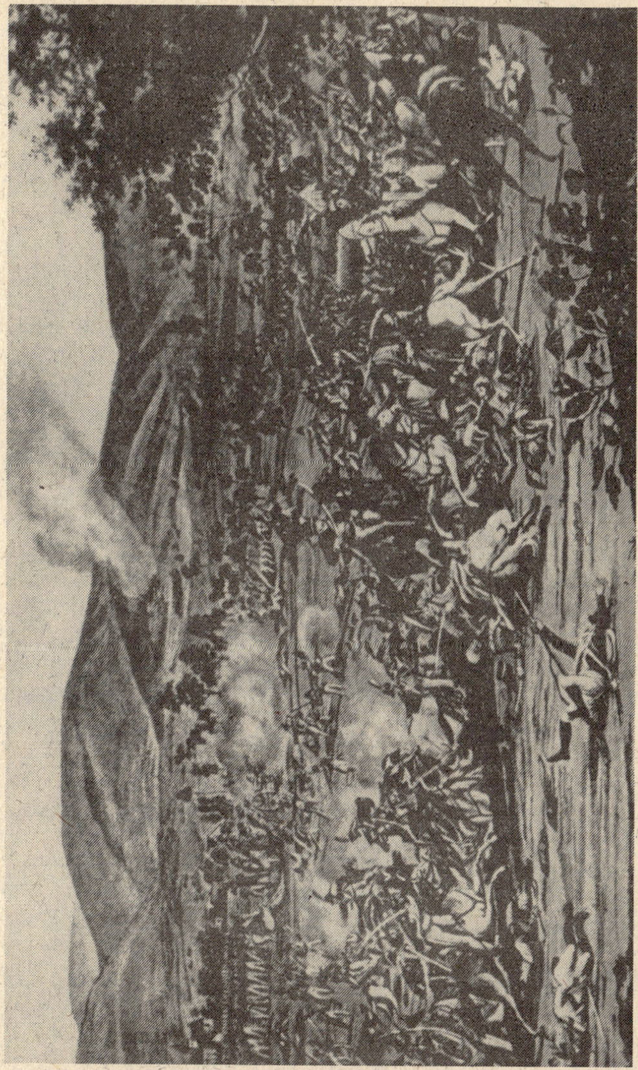

Schlacht bei Jena

Hier wird deutlich, wie sehr Chamissos politische Ansichten von den revolutionären Veränderungen in Frankreich geprägt sind. Er akzeptiert diese Veränderungen und distanziert sich von der Vergangenheit. Die verfallenen Burgen wird er später immer wieder als Sinnbilder für das Veraltete, Überlebte gebrauchen.
Im Poetischen Hausbuch des Dichters fanden sich weitere Distichen, die Gedanken Rousseaus variieren und sie auf die gesellschaftliche Situation der Gegenwart anwenden.[32] Sie sind in der Form noch grob gefügt und durch grammatische Ungenauigkeiten und Gallizismen verworren, doch deutet der am Sprachstil der Lutherbibel geschulte prophetische Ton schon auf die späteren politischen Gedichte Chamissos.
Am 14. Oktober 1806 brach über Preußen die Katastrophe von Jena und Auerstedt herein; einen Monat später, am 21. November, kapitulierte die starke Festung Hameln, ehe auch nur ein Kanonenschuß auf sie abgegeben wurde. Entrüstet über das Verhalten seiner Vorgesetzten, schrieb Chamisso an Varnhagen: *Schmach denen, die Schmach bereitet haben; wir waren, bei Gott! ein gutes, ein starkes Kriegsvolk und freudig der Waffen, aber da das Haupt fehlt, muß in dem Körper die Gärung eintreten.*[33] In einem Memoire über die Ereignisse in Hameln hat er später vor einem Ehrengericht sein Verhalten und das seiner Kameraden gerechtfertigt, die Kommandanten der Festung aber der Feigheit und Pflichtverletzung bezichtigt.
Chamisso kehrte nach der Kapitulation desillusioniert zu seinen Angehörigen nach Frankreich zurück, noch nicht zum Deutschen geworden, aber auch längst kein Franzose mehr, den Idealen seiner altadligen Familie entfremdet, ohne schon eine festgegründete Weltanschauung gefunden zu haben. In einem Brief an de La Foye gab Chamisso diesem Zwiespalt treffenden Ausdruck: *Mich schaudert es ein Land* [Frankreich; W. F.] *nur zu betreten, wo ich mich ernst und ganz in mir selber verschließen werde müssen, auf daß ich mir nicht dort den verschrieenen Namen eines Jakobiners, dort eines Aristokraten, dort eines Gottesleugners, dort eines Bigotten zuziehe ... Und dennoch, – dennoch ist in mir ein Sehnen nach diesem Lande.*[34]

Zwischen Frankreich und Deutschland

Anfang Dezember 1806 in Paris eingetroffen, erfuhr Chamisso, daß seine Eltern gestorben waren und ihm nur eine dürftige Rente von zweihundert Talern hinterlassen hatten, nicht genug, um in der französischen Hauptstadt leben zu können. Paris war nach den Siegen Frankreichs über Österreich und Preußen die Metropole Europas geworden, in der ein neuer Adel von Napoleons Gnaden und das Militär den Ton angaben, ein hektisches Streben nach Besitz und Zerstreuung das emporgekommene Bürgertum ergriffen hatte. „Die gewöhnlichen Reizungen können hier nicht genügen, um den zum Leben erforderlichen Grad der Erregung zu erhalten, ... immer lauern dicht unter der dünnen Schleierdecke des Vergnügens der Überdruß und die Langeweile", faßte Varnhagen von Ense seine Eindrücke über die Atmosphäre in Paris zusammen.[1]
Wenn Chamisso vordem seine Vorstellungen über Deutschland revidiert und seine Hoffnungen auf die neue Gesellschaft in Frankreich gesetzt hatte, so war seine Desillusionierung angesichts der in Paris besonders kraß hervortretenden Umwandlung der menschlichen Beziehungen noch gründlicher. *Das Alte ist nicht mehr, noch nicht das Neue. Ich habe noch mich nicht besonnen, und das Erbrausen des ungeheuren Strudels und Schlundes dieses Ortes betäubt mich ... – Ich bin vater- und mutterlos, – ich stehe allein, allein! – Gib mir freundliche Worte ..., mahne mich an das gute Alte,* schrieb er an Varnhagen.[2] Schmerzhaft wurde ihm jetzt seine Stellung zwischen zwei Nationen bewußt, denen er sich gleichermaßen verbunden fühlte, ohne einer von ihnen ganz anzugehören. *Paris kann eine Schule sein, Frankreich ist mir verhaßt, und Deutschland ist nicht mehr und noch nicht wieder,*[3] war das Fazit seines Pariser Aufenthaltes. An Varnhagen schrieb er wenig später: *Du sagst mir, ich fände ein Vaterland, wohin ich nur mich wende; nein, es verhält sich anders, wo auch ich sei, entbehr ich des Vaterlandes.*[4]
In Paris traf Chamisso wieder mit Cérès zusammen. Er wurde in ihre Familie eingeführt und bot ihr noch einmal und wieder vergeblich seine Hand an. Den Sommer 1807

verbringt er bei seinen Geschwistern auf dem Lande in Vertus, Troyes und Sainte-Menehould, wobei er sicher auch Boncourt besucht hat, wenngleich er in seinen Briefen darüber nichts verlauten läßt. Die Geschwister tun alles, den Bruder in Frankreich festzuhalten. Eine Heirat mit einer jungen, vermögenden Witwe soll dazu beitragen; doch Chamisso lehnt ab. *Meine Angehörigen sind alle Familienstämme,* schreibt er an de La Foye, *sie lieben mich unaussprechlich, aber nur ein Fremder kann ich in ihren Häusern sein.*[5] Er fühlt sich unverstanden, in seiner Entwicklung gehemmt und entschließt sich deshalb, nach Deutschland zurückzukehren, um durch ein Studium an der halleschen Universität, damals berühmt durch Schleiermacher und den Philosophen Steffens, seinem Leben eine sichere Existenzgrundlage zu geben. Ende September 1807 reist er, nachdem er noch in Châlons-sur-Marne dem Freimaurerorden beigetreten war,[6] über Mainz nach Nennhausen zu Fouqué und von dort zusammen mit Varnhagen weiter nach Hamburg.
Varnhagens Schwester Rosa Maria, die um diese Zeit Chamisso in Hamburg kennenlernte, schrieb über den sechsundzwanzigjährigen Dichter: „Chamisso trug eine elegante polnische Kurtka mit Schnüren besetzt, ging mit schwarzem, natürlich herabhängendem Haar, mit einer leichten Mütze, was ihm sehr wohl stand und nebst einem kleinen Schnurrbart seinem geistreichen Gesicht ... einen eigentümlichen Ausdruck verlieh, so daß er als eine angenehme Erscheinung auffiel ... Er sprach das Deutsche zwar nicht ohne Anstoß, an sich war es jedoch vortrefflich und die Unterhaltung mit ihm immer angenehm und interessant."[7]
Chamisso kehrte in *freudiger, erhöhter Stimmung* in die preußische Hauptstadt zurück; doch die Verhältnisse in Berlin hatten sich inzwischen grundlegend geändert. Das geistige Leben stagnierte in der besetzten Stadt. Unter der von Steuern und der Last der Einquartierungen gedrückten Bevölkerung herrschte ein unverhohlener Haß gegen alles Französische. Während der Hof und die wichtigsten Ministerien nach Königsberg und Memel verlegt worden waren, begann sich unter den patriotisch gesinnten Bürgern der Wille zur nationalen Wiedergeburt zu regen. Fichte hielt 1807/08 seine berühmten „Reden an die deutsche Nation"; Schleiermacher versuchte durch seine Predigten in der Dreifaltig-

Fichte am Katheder. Zeichnung von Henschel

keitskirche das nationale Selbstbewußtsein der Bevölkerung zu stärken. Berlin bereitete sich zum Widerstand gegen die Fremdherrschaft vor, und in dieser Atmosphäre war kein Raum mehr für die weltbürgerlichen Schwärmereien der Nordsternbündler.

Der als Bewunderer Napoleons zurückgekehrte Chamisso mußte den Stimmungsumschwung unter der Bevölkerung schmerzlich erfahren, als er durch die Freunde in den Kreis um den Buchhändler Georg Reimer eingeführt wurde, wo Fichte und Schleiermacher das Wort führten und keine Möglichkeit ausgelassen wurde, den Kaiser und Frankreich herabzusetzen. Besonders Schleiermacher scheint den jungen Franzosen tief gekränkt zu haben.[8] Als im Herbst 1808 die Freunde bis auf Hitzig Berlin verließen, um unter günstigeren Verhältnissen ihre Studien fortzusetzen, fand sich Chamisso, umgeben von Mißtrauen und Feindschaft, ohne ein festes Ziel vor Augen zu haben – die Universität Halle war Ende 1806 durch einen Machtspruch Napoleons geschlossen worden –, wieder in der alten Isolierung befangen. An Fouqué schrieb er im Oktober 1808: *Mein Leben, das sich setzen und gestalten sollte, hat sich vielmehr in öden Sand geschlagen und verloren ... Übrigens ist mir die Welt überall mit Brettern zugenagelt, und ich weiß nicht wo aus noch ein.*[9] Resigniert zog sich Chamisso vom öffentlichen Leben zurück; den Vorlesungen Fichtes und den Predigten Schleiermachers blieb er fern.

Die Differenzen mit den *patriotischen Klötzen* führten dazu, daß Chamisso die Bestrebungen zur Erneuerung Preußens mit Skepsis betrachtete. Er glaubte nicht, daß sie in einem absolut regierten Staate wie Preußen zu Erfolgen führen könnten. Den 1808 gegründeten patriotischen Tugendbund („Gesellschaft zur Übung öffentlicher Tugenden oder sittlich-wissenschaftlicher Verein"), dem Stein, Scharnhorst und Gneisenau nahestanden, nannte er eine *abgeschmackte Plattheit,* einen Versuch des Monarchen, seine Untertanen *bei der Nase herum und in die Tugend hinein und zur Liebe des Königs* zu führen.[10] Selbst Steins Reformen, die er an sich guthieß, beurteilte er unter diesen Umständen wenig optimistisch: *Abschaffung aller Privilegien und Einführung einer militärischen Konskription, die alle gleicherweise treffe, – gut, auch gibt man mit Gemeingeist sich hin, – aber – nur wo es eine res publica*

Friedrich
Schleiermacher

gibt, ist Recht jeglichem ... – besteht aber schon eine res publica?[11] Ähnlich sah Chamisso den beginnenden Volkswiderstand. Er bewunderte den Wagemut des Volkshelden Schill und die Tapferkeit der Tiroler Freiheitskämpfer; aber er befürchtete zugleich, daß diese Erhebung nicht dem Volke, sondern nur dem Wohle der Fürsten dienen werde.[12]

Zu Chamissos poetischer Entwicklung haben diese Jahre in Berlin wenig beigetragen. Varnhagen, Neumann, Fouqué und August Ferdinand Bernhardi hatten 1807 – angeregt durch Jean Pauls „Flegeljahre" und Goethes „Wilhelm Meister" – gemeinsam den parodistischen Roman „Die Versuche und Hindernisse Karls. Eine deutsche Geschichte aus neuerer Zeit" verfaßt, zu dem jeder ohne einen festen Plan einige Kapitel beisteuerte. Vom Gehalt und der Anlage her ist es ein typisch romantisches Produkt, in dem sich ernsthafte und groteske Elemente durchdringen. Anekdoten, Karikaturen von Zeitgenossen, Gedichte unterbrechen immer wieder die lockere, abenteuerliche Handlung. Auch Chamisso wollte sich an diesem Unternehmen beteiligen, doch kam sein Beitrag zu spät. In noch schwerfälliger Prosa versuchte er, das an E. T. A. Hoffmann gemahnende Doppelgängermotiv, die Begegnung des Helden mit seinem gespenstischen Ebenbild, zu gestalten. Zwanzig Jahre später wird er das gleiche Motiv in dem Gedicht *Erscheinung* weitaus glücklicher wiederaufgreifen.

Zu den sogenannten jüngeren Romantikern Achim von Arnim und Clemens Brentano, die 1809 von Heidelberg nach Berlin, dem Zentrum der patriotischen Bestrebungen, gekommen waren und mit Heinrich von Kleist, dem Staatsrechtler Adam Müller, Fouqué und anderen eine weitere Gruppe der „Berliner Romantik" bildeten, hatte Chamisso dagegen nur wenig Beziehungen. Das hängt mit der betont nationalen Wendung zusammen, die die Romantik in der Auseinandersetzung mit der Napoleonischen Fremdherrschaft genommen hatte und die dem Deutschfranzosen wenig zusagen, zeitweise sogar abstoßen mußte. Die von Arnim und Adam Müller gegründete „Christlich-Teutsche Tischgesellschaft" schloß zum Beispiel Juden und Franzosen von ihren Sitzungen aus. Aber auch Chamisso scheint durch seine sonderbaren Allüren seine Umgebung provoziert zu haben. Wilhelm Grimm schrieb am 3. Oktober 1809 an seinen Bruder Jakob: „Chamisso hat sich einen altprovenzalischen Rock machen lassen, eine alte Mütze und trägt dazu einen Spitzbart, schämt sich aber, wenn er auf der Straße damit geht. Wunderlich ist, daß, während er so gewandt mit der deutschen Sprache in seinen Versen umgeht, er im Sprechen sehr geniert ist; er ist nämlich ein Franzose."[13] Was Chamisso jedoch nachhaltig beeinflußte, war das Erscheinen der letzten beiden Bände von „Des Knaben Wunderhorn" (1808), jener von Arnim und Brentano herausgegebenen Sammlung deutscher Volkslieder, die wesentlich auf die Lyrik Uhlands, Eichendorffs und Heines eingewirkt hat und auch Chamissos Interesse für die Volksdichtung einen neuen Auftrieb gab, so daß er sich in der Folge intensiv mit dem Sammeln französischer Volkslieder beschäftigte.

Im Sommer 1809 hatte Chamisso mit dem Gedanken gespielt, bei dem berühmten Agronomen Albrecht Thaer Landwirtschaft zu studieren und selbst ein kleines Gut zu erwerben. Wahlsdorf und Charlottenfelde bei Jüterbog waren im Gespräch. Doch reichten dazu die aus Frankreich

Ludwig Uhland

bezogenen Einkünfte nicht aus. Plan- und ziellos beschäftigte er sich mit Latein, lernte Spanisch und Italienisch, um Dante und Cervantes im Original lesen zu können, erteilte Privatunterricht, ohne in all dem Befriedigung zu finden. *Irr an mir selber, ohne Stand und Geschäft, gebeugt, zerknickt verbrachte ich in Berlin die düstere Zeit,* bekannte er später in der *Reise um die Welt.*[14]

Da erreichte ihn ein Ruf nach Napoléonville, einer Stadt in der Bretagne, wo ihm die Geschwister eine Stelle als Lehrer für Griechisch am dortigen Lyzeum besorgt hatten. Ende Januar 1810 verließ Chamisso Berlin und reiste über Hamburg, Düsseldorf, Aachen, Lüttich nach Paris. Am 8. Februar traf er in der französischen Hauptstadt ein und mußte eine neue Enttäuschung erleben: Die Stelle in Napoléonville war aufgehoben, eine andere nicht vakant. Er verfolgte indes seine Ansprüche nicht weiter, sondern stürzte sich in das bewegte Treiben der großen Stadt, das ihn diesmal ganz anders berührte als bei seinem letzten Pariser Aufenthalt. Am 17. Juni zitierte er in einem Brief an Fouqué in französischer Sprache den Anfang von Louis-Sébastien Merciers

„Le Tableau de Paris“: *Unvergleichliche Stadt, wo oft nur eine gemeinsame Wand den frommen Chor büßender, demütiger Karmeliterinnen von den losen Ausschweifungen eines ausgelassenen Serails trennt, wo im gleichen Hause der eine davon träumt, eine Million anzulegen, und der andere, einen Taler zu borgen.*[15]

Was den heimatlosen Deutschfranzosen besonders anzog, war die zahlenmäßig sehr große deutsche Kolonie der Stadt, die nach der Heirat Napoleons mit der österreichischen Erzherzogin Marie Luise von den Behörden in Paris mit wohlwollender Duldung behandelt wurde. Treffpunkt der durchreisenden Deutschen, aber auch der gegen Napoleon oppositionell gesinnten Franzosen wie Madame de Staël und Benjamin Constant, war der Salon der Henriette Menselssohn, der Schwägerin Friedrich Schlegels, in der Rue Richer. Varnhagen berichtet, daß sich Henriette um eine Vermittlung der deutschen und französischen Ansichten bemühte und in ihrem Salon der Inhalt des Deutschlandbuches „De l'Allemagne“ der Staël besprochen wurde. „Bisweilen traten auch, wenn der Boden sicher war, die politischen Meinungen ohne Scheu hervor.“[16]

In diesem Kreise wurde Chamisso, anders als in Berlin, als Gleichgesinnter angesehen. Er traf hier die alten Freunde Koreff und de La Foye, den Romanisten Immanuel Bekker, August Wilhelm Schlegel und Alexander von Humboldt. Im Juli kam noch Karl August Varnhagen hinzu, der als Begleiter des österreichischen Diplomaten Graf Bentheim unverhofft nach Paris gekommen war. So konnte Chamisso mit vollem Recht an Fouqué schreiben: ... *nirgends bin ich ein klotziger deutsch gewesen als eben in Paris.*[17]

Von größter Bedeutung für den künftigen deutschen Dichter war die Begegnung mit Ludwig Uhland, den er in der Bibliothèque Nationale beim Studium altfranzösischer Handschriften antraf. Chamisso fand den schwäbischen Dichter *klein, unscheinbar, dickrindig und schier klötzig,* seine Gedichte aber vortrefflich, nicht *von der Art, wie alle sie machen und keiner sie liest,* sondern *wie keiner sie macht und jeder sie liest,* und er begründete sein Urteil damit, daß in den Uhlandschen Gedichten die Form wegen der Poesie dasei, in den anderen dagegen die Poesie wegen der Form.[18] Dieses Urteil ist wesentlich; denn das Bekenntnis zu Uhlands betont volkstümlicher Lyrik bedeutet zugleich eine Absage an die Verschwommenheit und Formenspielerei seiner eigenen Jugendlyrik, an das *sonettisch schreiben,* wie er es bezeichnete. Uhlands Streben nach Volkstümlichkeit, die Klarheit und sprachliche Schlichtheit seiner Verse haben Chamisso auch noch später angezogen, so daß in manchen seiner bekanntesten Gedichte deutlich der Uhlandsche Balladenton zu erkennen ist. Uhland schrieb über diese Begegnung an Justinus Kerner: „Chamisso hab' ich kennengelernt ... Von seinem ‚Fortunat' hat er mir mehrere Szenen vorgelesen, die mich sehr ergriffen. Er ist mit der Sammlung französischer Volkslieder beschäftigt. Unter andrem hat er eine altfranzösische Romanze aufgefunden, die vortrefflich und auch als Seltenheit merkwürdig ist."[19] Ludwig Uhland hat später die genannte Ballade, „La fille du roi de l'Espagne", unter dem Titel „Die Königstochter" ins Deutsche übersetzt.

Wenn aus den Briefen Chamissos nicht mehr die Niedergeschlagenheit und Unruhe der Berliner Jahre spricht, so hat daran einen nicht geringen Anteil seine Liebe zu Helmina von Chézy, der in Paris wohnenden Freundin aus der Pagenzeit. Sie gab die von Cotta verlegte Zeitschrift „Französische Miszellen" heraus, schrieb selbst Gedichte und später das Libretto zu Carl Maria von Webers Oper „Euryanthe". Nach der Scheidung ihrer ersten Ehe hatte die schöne, in ihrem Wesen aber unstete Frau den Orientalisten Antoine-Leonhard de Chézy geheiratet, mit dem sie jedoch nicht mehr zusammen lebte. Chamisso schrieb über sie an Rosa Maria Varnhagen: *Ihr ganzes Leben, das sie mehr aus Begeisterung als nach klugem Plane gelebt, ist eine lange Kette von Mißgeschicken, die sie jedoch mit Mut erträgt. Sie ist gut, rein, ganz Liebe, unbegreiflich wie jedes Weib. Sie hat zwei Kinder und eigentlich keinen Mann.*[20]

Zu einem engeren Verhältnis zwischen Chamisso und Helmina kam es durch die gemeinsame Übersetzung von A. W. Schlegels Wiener Vorlesungen über dramatische Kunst und Literatur ins Französische. Chamisso berichtete zunächst in seinen Briefen nur beiläufig, er weile oft auf dem Lande bei Frau von Chézy, um mit ihr an dem Schlegelschen Werk zu arbeiten. Wenig später aber gestand er: *Aus Schimpf wird Ernst! Helmina ... ich habe zu spät mein Verhältnis zu ihr anders bestimmen wollen ... Sie ist mein, ich ihr, und Gott weiß, was daraus wird!*[21]

Die Liebe erweckte wieder den Dichter. Allerlei Lyrisches entstand, darunter das volksliedhaft schlichte Gedicht vom 17. Juni 1810, in dem verhalten die Erregtheit jener Tage mitschwingt:

Kann nicht reden, kann nicht schreiben,
Kann nicht sagen, wie mir ist,
Mir ist wohl und bang im Herzen,
Kann nicht ernst sein, kann nicht scherzen,
Kann nicht wissen, wie mir ist.

Mit der Arbeit wills nicht vorwärts.
Wie so leer es um mich ist!
Wie so voll ists mir im Herzen!
Kann nicht ernst sein, kann nicht scherzen,
Kann nicht wissen, wie mir ist.

Kann nur fühlen, kann nicht wissen,
Kann nicht sagen, was es ist.
Könnt ich singen, süßes Leben,
Würden Töne Kunde geben,
Wie es mir im Herzen ist.[22]

Das Verhältnis löste sich, als Helmina von Chézy im September 1810 nach Deutschland ging, Chamisso aber in den Bannkreis der berühmten französischen Schriftstellerin Frau von Staël geriet. Germaine de Staël-Holstein war von Napoleon als „schlechte Bürgerin" vierzig Meilen außerhalb der Mauern von Paris verbannt, weil sie ihm durch ihre Schriften gefährlich wurde. Seit ihrer Jugend mit den Ideen der französischen Aufklärung vertraut, hatte die Tochter des ehemaligen liberalen Finanzministers Jacques Necker die Anfänge der Revolution begrüßt und den General und Konsul Bonaparte noch als Retter Frankreichs bewundert. Den späteren Kaiser aber bekämpfte sie in Rede und Schrift als wortbrüchigen Despoten.
Napoleons Zorn richtete sich besonders gegen ihr neuestes Buch „De l'Allemagne", das den Franzosen die Lebenshaltung, Kunst und Literatur eines soeben erst von Frankreich unterworfenen Volkes als vorbildlich und nachahmenswert hinstellte und damit wesentlich das idealisierte Deutsch-

Helmina von Chézy

landbild der entstehenden französischen Romantik bestimmte. Unterstützt wurde sie in ihrem geistigen Kampf gegen den Diktator durch A. W. Schlegel, der Frau von Staël seit ihrer großen Deutschlandreise im Jahre 1805 als Berater in Fragen deutscher Literatur und Kunst begleitete und mit der Übersetzung seiner Wiener Vorlesungen einen Angriff auf das französische Theater vorbereitete.[23]
Chamisso folgte im Herbst 1810 A. W. Schlegel ins Exil der Frau von Staël nach Chaumont und später nach Fossé, um dort die mit Helmina begonnene Übersetzung der Wiener Vorlesungen weiterzuführen. In Chaumont hatte die Staël

Germaine de Staël

auf einer alten Burg an der Loire einen Kreis interessanter Persönlichkeiten um sich versammelt, neben Schlegel unter anderen die schöne Madame Récamier, die Freundin Chateaubriands. Auch Benjamin Constant, der Übersetzer von Schillers „Wallenstein" und Autor des „Adolphe", eines der frühesten Romane der französischen Romantik, weilte einige Tage in Chaumont, wo man tagsüber angestrengt arbeitete, abends sich unter peinlicher Wahrung der gesellschaftlichen Konvention zu Gesprächen oder zur „petite poste", einem schriftlichen Gedankenaustausch auf kleinen Zetteln, traf.

Chamisso versuchte sich in diese gepflegte Atmosphäre einzugewöhnen, doch es gelang ihm herzlich schlecht. Jedem äußeren Zwang abhold und nicht gewillt, auf seine geliebte Tabakspfeife zu verzichten, mußte er sich mancherlei Anfeindungen von seiten der schockierten Damen gefallen lassen. *Ich passe nun einmal nicht in diese gelehrte, vornehme Welt,* schrieb er nach Berlin, *ich muß mich frei bewegen können.*[24] Auch sein Verhältnis zu Schlegel blieb kühl und distanziert, trotz der gemeinsamen Arbeit an der Übersetzung der Vorlesungen. Der einst ehrfürchtig bewunderte Lehrer erschien ihm jetzt *unbegreiflich eitel,* in seinen Kritiken parteiisch und in seiner Neigung zum Katholizismus intolerant, daß es *selbst einen Katholiken zum Protestantismus treiben*

Napoleon Bonaparte

könne. Dieses harte, in seiner Schärfe nicht gerechte Urteil betraf zunächst nur die Persönlichkeit Schlegels, doch stehen dahinter auch weltanschauliche Differenzen. Die Wiener Vorlesungen waren aus dem Bestreben heraus entstanden, zur Selbstbesinnung der Nation auf die großen Traditionen der Vergangenheit und letzthin zur nationalen Wiedergeburt Deutschlands beizutragen, einer Wiedergeburt freilich, die Schlegel hauptsächlich im christlich-religiösen Sinne verstand. Da er diese Auffassung auch in Chaumont vertrat, Chamisso aber in politischer und religiöser Hinsicht an seinen von Rousseau geprägten Vorstellungen festhielt, konnten Meinungsverschiedenheiten nicht ausbleiben, die schon in den ersten Monaten der Zusammenarbeit zur Entfremdung und später zum völligen Bruch führten.

Dem übermächtigen Einfluß der *dicken, feurigen* Staël konnte sich Chamisso hingegen nicht entziehen. Das Gegensätzliche in ihrer Persönlichkeit zog ihn an, reizte zum Widerspruch und zwang ihn zur Auseinandersetzung mit sich selbst und seiner eigenen Situation. Diese Frau, *eine Napoleon nicht untertänige Macht,* bewegte sich in jenen Regionen, *wo sich die politischen Gewitter bilden.* Sie verband – ihm unverständlich – Rousseausches Freiheitspathos mit den überlieferten Formen des Ancien régime und setzte beides zum kompromißlosen Kampf gegen Napoleon ein. Er selbst hatte radikal mit seiner aristokratischen Vergangenheit gebrochen; aber seine Opposition äußerte sich lediglich in einem abstrakten Freiheitsbegehren und in einer unfruchtbaren Verachtung der gesellschaftlichen Konvention. Beiden gemeinsam war die Begeisterung für deutsche Sitten und deutsche Kunst; doch die Staël fühlte sich trotz ihres Deutschlandbuches durchaus als Französin. Sie hatte im Kampf gegen Napoleon Partei für Deutschland ergriffen, um ihrer eigenen Nation zu dienen. Als sie ihm auf einem Billett der „petite poste" erklärte, sie liebe Deutschland, könne aber Paris nicht entbehren, Frankreich sei ihr Vaterland, antwortete Chamisso schroff: *Dann fließt der Rhein zwischen uns.* Mit Deutschland verband ihn mehr als mit Frankreich, das war ihm gerade jetzt bewußt geworden, wo die französische Kultur wieder stärker auf ihn wirkte. Deutschland war seine geistige Heimat. Aber konnte er dieses Land, in dem er wenige Monate zuvor als Fremder vom öffentlichen Leben ausgeschlossen war, als sein Vaterland betrachten? Diese Frage, von der Staël gestellt, ließ die alte Wunde wieder aufbrechen. Er mußte zugeben, daß er noch immer untätig zwischen den Parteien stand, sich in Deutschland als Franzose, in Frankreich als Deutscher, unter den Aristokraten als Jakobiner und unter den Demokraten als Mann des Ancien régime fühlte. *Ich bin nirgends am Platze,* schließt das französisch geschriebene Billett, *ich bin überall fremd – ich möchte zuviel festhalten, alles entschlüpft mir. Ich bin unglücklich.*[25]

In der „petite poste" klangen auch erotische Töne an. Gleichwohl schrieb Chamisso an de La Foye: *Sie ist meine schöne, hohe Freundin, aber weiter nichts.*[26] Die Einwirkung der Frau von Staël auf die weltanschauliche Entwicklung des ehemaligen Emigranten war hingegen bedeutend. *Ich habe ein wohl wichtiges Buch nicht ohne Nutzen gelesen, eine ganze, neue Seite der Welt kennengelernt und am Ende doch mir eine Freundin erworben,* bekannte er am 16. August 1811.[27] Sein späteres Interesse für den englischen Liberalismus geht auf ihre Anregungen zurück, ebenso seine veränderte Haltung gegenüber dem einst bewunderten Napoleon. *Ihm* [Napoleon; W. F.] *muß alles dienen; er hat überall seine Fäden gesponnen, und das große, fromm gewordene, abgemarterte Trampeltier, das nicht mehr weiß, wie es einmal dazu gekommen ist, hat mehr Zügel am Kopfe als Muskeln sich zu bewegen,* schrieb er im Frühjahr 1810 über die politischen Zustände in Paris.[28] Am 24. September des gleichen Jahres bekam er ein anschauliches Exempel napoleonischer Willkür statuiert: Das Buch „De l'Allemagne" der Staël wurde konfisziert, sie selbst binnen achtundvierzig Stunden des Landes verwiesen. In ihrem Sinne wird Chamisso in seinen späteren Napoleongedichten den Kaiser an Franklin und Washington messen: Er wäre groß gewesen, wenn er wie diese Männer seine Fähigkeiten in den Dienst der Menschheit gestellt hätte.

Mit der Ausweisung der Staël brach der Freundeskreis in Fossé auseinander. Die Geächtete ging in die Schweiz nach Coppet, Schlegel nach Wien, Chamisso auf Empfehlung der Staël als Sekretär des Präfekten Prosper de Barante nach Napoléon-Vendée, einem Ort in Südwestfrankreich. Zu Barante, der eine Geschichte der französischen Literatur des

18. Jahrhunderts geschrieben hatte und später als liberaler Politiker und Übersetzer Schillers bekannt wurde, trat Chamisso bald in ein freundschaftliches Verhältnis, das ihm volle Unabhängigkeit gewährte und genügend Zeit ließ, die Übersetzung der Schlegelschen Vorlesungen weiterzuführen. Während der langen Winterabende bemühte er sich, die ihm im Umgang mit der Staël bewußt gewordenen Mängel seiner verspäteten Entwicklung auszugleichen. Er beschäftigte sich mit dem Revolutionskrieg in der Vendée, las altfranzösische Volksbücher, Fabeln und Erzählungen französischer Dichter aus der Zeit zwischen dem 11. und dem 15. Jahrhundert, vor allem aber Rabelais. Als Frucht dieser Studien ist zunächst nur die deutsche Nachdichtung des Achtzeilers „Plus ne suis ce que j'ay esté" *(Ich bin nicht mehr, was sonst ich war)* von Clément Marot zu verzeichnen. Doch in den späteren humoristischen Liedern und volkstümlichen Balladen Chamissos läßt sich leicht die Nachwirkung der französischen Volksdichtung und des französischen Renaissancepoeten Rabelais nachweisen.
Im Februar 1811 besuchte Chamisso eine Versammlung zu den Departementswahlen in der Vendée und war enttäuscht, statt einer demokratischen Einrichtung nur noch eine Parodie auf den Parlamentarismus vorzufinden. Die besitzenden Bürger waren die eigentlichen Nutznießer der napoleonischen Gewaltherrschaft; sie strebten nach Amt und Würde um des persönlichen Vorteils willen. *Es ist eine Schande, wie das zugeht,* schrieb er an Hitzig, *die Parteiungen und die Weisen der Niederträchtigkeit, lediglich für das schlechte Geld des Gehaltes.*[29] Und er ging in seinem Unmut über diese Verhältnisse so weit, daß er jetzt die Revolution, die er 1806 noch als Morgenröte begrüßt hatte, als gegen die Freiheit gerichtet ansah. Jeder habe versucht, zu seinem eigenen Vorteil nach oben zu gelangen, aber nur einem sei es gelungen: Napoleon. Chamisso nähert sich hier den Ansichten der frühen Romantiker, die nach anfänglicher Zustimmung die Revolution gerade wegen dieser negativen Folgen ablehnten. Erst nach seiner Reise um die Welt wird Chamisso dieses Urteil revidieren und die Französische Revolution als historische Notwendigkeit anerkennen, grundsätzlich aber eine friedliche Evolution dem gewaltsamen Umsturz vorziehen.

Während Chamisso in der Abgeschiedenheit des kleinen Provinznestes sich in die französische Literatur vertiefte, einen regen Briefwechsel mit den Freunden in Deutschland unterhielt und Ausflüge bis zur Atlantikküste unternahm, bemühten sich seine Brüder, den Abtrünnigen durch eine Anstellung an den Pariser Archives Impériales und eine reiche Heirat wieder an Frankreich und an ihre Welt zu binden. *Partien von 100000 francs sind in alten Schlössern von Champagne zu holen,* schrieb er spöttelnd an de La Foye.[30] Die Anstellung an den Archiven zerschlug sich aber, und für die Heiratsvermittlung gab er gar nicht erst seine Einwilligung. Die Geschwister redeten *eine andere Sprache* als er; ihre Vorstellungen von einem standesgemäßen Leben in Frankreich entsprachen nicht den seinigen. Er entschied sich nach längerem Zögern für Deutschland und für ein Studium der Medizin an der neugegründeten Berliner Universität. Bevor er jedoch die Reise nach dem Norden antrat, zog es ihn noch einmal in den *Zauberkreis* der verbannten Staël nach Coppet.
Dieser zweite Aufenthalt bei Frau von Staël wurde eine Enttäuschung; denn die Freundin war inzwischen mit einem wesentlich jüngeren Offizier, Jean de Rocca, eine heimliche Ehe eingegangen. Chamisso verabschiedete sich von ihr im September 1811 mit einem französisch geschriebenen Gedicht und fühlte sich dann doch wieder verpflichtet, bei der unglücklichen, von napoleonischen Spitzeln schikanierten Frau auszuharren. Im Frühjahr 1812 war er noch immer in Coppet, mißmutig, unruhig und wieder der alten Trägheit verfallen wie vor Jahren in Berlin. *Die Leute haben hier streng an mir gerügt, daß ich nicht arbeite,* schrieb er an de La Foye. *Hier und so kann ich einmal nicht arbeiten. Ich habe hin und her leichte Dinge, deutsch, französisch, italienisch, spanisch gelesen und damit gut.*[31] Unter den leichten Dingen befanden sich immerhin zwanzig Dramen Shakespeares, zu deren Studium er eigens die englische Sprache erlernte. Mit der längst zur Last gewordenen Übersetzung der Schlegelschen Vorlesungen kam er freilich nicht voran. Er resignierte schließlich und trat das Unternehmen an Barante ab.
Die seelische Depression dieser Monate in Coppet hemmte auch den Dichter Chamisso. Er schrieb nur einige leicht-

wiegende deutsche und französische Gelegenheitsverse, versuchte sich an der Übersetzung der Komödie „Conaxa ou les deux gendres dupés" („Conaxa oder die zwei geprellten Schwiegersöhne") eines anonymen französischen Jesuitenpaters aus dem 18. Jahrhundert, die in der Bearbeitung durch Charles-Guillaume Etienne in Paris einen großen Erfolg hatte. Chamisso dachte an eine Aufführung in Berlin oder Weimar, ließ das Manuskript aber liegen, als es von den Berliner Freunden und Helmina von Chézy als zu geringwertig abgelehnt wurde, ob zu Recht, läßt sich nicht mehr entscheiden, da die Übersetzung nicht erhalten ist. Chamisso verteidigte jedoch das Original wegen des aktuellen Stoffes, der *ironischen Apotheose des Geldes*, und der lebendigen Handlung, die ihm das Stück als *ein wahres Lustspiel zwischen Terenz und Molière* erscheinen ließ. Zur Fortsetzung des *Fortunat*, zu der ihm Fouqué geraten hatte, konnte er sich nicht entschließen. Die romantische Dramentheorie und damit das halbvollendete Werk waren dem Dichter nach der Lektüre der letzten Jahre, vor allem Shakespeares, fragwürdig geworden. In diesem Zweifel wurde er noch bestärkt, als er im August 1811 Simonde de Sismondi, den Schweizer Historiker und späteren Sozialreformer, kennenlernte. Sismondi hielt im Winter in Coppet Vorträge über die Literatur der Völker des südlichen Europa, in denen er sich häufig polemisch gegen die Schlegelsche Kunstauffassung wandte.

In einer anderen Beziehung wurde der Aufenthalt in Coppet bedeutungsvoll für die weitere Entwicklung Chamissos: Er entschied sich für die Naturwissenschaft und vollzog damit die auch für sein künftiges poetisches Schaffen wichtige Wendung *von der Spekulation zur Erfahrung*. Am Genfer See treibe man nicht Englisch, sondern Botanik, hatte ihm de La Foye aus Caen geschrieben, und Chamisso, ohnehin entschlossen, seinem Leben durch das Studium einer exakten Wissenschaft festen Halt zu geben, folgte diesem Rat. Er unternahm weite Fußreisen in den Jura und die savoyischen Voralpen und stellte ein Herbarium von mehr als tausend Pflanzen zusammen.

Die Flucht der Frau von Staël nach Wien im Mai 1812 und später über Rußland nach England gab Chamisso endlich die Handlungsfreiheit zurück. Er blieb noch bis Mitte August in Coppet. Dann wanderte er zu Fuß mit der Botanisierkapsel auf dem Rücken und Suters „Flora“ in der Tasche zunächst mit Auguste de Staël, dem ältesten Sohn der Freundin, dann allein um das Montblanc-Massiv herum nach dem Bernhardhospiz, durch das Rhônetal, das Berner Oberland und über den Gotthard nach Deutschland, in der Hoffnung, dort nach dem Studium der Naturwissenschaften die Möglichkeit für eine unabhängige Existenz zu finden.

Im September 1812 war Chamisso wieder in Berlin und ließ sich am 17. Oktober als Student der Medizin an der Berliner Universität inskribieren. *Tauge ich überhaupt zu irgend etwas, so ist es für die Naturwissenschaften, auf dem Wege der Erfahrung. Die Freunde selbst haben mir nie einreden können, daß ich zum Dichter geboren, und von müßiger Spekulation wend' ich mich mit Überdruß ab*[1], schrieb er am 17. November an Rosa Maria Varnhagen, und an de La Foye: *Vergessen habe ich schon, daß ich je ein Sonett geschrieben – Gott verzeihe mir meine Sünden.*[2] Diese Feststellung war etwas voreilig, doch zunächst nahm Chamisso den Vorsatz, der Dichtkunst zugunsten der Naturwissenschaft zu entsagen, sehr ernst. Er belegte Vorlesungen über Botanik und Zoologie bei Martin Heinrich Lichtenstein, Mineralogie bei Christian Samuel Weiß, Physiologie bei Carl Asmund Rudolphi, Anatomie bei Christoph Knape und arbeitete im Seziersaal. Im Frühjahr 1813 unternahm er zusammen mit den Botanikern Carl Sigismund Kunth und Diederich Franz Leonhard von Schlechtendal weite Exkursionen in die Umgebung Berlins zur Erforschung der märkischen Flora. Schlechtendal berichtet über diese Ausflüge: „Überall war Chamisso voran, der erste, der eifrigste, von kräftigem Körper und fester Ausdauer. Eine alte, schwarze Kurtka oder eine nicht minder alte, etwas verschossene und fleckige Sommerkleidung, bestehend aus runder Jacke und langen Beinkleidern aus demselben olivengrünen Zeuge, ... eine schwarze Mütze von Samt oder Tuch auf dem lockigen Haupte, eine mächtige grüne Kapsel an ledernem Riemen umgehängt, eine kurze Pfeife im Munde, ein schmuckloser Tabaksbeutel, irgendwo angehängt, einige Lebensmittel aus den kleinen Seitentaschen der Jacke hervorschielend, das war der Aufzug, in welchem er auszog, und abends durch Schweiß und Staub nicht verschönert, oft noch ein kräutergefülltes Taschentuch in der Hand, den geputzten Scharen der Berliner Sonntagswelt entgegentrat und uns gutmütig neckte, wenn wir nicht mit ihm den graden Weg durch die Stadt ziehn wollten."[3]

Martin Heinrich Carl Lichtenstein

Im Frühjahr 1813 drohte das kriegerische Geschehen wieder alle Pläne Chamissos zu zerstören. Napoleons Große Armee war in den Weiten Rußlands untergegangen; in Ostpreußen griff das Volk zu den Waffen, und auch in Berlin flammte der Aufruhr auf. Anfangs glaubte Chamisso noch, sich aus den bevorstehenden Auseinandersetzungen herauszuhalten zu können. *Brenne, massakriere, wer da Lust hat, vor der Hand seziere ich die Toten und lasse es dabei bewenden,* schrieb er am 20. Januar an de La Foye.[4] Doch als am

4. März die französische Besatzung Berlin räumte und wenige Tage später Yorck, umjubelt von der Bevölkerung, in die Stadt einrückte, die Universität ihre Pforten schloß, Professoren und Studenten, darunter Fichte und Lichtenstein, sich freiwillig zum Landsturm und zu den Grünen Jägern meldeten, stand der Franzose Chamisso wieder isoliert und innerlich zerrissen zwischen den feindlichen Parteien.

Kosaken und Landwehr auf dem Kreuzberg bei Berlin 1813

Im Mai forderte ihn Varnhagen auf, dem Beispiel Auguste de Staëls zu folgen, der unter Bernadotte gegen Napoleon kämpfte, und eine Zeitlang hatte Chamisso auch die Absicht, sich wie Fouqué als Freiwilliger den Gardejägern zur Verfügung zu stellen; doch mußte er einsehen, daß es für ihn unmöglich war. *In einem Kriege gegen Frankreich darf ich, kann ich – der Kerl, der ich bin – nichts für mich holen wollen; aber in einem Kriege für Norddeutschland hätte ich wohl meine Knochen zu Markte tragen können, und ich war erbötig es zu tun,* antwortete er dem Freund;[5] und aus einem Brief an Hitzig klang schließlich wieder die schon früher geäußerte Skepsis über den Charakter der Befreiungskriege: *Lieber Freund, wüßt' ich nur recht klar, daß die Völker nicht den Zwist der Könige, sondern die Könige den Zwist der Völker führten!*[6] Mit sich selbst uneins, zog sich Chamisso von Mai bis Oktober 1813 nach Kunersdorf im Oderbruch auf das Gut des Generalintendanten der preußischen Domänen und Forsten Graf Peter Alexander von Itzenplitz zurück, der als hervorragender Landwirt bekannt war. Hier legte Chamisso zusammen mit dem Obergärtner Friedrich Walter ein Herbarium und ein Verzeichnis der wildlebenden und kultivierten Pflanzen des Oderbruchs an (etwa 1700 Pflanzenarten) und verfaßte dazu als Anhang seine erste botanische Abhandlung über einige Wasserpflanzen (Potamogeton und Najas), die 1815 veröffentlichten *Adnotationes quaedam ad Floram Berolinensem, C. S. Kunthii* ... (Anmerkungen zu C. S. Kunths „Flora Berolinensis") mit Hinweisen auf Pflanzenfundorte in Berlin und Umgebung. Daneben aber entstand in jenem Sommer und Herbst 1813 *Peter Schlemihls wundersame Geschichte,* das erste poetische Meisterwerk des gebürtigen Franzosen, das seinen Ruhm als deutscher Dichter begründen sollte.

Die Fabel der *wundersamen Geschichte* ist schnell erzählt. Peter Schlemihl, ein armer Schlucker, trifft in einer Gesellschaft des reichen Bürgers Thomas John einen seltsamen Mann, der aus der Tasche seines grauen Rockes türkische Teppiche, ein Zelt und sogar drei gesattelte Reitpferde hervorzieht und dem erstaunten Schlemihl für seinen Schlagschatten Fortunati Glückssäckel, Raubtaler, das Galgenmännlein und andere verlockende Dinge anbietet. Geblendet von der Gier nach Macht und Geld, geht Schlemihl auf den Tausch ein. Er entscheidet sich für den nie versiegen-

Illustrationen zu „Peter Schlemihl" von Schrödter im vierten Band der Werkausgabe (1836)

den Glückssäckel, gelangt damit zu unerschöpflichem Reichtum, wird aber als Schattenloser von seinen Mitmenschen gemieden und verachtet. Als übers Jahr der Teufel – niemand anders war der geheimnisvolle graue Mann – den Schatten um den Preis der Seele zurückerstatten will, trennt sich Schlemihl von dem unheilvollen Glückssäckel, ohne seinen Schatten wiederzuerlangen. Durch Zufall in den Besitz von Siebenmeilenstiefeln gelangt, die ihn schnell von einem Teil der Erde zum anderen tragen, findet er schließlich Glück und Befriedigung in einem tätigen Leben als Naturforscher.

Eine phantastische Geschichte also, ein Märchen, das, will man dem Dichter glauben, anfangs gar nicht zur Veröffentlichung, sondern nur zur Unterhaltung für Hitzigs Frau und Kinder vorgesehen war. *Lies das Deiner Frau vor, heute abend, wenn Du Zeit hast; wenn sie neugierig wird zu erfahren, wie es Schlemihl weiter ergangen, und besonders, wer der Mann im grauen Kleide war, so schick mir gleich morgen das Heft wieder, auf daß ich daran schreibe,* heißt es in einem Brief an Hitzig vom August 1813.[7] Über den zufälligen Anlaß des Werkes äußert er sich

Titelkupfer zu „Peter Schlemihl" von Franz Leopold

später so: *Ich hatte auf einer Reise Hut, Mantelsack, Handschuhe, Schnupftuch und mein ganzes bewegliches Gut verloren; Fouqué frug: ob ich nicht auch meinen Schatten verloren habe? und wir malten uns das Unglück aus. Ein ander Mal ward in einem Buche von Lafontaine (den Titel hab ich nicht erfahren) geblättert, wo ein sehr gefälliger Mann in einer Gesellschaft allerlei aus der Tasche zog, was eben gefordert wurde – ich meinte, wenn man dem Kerl ein gut Wort gebe, zöge er noch Pferd und Wagen aus der Tasche. Nun war der Schlemihl fertig, und wie ich einmal auf dem Lande Langeweile und Muße hatte, fing ich an zu schreiben.*[8] Was jedoch unter der Hand des Dichters entstand, sprengte den vorgesehenen Rahmen, war zu sehr persönliches Bekenntnis, zu sehr dem Bereich der modernen Wirklichkeit verhaftet, um der Gattung des Märchens zugeordnet werden zu können, auch nicht des romantischen Kunstmärchens, obwohl die *wundersame Geschichte* bis in die Einzelheiten davon beeinflußt worden ist. Thomas Mann hat zu Recht den modern-leidenschaftlichen, novellistischen Charakter des Werkes betont und deshalb von einer phantastischen Novelle gesprochen.[9]

Auf die biographischen Bezüge des *Peter Schlemihl* ist oft hingewiesen worden,[10] der Dichter selbst hat sie durch direkte und indirekte Anspielungen hervorgehoben. Das in der Vorrede entworfene Bild des Helden als eines Mannes in abgenutzter schwarzer Kurtka, eine Botanisiertrommel darüber umgehangen, und das Titelkupfer von Franz Leopold zur ersten Ausgabe der *wundersamen Geschichte* entsprechen bis in die Einzelheiten der am Anfang dieses Kapitels zitierten Schilderung des Dichters durch Schlechtendal. Schlemihls Diener Bendel und die Forstmeisterstochter Mina weisen auf reale Personen aus Chamissos Bekanntenkreis. Dennoch sind Held und Dichter nicht identisch; davon hat sich Chamisso schon durch die ironischen Vorreden distanziert, deren Funktion darin besteht, ihn nicht als Verfasser, sondern nur als Herausgeber und das Erzählte als authentischen Bericht des Mannes ohne Schatten erscheinen zu lassen. Wohl aber spiegelt die Geschichte insgesamt die krisenhafte Stimmung des Dichters, der isoliert von der Gesellschaft das tatenlose Leben eines Eremiten führen mußte. Diese Erlebnissubstanz tritt nie vordergründig in Erscheinung, doch durchdringt sie das phantastische Geschehen derart stark, daß nicht das Märchenhaft-Phantastische in dieser Geschichte dominiert, sondern die Realität des bürgerlichen Lebens, das Verhältnis des Einzelmenschen zu seiner bürgerlichen Umwelt.

Dieser aktuelle Bezug wird von Chamisso schon am Beginn der Geschichte hergestellt, indem er das alte Motiv des Teufelspaktes in Beziehung zur Herrschaft des Geldes und seiner sozialen Funktion in der modernen bürgerlichen Gesellschaft setzt. Peter Schlemihl will durch Geld bzw. Gold zu Macht und Ansehen gelangen, denn das Gold *überwiegt auf Erden Verdienst und Tugend;* es verwandelt Recht in Unrecht, Unrecht in Recht. Dieses Problem der unheilvollen Macht des Geldes hat den Dichter immer wieder beschäftigt, seit er in Paris, wo sich die kapitalistischen Produktionsverhältnisse durchgesetzt hatten, das Eindringen des nackten Geldinteresses in alle menschlichen Beziehungen beobachten konnte. *Jeder hat Protektion und Kredit, und das ist das einzige Verdienst und Recht,* schrieb Chamisso 1810 aus Paris.[11] Der reiche Großbürger Thomas John spricht das am Beginn der Handlung noch drastischer aus: *Wer nicht Herr ist wenigstens einer Million, … der ist, man verzeihe mir das Wort, ein Schuft!*[12] Peter Schlemihl hat sich diese Maxime zu eigen gemacht und in dämonischer Geldgier bedenkenlos seinen Schatten für den unerschöpflichen Glückssäckel eingetauscht. Aber nicht nur der Held wird von diesem egoistischen Streben nach Geld und Besitz beherrscht; es liegt mehr oder weniger den Beziehungen fast aller handelnden Personen zugrunde. Ein reicher Handelsherr, der mit Peter Schlemihl an äußerem Glanz konkurrieren will, wird rücksichtslos bankrott gemacht. Das Verhältnis des Dieners Rascal zu seinem Herrn, die Überlegungen der biederen Forstmeistersleute über die Zukunft ihrer Tochter sind vom Geld bestimmt. Es ist bezeichnenderweise der Teufel, der offen ausspricht, was die anderen hinter dem Scheine der Rechtlichkeit zu verbergen suchen: … *ich finde ganz natürlich, daß Sie alle Ihre Vorteile, List und Gewalt geltend zu machen suchen; daß Sie übrigens die allerstrengsten Grundsätze haben und wie die Ehrlichkeit selbst denken, ist eine Liebhaberei, wogegen ich auch nichts habe. – Ich denke in der Tat nicht so streng als Sie; ich handle bloß, wie Sie denken.*[13]

Diese Polemik gegen die Auswirkungen der Geldherrschaft

Der graue Mann im „Peter Schlemihl“. Zeichnung von E. T. A. Hoffmann

ist in der Märchennovelle immanent enthalten; sie gibt aber noch keinen Aufschluß über den Sinn des Schattenmotivs bzw. der gesamten Geschichte. Denn Peter Schlemihl gelingt es auch mit Hilfe des Glückssäckels nicht, das ersehnte Ansehen in der Gesellschaft zu erringen; er muß erkennen, daß *um so viel das Gold auf Erden Verdienst und Tugend überwiegt, um so viel der Schatten höher als selbst das Gold geschätzt werde,*[14] daß er als Schattenloser von seinen Mitmenschen gemieden und verachtet wird.

Die daraus folgende Vereinsamung des Helden, sein vergebliches Bemühen, im bürgerlichen Leben Fuß zu fassen, machen den novellistischen Kern des mit zwingender Konsequenz abrollenden Geschehens aus. Die Gassenjungen laufen Peter Schlemihl nach und verspotten ihn, sobald sie seine Schattenlosigkeit bemerken. Vorübergehende Mädchen wenden sich mitleidig ab. Ein Kunstmaler, den er bittet, ihm einen künstlichen Schlagschatten zu malen, antwortet mit durchdringendem Blick: *wer keinen Schatten hat, gehe nicht in die Sonne, das ist das Vernünftigste und Sicherste.*[15] Peter Schlemihl versucht zwar, sich den Gegebenheiten anzupassen und durch vorgetäuschte Eigenheiten und Launen, *die dem Reichen gut stehen,* seine Schattenlosigkeit zu überdekken. Um so schwerer trifft ihn, wenn das nicht gelingt, der Spott seiner Umgebung, besonders von seiten der *Wohlbeleibten, die selbst einen breiten Schatten werfen.*

Das alles ist so überzeugend gestaltet, daß man den phantastischen Anlaß als Realität hinnimmt. Überhaupt gibt sich Chamisso kaum Mühe, eine märchenhafte Atmosphäre zu erzeugen, trotz der zahlreich verwendeten Märchenmotive. Das Leben in den Straßen, die Personen, ihre Beziehungen untereinander, alles ist bürgerlich, nicht im mindesten stilisiert. Dem entspricht, daß sich der Dichter immer wieder bemüht, dem Übernatürlichen den Anschein des Natürlichen zu geben, so daß auch innerhalb der phantastischen Begebenheiten die Kausalität stets gewahrt bleibt, zum Beispiel in der Episode auf dem freien Feld, wo der Held einem scheinbar herrenlosen Schatten begegnet: *Nun ward mir auch das ganze Ereignis sehr natürlich erklärbar. Der Mann mußte das unsichtbare Vogelnest, welches den, der es hält, nicht aber seinen Schatten, unsichtbar macht, erst getragen und jetzt weggeworfen haben.*[16]

Die Geschichte erreicht ihren Höhepunkt in der Liebesepisode des Helden mit der Forstmeisterstochter Mina. Der als Graf Peter eingeführte Schlemihl hofft, nachdem er den Fluch erkannt hat, der auf dem teuflischen Gelde lastet, im kleinbürgerlichen Idyll ihres abgeschiedenen Hauses Ruhe zu finden. Er tut alles, seine Schattenlosigkeit zu verbergen, erscheint nur in der Dämmerung und geht bei Aufgang des Mondes, und Mina, das unschuldige bürgerliche Mädchen, scheint dazu berufen, seinem verpfuschten Leben festen Halt zu geben. *Sie liebte wie ein Weib, ganz hin sich opfernd; selbstvergessen, hingegeben den nur meinend, der ihr Leben war, unbekümmert, solle sie selbst zu Grunde gehen, das heißt, sie liebte wirklich.*[17]

Doch auch sie kann sich nicht über die Schattenlosigkeit des Geliebten hinwegsetzen, auch in ihrem abgeschiedenen Bereich gelten die Normen der bürgerlichen Konvention, wird sachlich-nüchtern, mit *gesundem Menschenverstand,* die gesellschaftliche Reputation höher geschätzt als die innere

Persönlichkeit. Sie fügt sich, wenn auch widerstrebend, dem Willen der Eltern und heiratet Schlemihls ehemaligen Diener Rascal, der zwar ein Schuft ist und sich heimtükkisch am Gelde seines Herrn bereichert hat, aber einen untadeligen Schatten wirft. Er besitzt für sechs Millionen schuldenfreie Güter und hat, nach den Worten des Vaters, Geld gespart, wo Peter Schlemihl Geld verschwendet hat. *Ich selber, liebes Kind, habe ihn* [Peter Schlemihl; W. F.] *auch geliebt, so lange ich ihn für einen großen Herrn angesehen habe,* tröstet der Forstmeister seine unglückliche Tochter. *Nun siehst du selber ein, wie anders alles geworden. Was! ein jeder Pudel hat ja seinen Schatten ...*[18]

Peter Schlemihl bleibt noch eine Möglichkeit, seinen Schatten zurückzuerlangen: Wenn er seine Seele dem Teufel verschreibt. Von dem ersten Tauschhandel war demnach die Seele, das wahre Selbst des Helden, nicht berührt worden. Der graue Mann bemüht sich deshalb mit allen ihm zu Gebote stehenden Mitteln, nun auch Schlemihls Seele zu bekommen. Doch der Held widersteht dem zweiten Angebot des Teufels, obwohl er durch seine Weigerung endgültig Mina an Rascal verliert. Er tut dies weniger aus moralisierenden Beweggründen; vielmehr beruht sein Verhalten auf einer fatalistischen Resignation. Überhaupt erscheint Schlemihl fast ausschließlich als ein von den Ereignissen Getriebener, der zwar anfangs sein Schicksal durch Leichtsinn selbst bewirkt hat, dann aber in seinen Handlungen von äußeren Umständen, von den Bedingungen seiner Umwelt bestimmt wird: *Ich habe erstlich die Notwendigkeit ... als eine weise Fügung verehren lernen, die durch das gesamte große Getrieb weht, darin wir bloß als mitwirkende, getriebene treibende Räder eingreifen; was sein soll, muß geschehen, was sein sollte, geschah ...*[19]

Schlemihls Widerstand gegen das Ansinnen des Teufels ist deshalb bis zum Schluß passiv. Er wird ohnmächtig, als es zur entscheidenden Unterschrift kommen soll, und nach dem Verlust der Geliebten sieht er keinen Anlaß mehr, sein Seelenheil aufs Spiel zu setzen. Der Anblick des entseelten Thomas John, den der Teufel aus seiner Tasche zieht, bringt ihn schließlich dazu, sich von dem Glückssäckel zu trennen, ohne daß er damit seinen Schatten wiedererlangt.

Ohne Schatten und ohne Geld bleibt für Schlemihl als Aus-

Illustration zu „Peter Schlemihl“ von George Cruikshank mit Randzeichnungen von Peter Carl Geißler

Illustration zu „Peter Schlemihl“ von George Cruikshank mit Randzeichnungen von Peter Carl Geißler

weg nur die Flucht in die Natur. In dieser verzweifelten Situation gelangt er durch Zufall in den Besitz von Siebenmeilenstiefeln, die ihn schnell über weite Entfernungen tragen und ihm damit die Möglichkeit eröffnen, als Naturforscher im großen Stile tätig zu sein. Chamisso greift hier wieder auf ein vertrautes Märchenmotiv zurück, das jedoch wieder ganz unmärchenhaft verwendet und durch den Einfall der Hemmschuhe ironisiert wird. Schlemihl zieht sich Pantoffeln über die Stiefel, wenn er keine Siebenmeilenschritte machen will. Das Wunderbare erhält dadurch nach den Worten von Thomas Mann einen „Charakter bürgerlicher Wirklichkeit, den es im Märchen niemals besaß“[20]. Die Siebenmeilenstiefel würden nur ein phantastisches Umherschweifen zulassen, während die darübergezogenen Pantoffeln es dem Helden ermöglichen, den Blick auf das Naheliegende zu richten, zu sammeln und zu forschen. Der schattenlose Schlemihl kann so, durch die Verbindung der märchenhaften Siebenmeilenstiefel mit den bürgerlichen Pantoffeln, ohne die er nun einmal nicht auskommt, in heroischer Entsagung ein sinnvolles Leben außerhalb der Gesellschaft im Dienste der Wissenschaft führen. *Du aber, mein Freund,* heißt es am Ende der *wundersamen Geschichte, … willst Du unter den Menschen leben, so lerne verehren zuvörderst den Schatten, sodann das Geld. Willst Du nur Dir und Deinem bessern Selbst leben, o so brauchst Du keinen Rat.*[21]
Gehalt und Struktur des *Peter Schlemihl* werden bis in die Einzelheiten von dieser „unerhörten Begebenheit“ des Schattenverlustes bestimmt. Nicht zuletzt deshalb ist die Frage nach dem tieferen Sinn des Schattenmotivs schon früh gestellt worden, und bis in die Gegenwart hinein hat es die literarhistorische Forschung zu immer neuen Deutungsversuchen herausgefordert. Man entdeckte auch „Ungereimtes“ in der Geschichte, stellte fest, daß das Schattenmotiv eine „poetisch *sinnfällige* Konstruktion“ eigentlich nicht sei,[22] was freilich wenig besagt, da der Reiz und die besondere Wirkung des *Schlemihl* offensichtlich auf der beziehungsreichen Unbestimmtheit dieses Motivs beruhen. Chamisso hat eine eigene Deutung stets abgelehnt, unter ausdrücklicher Betonung, daß er mit seiner Poesie selten einen bestimmten Zweck verfolge, nur Leben könne wieder Leben ergreifen.[23] In der Vorrede zur französischen Aus-

gabe des *Peter Schlemihl* machte sich der Dichter über die Deutungsversuche seiner Zeitgenossen lustig, indem er als Erklärung eine wissenschaftliche Definition des Schattens aus einem Elementarbuch für Physik zitierte.

So gewiß Chamisso eine allegorische Dichtung fernlag und der Anlaß zur Verwendung des Schattenmotivs mehr oder weniger zufällig war, so gewiß kommt dem Schattenverlust im Rahmen der Geschichte ein allgemeinerer, über die Handlung hinausweisender Symbolwert zu. Ein Versuch, den Schatten im moralisierenden Sinne zu deuten, würde nicht weit führen; denn wenn einerseits der redliche Bendel einen *breiten*, der bankrotte Handelsherr dagegen einen *etwas blasseren* Schatten wirft, so verfügen andererseits der skrupellose Thomas John und der Schurke Rascal über einen soliden, durch keinerlei äußere Merkmale beeinträchtigten Schatten.[24] Sein Wert und seine Bedeutung werden erst in den Beziehungen des Helden zu seinen Mitmenschen offenbar. Auslösendes Moment des Geschehens ist die phantastische Fiktion, daß der Schatten tauschbar ist, zur Ware wird, die man gegen Geld verkaufen kann. Es ist in der Geschichte nicht mehr von einem Pakt im Sinne des Volksbuches die Rede, sondern von einem Handel, einem Geschäft, das, einmal abgeschlossen, durch nichts mehr rückgängig zu machen ist, es sei denn durch ein neues Geschäft unter anderen Bedingungen. Daraus ergibt sich die persönliche Problematik des Helden und zugleich auch der soziale, gesellschaftskritische Aspekt der gesamten Geschichte. Für Peter Schlemihl ist der Schatten zunächst durch seine Wesenlosigkeit ein scheinbar überflüssiges Requisit. Im öffentlichen Leben gewinnt er dagegen eine erschreckende Realität. Hier wird offenbar, daß der Mann ohne Schatten als Außenseiter, als Abenteurer angesehen wird, daß er durch den unüberlegten Handel einen wesentlichen Teil seiner Individualität aufgegeben hat. Gerade weil der scheinbar wesenlose Schatten ohne einen festen Körper undenkbar ist, gehört er untrennbar zu der jeweiligen Persönlichkeit, die ihn erzeugt.

In der Vorrede zur französischen Ausgabe des *Peter Schlemihl* schrieb Chamisso: *Die Finanzwissenschaft belehrt uns hinlänglich über die Wichtigkeit des Geldes; die des Schattens ist minder allgemein anerkannt. Mein unbesonnener Freund hat sich nach dem*

Illustration zu „Peter Schlemihl" von George Cruikshank mit Randzeichnungen von Peter Carl Geißler

Gelde gelüsten lassen, dessen Wert er kannte, und nicht an das Solide gedacht ... Seine Erfahrung ruft uns zu: „Denket an das Solide!“[25] Das ist zwar ironisch gemeint, indem Chamisso auf das französische Wort für Schatten (le solide) anspielt. Es gibt aber dennoch einen Hinweis auf den Sinn der Geschichte. Das Geld hat in der dargestellten bürgerlichen Gesellschaft einen realen, alle menschlichen Beziehungen beeinflussenden Wert. Es ist Maß aller Dinge und notwendige Voraussetzung für den sozialen Aufstieg. Es verhilft aber nur dann zu Macht und Ansehen, wenn der Besitzer zugleich über einen soliden Schatten und damit über eine gesicherte Existenzgrundlage verfügt. *Ein reicher Mann, wie Sie, braucht einmal einen Schatten, das ist nicht anders,*[26] argumentiert der graue Mann gegenüber Schlemihl. Wer keinen Schatten hat, ist verdächtig. Er gehört nicht zu den Durchschnittsbürgern, die im Bewußtsein ihres von den Mitmenschen anerkannten Wertes, in *wohlbeleibter Selbstzufriedenheit,* einen breiten Schatten werfen. Er vermag sich nicht auszuweisen und verliert damit den Kontakt zu seiner Umwelt, zum alltäglichen bürgerlichen Leben. Dabei sind die selbstverschuldeten Ursachen dieser Erscheinung nur für den ersten Teil der Geschichte von Bedeutung. Im zweiten Teil geht es nur noch um die Auswirkungen, um die Isolierung Schlemihls von der Gesellschaft, die nach der Trennung vom Teufel durch nichts mehr rückgängig zu machen ist.
Der Schatten hat also etwas mit der von überkommenen Konventionen, von Herkunft und Besitz, Rang und Gewohnheiten abhängigen bürgerlichen Reputation zu tun, mit jenen unwägbaren, vom Dichter absichtlich nicht näher ausgeführten Faktoren, von denen der Grad der sozialen Einordnung in die bürgerliche Gesellschaft bestimmt wird.[27] Dabei ist es gleichgültig, ob das Geld oder der Besitz rechtmäßig oder unrechtmäßig erworben sind, wie das Beispiel des Betrügers Rascal zeigt. Höher noch als den Schatten wertet der Dichter die Seele, das *bessere Selbst* des Menschen, die persönliche Identität. Doch auch diese inneren Werte sind in der dargestellten bürgerlichen Gesellschaft von der im Schatten symbolisierten soliden Existenzgrundlage abhängig. Sie können sich, wenn diese Voraussetzung fehlt, nur außerhalb der Gesellschaft im Bereiche der Natur verwirklichen, wo die Gesetze der bürgerlichen Konvention

Illustration zu „Peter Schlemihl“ von George Cruikshank mit Randzeichnungen von Peter Carl Geißler

unwirksam sind. Hier findet Schlemihl die Möglichkeit, ein erfülltes Leben im Dienste der Wissenschaft zu führen. Aber auch das ist nur eine Scheinlösung. Er kann sich zwar mit Hilfe der Siebenmeilenstiefel über alle geographischen und gesellschaftlichen Schranken hinwegsetzen, doch nur unter Verzicht auf persönliches Glück, auf menschliche Kommunikation. Er wohnt in den verlassenen Höhlen der christlichen Einsiedler *in der Wüste, unfern des hunderttorigen Theben* und hat als einzigen Gefährten nur einen Pudel. Eine Rückkehr in den Kreis um die verwitwete Mina und Bendel, die das restliche Geld aus dem teuflischen Glückssäckel im karitativen Sinne verwendet haben und den unerkannten Schlemihl einige Zeit pflegen, wird von ihm gar nicht mehr in Erwägung gezogen, da sie letztlich doch nur mit dem Verlust der mühsam errungenen inneren Stabilität und dem Verzicht auf eine sinnvolle Tätigkeit in der Gesellschaft verbunden wäre. Peter Schlemihl bleibt der von der Gesellschaft ausgeschlossene einsame Wanderer zwischen den Kontinenten. Er kann jedoch auf diese Weise eine ihn ausfüllende nützliche Arbeit *für* die Gesellschaft leisten. Er wird, so schließt die *wundersame Geschichte*, dafür Sorge tragen, daß seine wissenschaftlichen Manuskripte vor seinem Tode bei der Berliner Universität niedergelegt werden. Der von den Romantikern oft gestaltete Konflikt zwischen Individuum und bürgerlicher Gesellschaft ist hier bis zur letzten Konsequenz getrieben. Die dargestellten, auf Besitz und Konventionen beruhenden Normen bürgerlichen Zusammenlebens erscheinen als bösartig, inhuman, und doch wird zugleich auch deutlich, daß eine wahre Selbstverwirklichung des Menschen außerhalb der Gesellschaft unmöglich ist.

Wenn mit diesen Ausführungen der Sinn des Schattenmotivs auch nicht festzulegen, allenfalls zu umschreiben ist, so kann man dennoch den Schatten als „Symbol aller bürgerlichen Solidität und menschlichen Zugehörigkeit" ansehen, wie es Thomas Mann formuliert,[28] und die Schattenlosigkeit des Helden, sieht man sie im Zusammenhang mit der in der gesamten Geschichte zum Ausdruck kommenden sehr kritischen Haltung Chamissos gegenüber den erwähnten Normen bürgerlichen Zusammenlebens, im weitesten Sinne als dichterisches Gleichnis für die problematisch gewordenen

Illustration von A. Kling

Umweltbeziehungen des Einzelmenschen innerhalb der bürgerlichen Gesellschaft, ein Problem, das der Dichter als entwurzelter Adliger selbst in aller Schärfe empfunden hatte. In dem Gedicht *An meinen alten Freund Peter Schlemihl* aus dem Jahre 1834 betont Chamisso zwar: *Den Schatten hab ich, der mir angeboren, ich habe meinen Schatten nie verloren*, um dann in den folgenden Zeilen zuzugeben:

Mich traf, obgleich unschuldig wie das Kind,
Der Hohn, den sie für deine Blöße hatten. –
Ob wir einander denn so ähnlich sind?! –
Sie schrien mir nach: Schlemihl, wo ist dein Schatten?
Und zeigt ich den, so stellten sie sich blind ...[29]

Chamisso verwahrt sich hier ironisch gegen eine Identität mit seinem Helden; aber er läßt keinen Zweifel daran, daß die Problematik der Geschichte aus eigenem Erleben erwachsen ist. Chamisso war wie sein Held ein Außenseiter der Gesellschaft, der sich der Welt seiner aristokratischen Familie entfremdet hatte, sich aber ebensowenig in das bürgerliche Leben mit seiner nüchternen Geschäftigkeit und seinen festumrissenen Pflichten einfügen konnte, der unentschieden zwischen zwei feindlichen Nationen stand, sich beiden verbunden fühlte und doch keiner von ihnen angehörte, dem jede Wirksamkeit im öffentlichen Bereich versperrt war. 1837 beschwor Chamisso in dem Gedicht *Traum und Erwachen* noch einmal rückblickend die Schlemihlstimmung seiner Jugendjahre:

Ich konnt an diese Welt mich nicht gewöhnen,
Die sich verschloß dem ungefügen Gast;
Ich taugte nicht in einem Amt zu frönen, –
So fiel ich allen und mir selbst zur Last.[30]

Dabei war Chamissos Streben seit seinen Rousseaustudien auf ein einfaches, natürliches Leben, auf eine bescheidene bürgerliche Existenz gerichtet. *Nur Bürger will ich sein, nur von wenigen gekannt, aber von den wenigen geliebt,* schrieb er 1814 an de La Foye.[31] Dieses Rousseausche Ideal war unter den Verhältnissen der gegenwärtigen bürgerlichen Gesellschaft, in der die menschlichen Beziehungen immer mehr von Egoismus und Gewinnstreben beherrscht wurden, zugleich aber die überkommenen Konventionen noch im vollen Maße wirksam waren, für den Mann ohne Vaterland, *ohne Stand und Geschäft* nicht zu verwirklichen. Ihm blieb nur der Rückzug auf sein besseres Selbst. *Ich beschloß, mich dem Studium der Natur zu widmen,* schrieb er im selben Jahr, *sobald ich erkannt hatte, daß ich hier, weil ich ein Fremder bin, dort durch meinen Haß gegen die Tyrannei vom öffentlichen Leben ausgeschlos-*

sen sei. Nach dem Verlust des Vaterlandes der Hoffnung, mir eine Familie zu gründen, beraubt, wußte ich nicht, wie ich ein Leben ertragen sollte, das weniger wert war als der Tod ...[32]
Diese persönlichen Erfahrungen bilden die Erlebnissubstanz der *wundersamen Geschichte.* Sie sind jedoch derart objektiviert, daß über das persönliche Erleben hinaus die Auswirkungen der sich allmählich durchsetzenden kapitalistischen Lebensverhältnisse mit tiefer dichterischer Wahrheit erfaßt werden, wenn auch in teilweise phantastischer Brechung. Freilich nur die persönlich erfahrenen Auswirkungen. Chamisso hat die phantastische Novelle nicht bewußt als antikapitalistische Polemik konzipiert,[33] ebensowenig als „bürgerlichen Bewußtseinsspiegel", als moralisch-didaktische Abhandlung über das Verhältnis von „Geld und Geist"[34], oder als „poetische Ausprägung philosophischer Vorstellungen"[35], wie es in einigen neueren Interpretationen des *Peter Schlemihl* behauptet wird. Die bis heute andauernde weltliterarische Wirksamkeit des phantastisch-realistischen Werkes beruht vielmehr darauf, daß der Dichter scheinbar naiv-absichtslos, in Wahrheit aber höchst kunstvoll, eine aus persönlichen Erfahrungen geschöpfte lebenswahre Geschichte erzählt, die Aufschluß über ein wesentliches Epochenproblem gibt, zugleich aber aufgrund der hintergründigen Unbestimmtheit des Schattenmotivs die mannigfachsten Deutungsmöglichkeiten zuläßt.
Für Peter Schlemihl bedeutet die Hinwendung zur Naturwissenschaft Verzicht auf bürgerliches Glück. Für den Dichter dagegen ergab sich daraus der Beginn eines neuen Weges, der ihn „von der Spekulation zur Erfahrung"[36] führte. Als Naturwissenschaftler wird Chamisso später einen geachteten Platz im bürgerlichen Leben einnehmen, als Dichter aber durch die Wendung zur empirischen Beobachtung und das daraus resultierende neue Verhältnis gegenüber der Wirklichkeit sich immer weiter von den romantischen Vorbildern seiner Frühzeit entfernen.
Peter Schlemihls wundersame Geschichte markiert in dieser Hinsicht einen Übergang. Ihre Herkunft vom Kunstmärchen der deutschen Romantik, von den Erzählungen eines Tieck oder Novalis, kann die phantastische Novelle nicht verleugnen, darauf deuten die Wahl des innerlich zerrissenen Helden, die Mischung des Ernsten und Grotesken und die

zahlreich verwendeten Märchenmotive. Zugleich aber zeigt sich in der Klarheit der Erzählstruktur, der verhaltenen, völlig unromantischen Rationalität bei der Erörterung metaphysischer Probleme und dem starken Wirklichkeitsbezug der *wundersamen Geschichte* die Verbundenheit des Dichters mit der französischen Tradition. Die Darstellung der sozialen Bedingtheit der menschlichen Existenz, der unheilvollen Macht des Geldes in der bürgerlichen Gesellschaft weist bereits über die deutsche Romantik hinaus auf den bürgerlichen Realismus des 19. Jahrhunderts, auf die Romane Sues und Balzacs,[37] auch wenn sich Chamisso später gerade von diesen Autoren distanzieren wird. Im Unterschied zu den Kunstmärchen eines Ludwig Tieck geht es dem Dichter im *Schlemihl* nicht um ein Gegenbild zum modernen bürgerlichen Leben, sondern eben um die Wirklichkeit des bürgerlichen Alltags. Die Handlung bewegt sich daher nicht in einem traumhaft unbestimmten Raum, sondern ständig bemüht sich Chamisso, seiner epischen Welt durch genaue Detailschilderungen feste Umrisse zu geben, etwa am Anfang der Geschichte, wo er der Beschreibung der Norderstraße reale Örtlichkeiten in Hamburg zugrunde legt, oder wenn er die phantastischen Märsche des Helden mit den Siebenmeilenstiefeln durch genaue geographische Angaben stützt.

Diese prägnante Realistik der Einzelerscheinungen findet sich auch in Eichendorffs Erzählung „Aus dem Leben eines Taugenichts" und in den Märchen E. T. A. Hoffmanns. Aber in Chamissos Erzählung haben wir nicht jenes beständige Schweben zwischen Traum und Wirklichkeit wie im „Taugenichts", auch nicht den Hoffmannschen Dualismus zwischen sinnlicher und übersinnlicher Welt. Ebensowenig dienen die realistischen Elemente zur Steigerung des Unheimlichen, der Phantastik, wie es Georg Lukács im Hinblick auf den *Peter Schlemihl* sagt[38] – das träfe allenfalls auf Hoffmann zu –, sondern eher umgekehrt: Die Phantastik wird zum Mittel, das komplizierte Verhältnis des Helden zu seiner konkreten sozialen Umwelt um so eindringlicher zu gestalten. Dem entspricht die unmärchenhafte Anwendung der Märchenmotive, das Bemühen des Dichters, dem Übernatürlichen den Charakter des Natürlichen zu verleihen. Selbst der Teufel, der in E. T. A. Hoffmanns „Ge-

Joseph von Eichendorff

schichte vom verlornen Spiegelbilde", einem Pendant zum *Peter Schlemihl*, grotesk-phantastische Züge trägt, ist in Chamissos phantastischer Novelle entdämonisiert, verbürgerlicht. Er ist ein unscheinbarer, höflicher Mann, der rot wird, als er Peter Schlemihl den Tauschhandel vorschlägt.

Der Erfolg des 1814 in Nürnberg erschienenen Werkes war außergewöhnlich. 1818 schrieb Chamisso: ... *selten hat ein Buch so eingerissen – man liest es, die Kinder laufen mir nach dem Schatten – in Kopenhagen, Petersburg, Reval ist unberufen Schlemihl da, so bei den Deutschen am Cap – aus Lesebibliotheken wird er regelmäßig gestohlen, und keine Zeitung hat ihn je angekündigt oder genannt.*[39] In kurzer Zeit erschienen zahlreiche Nachauflagen und Nachdrucke, von den bekanntesten Graphikern, darunter George Cruikshank, später auch von Adolph Menzel, Ernst Ludwig Kirchner und Emil Preetorius, illustriert. Noch zu Lebzeiten des Dichters wurde das Werk ins Französische, Englische, Spanische, Russische, Polnische und Holländische übersetzt. Balzac hat den Schlemihl gekannt

Illustrationen von Emil Preetorius

E. T. A. Hoffmann. Nach einer Zeichnung von A. Menzel

und in seinem Roman „Verlorene Illusionen" erwähnt. E. T. A. Hoffmann, Heinrich Heine, Wilhelm Hauff und Joseph von Eichendorff haben die Novelle ebenso bewundert wie später Maxim Gorki, Thomas Mann und Franz Kafka, um nur einige der bekanntesten Namen zu nennen. Bis in die Gegenwart hinein kann man Nachdichtungen, Fortsetzungen, Variationen und Adaptionen des Werkes, der Schlemihl-Figur und des Schattenmotivs verfolgen, erscheinen immer neue illustrierte und kommentierte Ausgaben der phantastisch-realistischen *wundersamen Geschichte* vom Mann ohne Schatten.[40]
Von diesen späteren Erfolgen ahnte Chamisso noch nichts, als er im Winter 1813, nach der Vertreibung der Franzosen aus Deutschland, nach Berlin zurückkehrte, um seine Studien an der Universität wiederaufzunehmen. Er hörte im

folgenden Jahre neben Vorlesungen über Zoologie und Botanik ein lateinisches Kolleg bei Friedrich August Wolf zur Vorbereitung auf die Promotion, ein naturwissenschaftliches bei Johann Adam Horkel, eine Vorlesung über Magnetismus und Elektrizität bei Paul Erman, arbeitete an seinem Herbarium, das bald über 4000 Pflanzen umfaßte, und half Professor Lichtenstein bei der Aufstellung der Naturaliensammlungen in den königlichen Museen. Dabei ist es erstaunlich, denkt man an Chamissos spätere Leistungen als Naturwissenschaftler während der dreijährigen Forschungsreise um die Welt, was sich der über dreißig Jahre alte Student in relativ kurzer Zeit an Kenntnissen aneignete. Die Abende aber verbrachte er mit dem im September 1814 nach Berlin zurückgekehrten Dichter und Musiker E. T. A. Hoffmann, dem Erzähler Carl Wilhelm Salice Contessa und dem Freunde Hitzig, zu denen sich zuweilen auch Fouqué gesellte, in einem Seitenstübchen des Kaffees Manderlee, Unter den Linden 44, bei Wein, Bier, Tabak und phantastisch-ausgelassenen Gesprächen.
Eduard Hitzig hatte es unternommen, den in Berlin enthusiastisch gefeierten Dichter des Märchens „Der goldene Topf“ mit dem Dichter des *Peter Schlemihl* zusammenzuführen, und beide, vornehmlich E. T. A. Hoffmann, verdanken diesen „Seraphinen-Abenden“, die zu einem Teil der Rahmenhandlung von Hoffmanns 1818 begonnener Erzählungssammlung „Die Serapionsbrüder“ zugrunde liegen, die mannigfachsten Anregungen. Am 13. Januar 1815 las Hoffmann den Freunden eine soeben vollendete Novelle vor, „Die Abenteuer der Silvester-Nacht“, in der er neben dem Helden seiner durch Chamisso angeregten „Geschichte vom verlornen Spiegelbilde“ auch Peter Schlemihl auftreten läßt, und dieser „sehr lange, schlanke“, in eine schwarze Kurtka gekleidete Mann ohne Schatten trägt unverkennbar Züge des Dichters Chamisso: „Der Große wußte über geringfügig scheinende Dinge recht viel Tiefes und Ergötzliches zu sagen, unerachtet er mit dem Ausdruck zu kämpfen schien, manchmal auch wohl ein ungehöriges Wort einmischte, das aber oft der Sache eben eine drollige Originalität gab.“[41]
An jenem 13. Januar beschlossen die Freunde, nach dem Vorbild der „Versuche und Hindernisse Karls“ von Varnha-

gen, Neumann, Bernhardi und Fouqué den „Roman des Freiherrn von Vieren" zu schreiben, zu dem Contessa, Chamisso, Fouqué und Hoffmann der Reihe nach die einzelnen Kapitel liefern sollten.[42] Hoffmann berichtet darüber im ersten Band der „Serapionsbrüder": „Der eine" [Chamisso; W. F.] „gab als Samenkorn, aus dem alles hervorschießen und hervorblühen sollte, den Sturz eines Dachdeckers vom Turme herab an, der den Hals bricht. In demselben Augenblick gebärt seine Frau vor Schreck drei Knaben. Das Schicksal dieser Drillinge, sich in Wuchs, Stellung, Gesicht usw. völlig gleich, sollte im Roman verhandelt werden. Ein weiterer Plan wurde nicht verabredet."[43] Auf der Suche nach einer idealen Mädchengestalt verstricken sich die Helden, die ihre Herkunft und sich auch untereinander nicht kennen, in groteske Abenteuer, wobei sie von ihren Mit- und Gegenspielern ständig verwechselt werden. Auch hier ist wieder der parodistische Charakter des Werkes nicht zu übersehen. Etwa zehn Kapitel wurden vollendet, dann blieb das Manuskript infolge der Weltreise Chamissos liegen. Hoffmann hat seine Beiträge später zu der Erzählung „Die Doppelgänger" verarbeitet, Contessa ein Kapitel in seiner Erzählung „Das Bild der Mutter".

Chamisso wurde durch die Rückkehr Napoleons von der Insel Elba im März 1815, die Mobilmachung der preußischen Armee und den wiederaufglimmenden Franzosenhaß erneut in eine schwierige Lage versetzt. „Man wollte natürlich finden, daß er wie hundert andre dem vertriebenen Königshause zuliebe in die Reihen der Krieger träte, die ... auf sein Vaterland eindrangen", berichtet Varnhagen von Ense in seinen „Denkwürdigkeiten". „Dies war seinem Gefühl eine Unmöglichkeit, er konnte seine Denkart nicht ganz verbergen und wurde von vielen Seiten zweideutig, ja mißtrauisch angesehen."[44] Als er sich einer Forschungsreise des Prinzen Maximilian von Wied-Neuwied nach Brasilien anschließen wollte, wurde sein Gesuch abgelehnt, nachdem ein Rittmeister von Reichenbach ein ungünstiges Urteil über die Vermögenssituation und mehr noch über die Persönlichkeit Chamissos abgegeben hatte. „Reinlichkeit soll nicht seine Haupttugend sein (also ächt französisch)", heißt es in einem Brief des Rittmeisters an den Prinzen. „Sein ganzes Wesen hat etwas auffallend sonderbares, wozu seine lange hagere Figur und der gescheitelte Haarwuchs viel beiträgt. Er ist, wie ich schon vorhin bemerkte, Dichter und hat einen Roman in die Welt geschickt unter dem Titel Peter Schlemin [!], wo er sich als Held des Buches auf dem I. Blatt selbst in Kupfer hat stechen lassen."[45]

In dieser Situation fiel dem vielfach angefeindeten Deutschfranzosen ein Zeitungsblatt in die Hand, das eine russische Expedition unter der Leitung des Kapitäns Otto von Kotzebue zur Erforschung des nördlichen Polarmeeres ankündigte. Für den Mann ohne Vaterland schien das eine Möglichkeit zu sein, den für ihn unerquicklichen Verhältnissen in Europa entfliehen zu können. Er bewarb sich um die Stelle des Naturforschers, erhielt wenig später eine Zusage und konnte schon am 15. Juli 1815 Berlin verlassen.

Reise um die Welt

Chamisso konnte jetzt verwirklichen, was er zwei Jahre zuvor im *Peter Schlemihl* literarisch antizipiert hatte: die Teilnahme an einer dreijährigen Forschungsreise um die Welt im Dienste der Wissenschaft. Am 18. Juli 1815 traf er in Hamburg ein; drei Tage später reiste er nach Kiel und von

Chamisso während der Reise um die Welt. Zeichnung von Louis Choris

Die Brigg „Rurik“

dort mit dem Paketboot nach Kopenhagen, wo er bis zur Ankunft des Forschungsschiffes „Rurik“ die Stadt und die naturwissenschaftlichen Sammlungen besichtigte, manche Nacht aber mit dänischen und deutschen Gelehrten, darunter dem Dichter Adam Gottlob Oehlenschläger, in einer ihm zusagenden *Normalkneipe* durchzechte.
Am 9. August wurde die „Rurik“ gemeldet, eine kleine, äußerst seetüchtige Kutterbrigg von nur 180 Tonnen, mit acht Kanonen und zwei kleinen Haubitzen auf dem Verdeck, einer Kajüte für den Kapitän und einer zweiten mit vier Betten für die Wissenschaftler der Expedition. Die Besatzung bestand aus dem Kapitän Otto von Kotzebue, Sohn des Lustspieldichters August von Kotzebue, zwei Offizieren und zwanzig Matrosen, dem Schiffsarzt Eschscholtz aus Dorpat, dem Zeichner Louis Choris und dem Naturforscher Chamisso, zu denen sich für einige Monate der botanisierende dänische Leutnant Wormskiold gesellte.
Die vom russischen Staatskanzler und Hauptaktionär der „Russisch-Amerikanischen Handelskompanie“ Rumjanzew (Romanzoff) ausgerüstete Expedition unter dem Kommando des Kapitänleutnants Kotzebue diente der Erschließung der Nordgebiete Rußlands und hatte die Entdeckung

einer nordöstlichen Durchfahrt zum Atlantischen Ozean zum Ziel, als deren Voraussetzung die geographischen und geologischen Bedingungen der Küste und die umliegenden Inseln des nördlichen Alaska untersucht werden sollten. Für die russischen Auftraggeber hatte die Expedition zunächst einmal strategische Aufgaben zu erfüllen, was sich schon darin zeigte, daß die Kutterbrigg ein Schiff der russischen Kriegsmarine war und der Kapitän der russischen Admiralität unterstand. Darüber hinaus spielten ökonomische Gesichtspunkte bei der Vorbereitung eine Rolle, das Bemühen Rußlands, den durch die Napoleonischen Kriege und die Kontinentalsperre gehemmten Handel mit Nordamerika durch eine verstärkte Erschließung der fernöstlichen Gebiete und des damals noch russischen Alaska neu zu beleben. Die Interessen der „Russisch-Amerikanischen Handelskompanie", die als älteste russische Aktiengesellschaft den fernöstlichen Pelzhandel beherrschte und zu einem großen Teil auch die Rurik-Expedition finanzierte, haben sich daher ebenfalls auf die Planung der Reise ausgewirkt.[1]

Chamisso, der an sich die Gabe entdeckte, überall gleich zu Hause zu sein, fand sich schnell in die beengten Verhältnisse und den Kreis der Besatzung. Nur mit Kotzebue kam

Zeichnung von Louis Choris

Chamisso in der Kajüte der „Rurik". Bleistiftzeichnung von Louis Choris

es wiederholt zu ernsten Spannungen. Der Kapitän bestand auf einer unbedingten militärischen Subordination, der sich Chamisso nur mit Überwindung fügen konnte. Der Dichter hat sich später in seiner Reisebeschreibung mit sarkastischen Bemerkungen an Kotzebue für die erlittenen Demütigungen gerächt.

Am 17. August lichtete die „Rurik" die Anker. Die Fahrt ging zunächst durch die Nordsee nach Plymouth, dann über den Atlantik nach Santa Catharina in Brasilien, das am 12. Dezember angelaufen wurde, und im Februar 1816 um Kap Hoorn herum zur Bucht von Concepción in Chile. Am 8. März begann die eigentliche Entdeckungsreise ins Nordmeer an Salas y Gomez, der Osterinsel und der Ratak-Gruppe vorbei in direkter Route nach dem russischen Hafen Petropawlowsk auf Kamtschatka, den die „Rurik" am 19. Juni erreichte.

Diese elfmonatige Reise durch den Atlantik und Pazifik vermittelte Chamisso eine Fülle neuer Eindrücke und Erkenntnisse, die zur endgültigen Abwendung von der spekulativen Naturphilosophie eines Schelling und Baader und der schon vorher angezweifelten romantischen Kunstauffassung führten. Am 25. Februar 1816 schrieb er aus Chile: *Der*

Bewohner des Kotzebue-Sunds

Polarstern … ist untergegangen, … die Kälte kommt vom Süden und der Mittag liegt im Norden; man tanzt am Weihnachtsabend im Orangenhain usw. Was heißt denn das mehr, als daß eure Dichter die Welt aus dem Halse der Flasche betrachten, in welcher sie eben eingeschlossen sind. Auch das haben wir los. Wahrlich, ihr Süden und Norden und ihr ganzer naturphilosophisch-poetischer Kram nimmt sich da vortrefflich aus, wo einem das südliche Kreuz im Zenit steht. Es gibt Zeiten, wo ich zu meinem armen Herzen sage: Du bist ein Narr, so müßig umherzuschweifen! Warum bliebest du nicht zu Hause und studiertest etwas Rechtes, da du doch die Wissenschaften zu lieben vorgibst? – Und das auch ist eine Täuschung, denn ich atme doch durch alle Poren zu allen Momenten neue Erfahrungen ein.[2]

Am 17. Juli begann die eigentliche Nordmeerexpedition. Die „Rurik" segelte bei günstigem Winde durch die Beringstraße zum amerikanischen Festland, um das nördliche Alaska zu erkunden. Am 1. August glaubte der Kapitän in einer weit ins Land greifenden Wasserstraße die Nordöstliche Durchfahrt entdeckt zu haben; doch gründliche Untersuchungen wiesen sie als abgeschlossene Bucht aus. Sie erhielt die Bezeichnung Kotzebue-Sund, eine Insel im Innern der Bucht den Namen des Naturforschers Chamisso. Am

Das Presidio von San Francisco

Die Krusenstern-Inseln

Tameiameia, König der Sandwich-Inseln

13. August verließ die Expedition die nördliche Region, um den Winter zu einer Entdeckungsfahrt in die Inselwelt der Südsee zu nutzen.
Chamisso kam seiner Aufgabe als Naturforscher mit der ihm eigenen Gewissenhaftigkeit nach. Er unternahm ausgedehnte Fußmärsche in das Innere der besuchten Gebiete und konnte eine reiche Ausbeute an gesammelten Pflanzen und Tieren an Bord der „Rurik" zurückbringen. Sein besonderes Interesse galt dem Leben der Eingeborenen, das er im Sinne Rousseaus in unverfälschter Echtheit und noch nicht gestörter Harmonie mit der Natur zu finden hoffte. Doch fast überall hatten der Bekehrungseifer der Missionare und der vordringende Kapitalismus die ursprünglichen Lebensverhältnisse der Eingeborenen zerstört oder weitgehend deformiert.
In Brasilien herrschte noch der Sklavenhandel. Auf den

Aleuten hatte die „Russisch-Amerikanische Handelskompanie" die Menschen unter ihr Joch gezwungen, in San Francisco, damals noch eine von den Spaniern verwaltete armselige Siedlung, waren es die Missionare. In den *Bemerkungen und Ansichten* schrieb Chamisso darüber: *Die Kirche hat ein unveräußerliches Recht auf ihre Kinder und vindiciert hier dieses Recht mit Gewalt ... Die Indianer sterben in den Missionen aus, in furchtbar zunehmendem Verhältnis. Ihr Stamm erlischt. St. Francisco zählt bei tausend Indianer, die Zahl der Toten überstieg im vorigen Jahr 300.*[3]

Am 22. November erblickten die Forscher *die Höhen der großartig in ruhigen Linien sich erhebenden Landmasse* der Insel O-Waihi (Hawaii), wo König Tameiameia (Kamehameha I.), der Herrscher der Sandwichinseln, residierte. 1527 schon von den Spaniern entdeckt und 1778 von James Cook wiedergefunden, hatte das Inselreich seine Unabhängigkeit (erst 1893 wurde es von den USA annektiert) und weitgehend noch seine eigenständige Kultur bewahren können, obwohl auch diese schon durch den regen Handel mit spanischen und amerikanischen Kaufleuten von europäischen Einflüssen durchsetzt war.

Tanz kalifornischer Indianer in der Mission von San Francisco

Tanz hawaiischer Männer

Der König der Sandwichinseln empfing die Forscher in seiner volkstümlichen Tracht, *dem roten Maro (Schamgürtel) und der schwarzen Tapa (dem weiten, schönfaltigen Mantel von Bastzeuge),*[4] eine imponierende Persönlichkeit, in der Chamisso die Verkörperung des Adels zu sehen glaubte, wie er nach seiner Meinung einst auch in Europa existierte, gegenwärtig aber nur noch auf den unberührten Südseeinseln zu finden war, ein Adel, der nicht verliehen werden kann, sondern auf den natürlichen Vorzügen bestimmter Menschen beruht und vom Glauben des Volkes an diese Vorzüge getragen wird. Chamisso schrieb später über diese Begegnung: *Drei der hervorragenden Männer der alten Zeit, ich rühme mich der Ehre, haben mir die Hand gedrückt: Tameiameia, Sir Joseph Banks* [Begleiter Cooks auf seiner ersten Reise um die Welt (1768–1771); W. F.] *und Lafayette.*[5]

Am 27. November lief die Brigg den Hafen Hana-ruru (Honolulu) auf O-Wahu (Oahu) an, der größten der Sandwichinseln, wo den Forschern zu Ehren Kampfspiele und kultische Tänze veranstaltet wurden: *Das Schauspiel der Hurra* [Hula; W. F.], *der Festtänze der O-Waihier, hat uns mit Bewunderung erfüllt ... Diese Festspiele berauschen mit Freude die O-Waihier. Ihre gewöhnlichen Lieder werden in demselben Sinn, stehend oder sitzend, getanzt; sie sind von sehr verschiedenem Charakter,*

aber stets mit anmutigen Bewegungen des Körpers und der Arme begleitet. Welche Schule eröffnet sich hier dem Künstler, welcher Genuß bietet sich hier dem Kunstfreunde dar![6] Im Bewußtsein, daß diese hochstehende, ursprüngliche Folklore in wenigen Jahrzehnten dem nivellierenden Einfluß der europäischen Zivilisation erliegen wird, erbot sich Chamisso, ein Jahr auf Hawaii zu bleiben, um Sprache, Religion und Gesellschaftsordnung dieses Volkes zu studieren und durch Aufzeichnung der Nachwelt zu erhalten, doch scheiterte dieser Plan am Unverständnis des Kapitäns.
Nach einem vierzehntägigen Aufenthalt in Honolulu nahm das Schiff Kurs auf die im 16. Jahrhundert schon von den Spaniern entdeckte, aber von den Europäern noch nicht erforschte Ratak-Gruppe im Bereich der Marshall-Inseln. Am 6. Januar wurde die aus Korallenriffen gebildete Inselkette Otdia angelaufen. Ein Boot mit Eingeborenen näherte sich der Brigg, ergriff aber die Flucht, als Matrosen ihm entgegenruderten. *Das Boot zeigte sich wiederum am andern Tage, und da folgten wir den Menschen auf ihre Insel. Bei unserm Nahen traten die Weiber in das Dickicht zurück. Die Männer, erst nur wenige, kamen uns zögernd mit grünen Zweigen entgegen; wir brachen auch grüne Zweige; der schon oft gehörte Friedensruf Eidara! ward uns zugerufen, und wir erwiderten ihn auf gleiche Weise. Keine*

Auf den Ratak-Inseln

Kadu

Waffe war gegen uns, die gefürchteten Fremden, in Bereitschaft gehalten ... Die Menschen schienen uns freudig, freundlich, bescheiden, freigebig und nicht erpicht auf Gewinn.[7]

Für den Ethnographen Chamisso waren diese von der Zivilisation noch unberührten Inseln ein interessantes Studienobjekt; denn hier war der Zerfall der Urgemeinschaft noch nicht in dem Maße fortgeschritten wie unter den von der Natur begünstigten und kulturell auf einer höheren Stufe stehenden Bewohnern der Sandwichinseln. Die Rataker lebten als Sammler, Fischer und Jäger von dem, was die Vegetation der Inseln ihnen spärlich bot. Nur der Schiffbau war ähnlich hoch entwickelt wie in den übrigen Gebieten der Südsee.

Chamisso bemühte sich angesichts der drohenden Christianisierung besonders um die Aufhellung der religiösen Vorstellungen und kultischen Bräuche auf Ratak, die nach Berichten späterer Reisender durch das Wirken christlicher Missionen tatsächlich der Vergessenheit anheimfielen und nur durch Chamissos Aufzeichnungen wenigstens teilweise der Nachwelt überliefert sind.[8] Auf Aur, der volkreichsten Insel des Archipels, fand er in Kadu, einem nach Ratak verschlagenen Bewohner der Karolinengruppe, einen zuverlässigen Berater für seine sprachlichen und ethnographischen Studien. Chamisso hat an Kadu, der während der zweiten Nordmeerfahrt als Gast an Bord der „Rurik" blieb, neben dessen Wißbegierde und seiner raschen Auffassungsgabe zwei Charaktereigenschaften besonders hervorgehoben: *seinen tief eingewurzelten Abscheu vor dem Kriege, dem Menschenmord, und die zarte Schamhaftigkeit, die ihn zierte, und die er unter uns nie verleugnet hat.*[9]

Die Forscher untersuchten bis zum März 1817 die übrigen Inseln der Ratak-Gruppe, dann nahmen sie wieder Kurs auf Unalaschka, um von dort zur zweiten Nordmeerfahrt, dem

Der Hafen von Unalaschka

eigentlichen Ziel der Reise, aufzubrechen. Das Schiff passierte Anfang Juli die Inseln St. George und St. Lorenz. Am 12. Juli informierte der Kapitän schriftlich die Besatzung der „Rurik", daß er den Zweck der Reise wegen seiner zerrütteten Gesundheit aufgebe und das Schiff durch die Südsee nach Europa zurückführen wolle.

Chamisso hat diese Entscheidung des Kapitäns bedauert und später als unbegründet (der erste Offizier hätte nach seiner Meinung das Kommando übernehmen und die Fahrt fortsetzen müssen) heftig gerügt; dennoch wurde auch die abgeänderte Reiseroute für ihn zu einem unvergeßlichen Erlebnis. Noch einmal konnte er die paradiesische Schönheit der Hawaii-Inseln auf sich wirken lassen, noch einmal hatte er während eines längeren Aufenthaltes Gelegenheit, die Sitten und Lebensgewohnheiten der Eingeborenen von Ratak zu beobachten. Über den letzten Tag im Bereich der Ratak-Gruppe, den Chamisso zusammen mit Kadu auf einer kleinen Insel verlebte, schrieb er rückblickend: *Der eine Tag, den ich auf Oromed unter diesen anmutigen Kindern, ganz ihren Sitten gemäß, ohne Rückhalt, ohne fremde Einmischung zugebracht habe, hat mir die heiterste, frischeste Erinnerung hinterlassen, die ich von meiner ganzen Reise zurück gebracht. Die Bevölkerung*

Tschuktschen vor ihren Wohnungen

Der Taal-Vulkan auf der Insel Luzon

der Insel, drei Männer, zahlreiche Frauen und Kinder, waren mit uns am Strande um ein gesellig loderndes Feuer versammelt. Kadu erzählte seine Begebenheiten, denen er schalkhaft unterhaltende Märchen einwob; die Mädchen sangen uns freudig die Lieder vor, die zahllos auf uns entstanden waren.[10]

Am 4. November trennte sich Kadu, mit dem sich Chamisso eng befreundet hatte, von der Besatzung der „Rurik", die Brigg wandte sich nach Westen in Richtung auf die Marianen-Inseln. Auf Guam fand Chamisso statt der einst zahlreichen stolzen Bevölkerung nur noch ein *stilles, trauriges, unterwürfiges Völklein ...*[11] *Pacificar nennens die Spanier,* kommentierte er bitter diese Folgeerscheinung der rücksichtslosen Missionierung.[12] Ähnlich äußerte er sich über die skrupellose Herrschaft der Mönche auf den Anfang Dezember angelaufenen Philippinen.

Von Manila aus segelte die „Rurik" im Frühjahr 1818 durch den Indischen Ozean nach Kapstadt, von dort, vorbei an St. Helena, dem Verbannungsort Napoleons, nach England. In London erfuhr Chamisso vom Tode der Frau von Staël. Er traf mit dem französischen Naturforscher Georges de Cu-

vier und dem Weltumsegler Sir Josef Banks zusammen. Von Portsmouth aus setzte dann die „Rurik" die Fahrt über Kopenhagen nach St. Petersburg fort, wo am 3. August vor dem Hause des Grafen Romanzoff die Anker geworfen wurden.
Chamisso hielt es nicht lange in St. Petersburg, die Atmosphäre im *halszuschnürenden* zaristischen Rußland bedrückte ihn; doch erst Ende September konnte er, allen Verpflichtungen gegenüber dem Grafen Romanzoff entbunden, mit der „Asträa" nach Deutschland zurückkehren.

Heimkehret fernher, aus den fremden Landen,
In seiner Seele tief bewegt der Wandrer;
Er legt von sich den Stab und knieet nieder,
Und feuchtet deinen Schoß mit stillen Tränen,
O deutsche Heimat! – Woll ihm nicht versagen
Für viele Liebe nur die eine Bitte:
Wann müd am Abend seine Augen sinken,
Auf deinem Grunde laß den Stein ihn finden,
Darunter er zum Schlaf sein Haupt verberge.[13]

Auf die Bedeutung der dreijährigen Reise um die Welt für Chamissos weltanschauliche und poetische Entwicklung kann nicht genug hingewiesen werden. Sein Interesse für das Leben der wilden Gebirgsvölker Europas und seine spätere exotische Dichtung, Vorklang der frühen Lyrik Freiligraths, haben hier ebenso ihre Wurzel wie die Anteilnahme des Dichters am Schicksal der Unterdrückten und dem großen politischen Geschehen der Zeit. *Ich habe sehr verschiedene Zustände der Gesellschaft kennen gelernt, und unter verschiedenen Gestaltungen derselben gelebt; ich habe Nachbarvölker gleichen Stammes gesehen, von denen diese frei, und jene hörig genannt werden konnten; ich habe nimmer den Despotismus zu loben einen Grund gefunden,* bekannte er in der *Reise um die Welt.*[14]
1818, während seines Aufenthaltes in London, kam Chamisso mit den modernen Ideen des englischen Liberalismus in Berührung, dessen Fortschrittsgläubigkeit und starke Betonung der individuellen Freiheit sein politisches Denken fortan entscheidend prägen werden. Im *Tagebuch* der *Reise um die Welt* schrieb er dazu: *Wahrlich ich wanderte nicht ein*

Blinder durch diese bewunderungswürdige Welt, welche sich mir, von den Parlamentswahlen aufgeregt, in ihrem Wesen enthüllte. Auf dem öffentlichen Markte bewegt sich in England das öffentliche Leben mit Parlamentswahlen, Volksversammlungen, Aufzügen, Reden aller Arten. – Was hinter Mauern gesprochen wird, hallt auf den Straßen nach, die zu allen Zeiten von Ausrufern, von Ausstreuern von Flug- und Zeitschriften, nachts von transparenten Bildern und Inschriften durchströmet werden. Die Mauern von London mit ihren politischen Plakaten sind für den Fremden, der seinen Augen nicht traut, das märchenhaft wundersamste, das unglaublichste Buch, das er je zu sehen bekommen kann. Und diese heiligen Freiheiten sind es, die das Gebäude sicher stellen, indem sie jeglicher Kraft, und auch den zerstörenden, ihr freies Spiel in die freien Lüfte hin zugestehen.[15] Chamisso kehrte als liberaler Bürger, als *Mann des Fortschritts* nach Berlin zurück, fest davon überzeugt, daß die Zeit des Despotismus abgelaufen ist und die Zukunft dem aufstrebenden dritten Stand gehören wird.

Die wissenschaftliche Ausbeute der Weltreise war beträchtlich. Chamisso hatte Jahre zu tun, die reiche Ernte seiner botanischen, geographischen, geologischen und ethnographischen Beobachtungen einzubringen. Allein sein Herbarium umfaßte etwa 2500 zu ordnende Pflanzen. Hinzu kamen gesammelte Sämereien aus Kalifornien, Chile, den Philippinen und Hawaii. Die botanischen und zoologischen

Zeichnung von Louis Choris

Entdeckungen veröffentlichte Chamisso in einschlägigen Fachzeitschriften, darunter in den „Verhandlungen der Leopoldinischen Akademie" und vor allem in Schlechtendals botanischer Zeitschrift „Linnaea". Sie brachten ihm die Anerkennung der Fachwelt in ganz Europa und später auch in Amerika. Chamisso konnte unter anderem zahlreiche bis dahin noch unbekannte Pflanzen der nördlichen Region, auf Hawaii, in Kalifornien und im Kapgebiet entdecken und zusammen mit dem Schiffsarzt und Zoologen Eschscholtz erstmals den Generationswechsel der Salpen, einer Molluskenart, nachweisen. In der *Reise um die Welt* berichtet Chamisso über dieses zuerst am 13. Oktober 1815 im östlichen Atlantik beobachtete Phänomen: ... *hier war es wo wir an diesen durchsichtigen Weichtieren des hohen Meeres die uns wichtig dünkende Entdeckung machten, daß bei denselben eine und dieselbe Art sich in abwechselnden Generationen unter zwei sehr wesentlich verschiedenen Formen darstellt; daß nämlich eine einzeln freischwimmende Salpa anders gestaltete, fast polypenartig an einander gekettete Jungen lebendig gebiert, deren jedes in der zusammen aufgewachsenen Republik wiederum einzeln freischwimmende Tiere zur Welt setzt, in denen die Form der vorvorigen Generation wiederkehrt. Es ist, als gebäre die Raupe den Schmetterling und der Schmetterling hinwiederum die Raupe.*[16]
Bereits aus London hatte Chamisso einen ersten Expeditionsbericht als *Memoire an den Grafen Romanzoff* nach Petersburg geschickt. Eine Kopie davon erschien Ende Dezember 1818 in dem Pariser „Journal des Voyages". Dieser Artikel hat insofern wissenschaftshistorische Bedeutung, als hier neben anderen wissenschaftlichen Ergebnissen der Reise erstmals die Entdeckung des Generationswechsels der Salpen publiziert wurde.[17] Der ausführliche Bericht über Chamissos geographische, geologische, botanisch-zoologische und ethnographische Beobachtungen erschien als *Bemerkungen und Ansichten* erst 1821 in Weimar im dritten Band von O. v. Kotzebues Reisebeschreibung („Entdekkungs-Reise in die Südsee und nach der Berings-Straße zur Erforschung einer nördlichen Durchfahrt"), die auch ins Russische, Englische und Holländische übersetzt wurde. Ausgangspunkt der Berichte sind jeweils geographisch-geologische Beschreibungen der besuchten Gebiete, wobei Chamisso neben der Feldbeobachtung auf dem Festlande

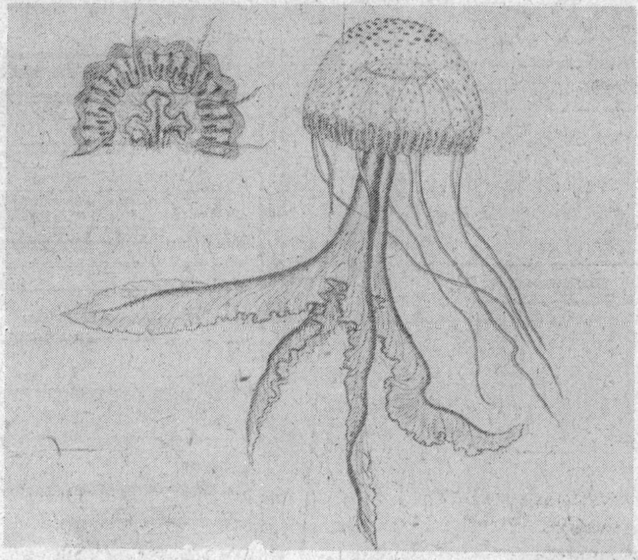

Zeichnung von Chamisso

vor allem der Vulkanismus der Küstenzonen, die marine biogene Sedimentbildung, die Geologie des Eises und theoretische Fragen der geologischen Entwicklung interessierten.[18] Es folgen Bemerkungen zur Flora und Fauna und Informationen über die Lebensverhältnisse der angetroffenen Bevölkerung. Darüber hinaus werden die eigenen Beobachtungen durch Hinweise auf die Fachliteratur über vorhergehende Entdeckungsreisen gestützt und erweitert. In der Öffentlichkeit fanden diese Ausführungen zunächst nicht das erhoffte Echo, weil das allgemeine Interesse mehr auf die zwar trockene, doch die einzelnen Etappen der Reise genau nachzeichnende Beschreibung des Kapitäns gerichtet war. Berufene Fachgelehrte wie die Brüder Humboldt und der französische Weltumsegler d'Urville haben sich dagegen anerkennend ausgesprochen, und noch heute ist der Quellenwert dieser reichhaltigen Untersuchungen, die hier nicht im einzelnen gewürdigt werden können, im wesentlichen unbestritten, obgleich die wenige Jahre nach der Niederschrift einsetzende systematische Erforschung der ozeanischen In-

Bemerkungen und Ansichten

auf einer

Entdeckungs-Reise

Unternommen in den Jahren 1815 — 1818

auf Kosten

Sr. Erlaucht des Herrn Reichs-Kanzlers Grafen Romanzoff

auf dem Schiffe Rurick

unter dem Befehle des Lieutenants der Russisch-Kaiserlichen Marine

Otto von Kotzebue

von dem Naturforscher der Expedition

Adelbert v. Chamisso

Der Philosophie Doctor, der Kaiserlich Leopoldinischen Akademie der Naturforscher, wie auch der Gesellschaften der Naturforscher zu Berlin, zu Moskau, zu Leipzig u. s. w. Mitglied

Τὸ τοῦ πλέου ἄστεον.

Weimar,
verlegt von den Gebrüdern Hoffmann.
1821.

Titelblatt

selwelt das von Chamisso mit rousseauscher Begeisterung entworfene Bild der Südseeinseln und ihrer Bewohner relativierte und einzelne Beobachtungen und Schlußfolgerungen sich als unhaltbar erwiesen.[19]

Fast zwanzig Jahre nach der Weltumseglung, im Winter 1834/35, beschäftigte sich der schon kränkelnde Dichter

noch einmal mit dem Stoff der Rurik-Expedition: Er schrieb, einer Bitte seiner Verleger folgend, eine eigene Reisebeschreibung, die er als *Tagebuch* den mehr wissenschaftlich orientierten *Bemerkungen und Ansichten* voranstellte und unter dem Titel *Reise um die Welt* 1836 der Öffentlichkeit übergab. Hier spricht nicht mehr nur der Forscher, sondern gleichermaßen der Dichter, der von der Warte inzwischen gewonnener neuer Erkenntnisse Bilanz einer wichtigen Etappe seines Lebens zieht und die persönlichen Erfahrungen und Erlebnisse in den größeren Rahmen der zeitgeschichtlichen Entwicklung stellt. Natur und Menschen der Südsee werden noch immer im Sinne Rousseaus gesehen, die Harmonie ihres Daseins der Disharmonie und Korrumpiertheit der modernen Gesellschaft gegenübergestellt; hier berührt sich Chamisso mit dem amerikanischen Seemann Herman Melville, der in seinem Südseebuch „Taipa" (1846) die ursprüngliche Inselwelt mit gleicher idealisierender Begeisterung schildert. Der Rousseauismus des deutschen Dichters ist jedoch jetzt verbunden mit seiner liberalen Fortschrittskonzeption. Er preist die urwüchsige Volkstümlichkeit der Insulaner und bedauert deren Verdrängung durch die europäische Zivilisation; zugleich erkennt er die Notwendigkeit dieses Vorganges als Ausdruck des gesetzmäßigen Fortschritts der Menschheit an. Anspielungen auf die gegenwärtige politische Wirklichkeit sollen das Gesagte bekräftigen.
Chamisso strebte im *Tagebuch* nach einer Reisebeschreibung, *wie sie nicht mehr Mode sind, leicht, rein menschlich, ein Kapitel aus meinem Leben, von allem Wissenschaftlichen frei, nur der Mensch unter Menschen, der Dichter, der Denker, wenn Sie wollen, – aber den Botaniker, Geologe, Geograph usw. ganz in die „Bemerkungen und Ansichten" verweisen,* schrieb er an die Verleger in Leipzig.[20] Dieses Vorhaben ist ihm nur teilweise geglückt; denn immer wieder muß er auf das ältere Werk zurückgreifen und zurückverweisen, um seine persönlichen Bemerkungen wissenschaftlich zu stützen. Eine rein subjektiv-literarische Darstellung im Sinne von Heines „Reisebildern" oder den Reisebeschreibungen von Pückler-Muskau, wie sie gerade „Mode" waren, strebte er ohnehin nicht an, dazu war er zu sehr Wissenschaftler. Ihm ging es bei allem Bemühen um persönliche Gestaltung um eine objektive

Gesamtschau des Erlebten, wie sie Georg Forster in seiner 1777 erschienenen „Reise um die Welt" geboten hatte, und dies ist ihm zu einem großen Teil gelungen. Durch die bei aller Sachlichkeit klare, lebendige, ganz von der Persönlichkeit des Dichters durchdrungene Darstellung gehört Chamissos *Reise um die Welt* trotz ihrer konzeptionellen Uneinheitlichkeit zu den bedeutendsten und noch heute lesbaren Reisebeschreibungen der ersten Hälfte des 19. Jahrhunderts. Kein Geringerer als der Weltreisende Alexander von Humboldt hat das in einem Brief an den Dichter gewürdigt: „Es ist so selten, daß die, welche Dichter wie Sie, harmonisch und begeistert, unbefangen, einfach und frei Prosa schreiben können. Sie besitzen beide Gaben. Diese Weltumseglung, schon veraltet, hat durch Ihre Individualität der Darstellung den Reiz eines neuen Weltdramas erhalten."[21]

Der Botaniker und liberale Bürger

Anfang Oktober 1818 war Chamisso wieder in Berlin, und jetzt, nachdem er als Dichter des *Peter Schlemihl,* als Naturforscher der Rurik-Expedition und als Mitglied mehrerer Akademien, unter anderen der Gesellschaft Naturforschender Freunde zu Berlin, der Société Impériale des Naturalistes in Moskau und der ehrwürdigen „Leopoldina", eine Berühmtheit geworden war, gelang dem nahezu vierzigjährigen Weltumsegler, wonach er Jahre zuvor vergeblich gestrebt hatte: Er fand in der preußischen Hauptstadt Anerkennung (die Universität ernannte ihn im Frühjahr 1819 ehrenhalber zum Doktor der Philosophie) und durch eine Anstellung am Botanischen Garten in Schöneberg mit sechshundert Talern Jahresgehalt eine zwar bescheidene, doch gesicherte Existenz, die es ihm endlich ermöglichte, im bürgerlichen Leben Fuß zu fassen.

... mir ist schon grau ums Haupt und kühl ums Herz – noch wenige Pendelschwingungen, und ich zähle 40, so gut als 39 bin ich schon

Die Berliner Universität um 1810

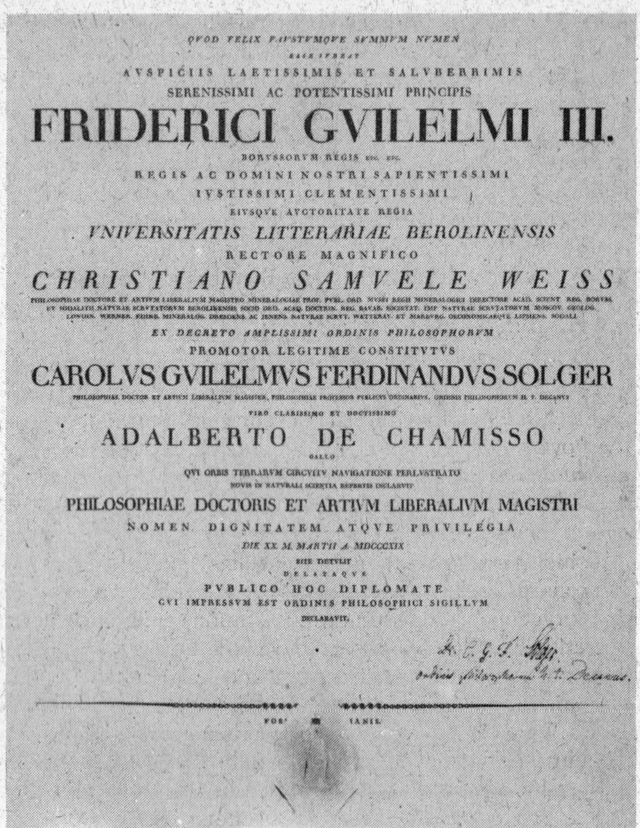

QVOD FELIX FAVSTVMQVE SVMMVM NVMEN
ESSE IVBEAT
AVSPICIIS LAETISSIMIS ET SALVBERRIMIS
SERENISSIMI AC POTENTISSIMI PRINCIPIS
FRIDERICI GVILELMI III.
BORVSSORVM REGIS ETC. ETC.
REGIS AC DOMINI NOSTRI SAPIENTISSIMI
IVSTISSIMI CLEMENTISSIMI
EIVSQVE AVCTORITATE REGIA
VNIVERSITATIS LITTERARIAE BEROLINENSIS
RECTORE MAGNIFICO
CHRISTIANO SAMVELE WEISS
PHILOSOPHIAE DOCTORE ET ARTIVM LIBERALIVM MAGISTRO MINERALOGIAE PROF. PVBL. ORD. MVSEI REGII MINERALOGICI DIRECTORE ACAD. SCIENT. REG. BORVSS. ET SODALITII NATVRAE SCRVTATORVM BEROLINENSIS SOCIO ORD. ACAD. DOCTRIN. REG. BAVAR. SOCIETAT. IMP. NATVRAE SCRVTATORVM MOSCOV. GEOLOG. LONDIN. WERNER. EDINB. MINERALOG. DRESDENS. AC IENENS. NATVRAE SCRVT. WETTERAV. ET MARBVRG. OECONOMICAEQVE LIPSIENS. SODALI
EX DECRETO AMPLISSIMI ORDINIS PHILOSOPHORVM
PROMOTOR LEGITIME CONSTITVTVS
CAROLVS GVILELMVS FERDINANDVS SOLGER
PHILOSOPHIAE DOCTOR ET ARTIVM LIBERALIVM MAGISTER, PHILOSOPHIAE PROFESSOR PVBLICVS ORDINARIVS, ORDINIS PHILOSOPHORVM H. T. DECANVS
VIRO CLARISSIMO ET DOCTISSIMO
ADALBERTO DE CHAMISSO
GALLO
QVI ORBIS TERRARVM CIRCVITV NAVIGATIONE PERLVSTRATO
NOVIS IN NATVRALI SCIENTIA REPERTIS DECLARAVIT
PHILOSOPHIAE DOCTORIS ET ARTIVM LIBERALIVM MAGISTRI
NOMEN DIGNITATEM ATQVE PRIVILEGIA
DIE XX M. MARTII A. MDCCCXIX
RITE DETVLIT
DELATAQVE
PVBLICO HOC DIPLOMATE
CVI IMPRESSVM EST ORDINIS PHILOSOPHICI SIGILLVM
DECLARAVIT.

Chamissos Ehrendoktordiplom

... *Also noch weiter fragen, grübeln? – Kurz, soll ich auf das Leben verzichten oder rasch zugreifen und – nun ja – und heiraten – denn „weiter bringt's kein Mensch – stell' er sich auch wie er will".* – *Wen denn? Nun ja, wer das wüßte –?*[1] Als Chamisso Ende 1818 diese Zeilen an de La Foye schrieb, hatte er sich schon *nach Plan verliebt* in die achtzehnjährige Antonie Piaste, eine Pflegetochter des Freundes Hitzig. In ihrem Wesen unkompliziert, weniger intellektuell als auf das praktische Leben ausgerichtet, eine tüchtige Hausfrau und Mutter (sie ist das

Urbild seines berühmten Liederzyklus *Frauen-Liebe und Leben*), entsprach sie weit mehr dem von Rousseau und Schiller geprägten Frauenideal Chamissos als vordem Cérès Duvernay oder Helmina von Chézy. *Sie ist jung, blühend und stark, schön und fromm, rein und bewußtlos, klar* ..., schrieb er Anfang des folgenden Jahres an Varnhagen.[2] Er heiratete am 25. September 1819, nachdem ihm durch das Anstellungsdekret eine freie Amtswohnung nahe dem Botanischen Garten zugesichert worden war.

In den Augen der traditionsbewußten Familie, die in Frankreich durch die Restauration wieder Anschluß an die Lebensordnung ihres Standes gefunden hatte, war die Verbindung des Bruders mit einem mittellosen Bürgermädchen eine Mesalliance. Für Chamisso wurde es trotz des beträchtlichen Altersunterschiedes eine sehr glückliche Ehe. An de La Foye schrieb er im Juni 1819: *Antonie Piaste ist ihr Name, ob aus dem polnischen königlichen Hause wird nicht gefragt. – Wir seind bürgerliche Personen, und wir müssen alle dem Könige dienen.*[3]

Das hier anklingende bürgerliche Selbstbewußtsein wird als Wesenszug des reifen Chamisso von allen Zeitgenossen hervorgehoben; es bestimmt als Grundhaltung auch einen wesentlichen Teil seiner späteren Lyrik. Er hatte sein Ansehen nur durch seine Leistungen und Fähigkeiten begründet, nicht durch die Vorrechte seiner Geburt, und sich aus freier Wahl für das anspruchslose Leben eines bürgerlichen Gelehrten entschieden. Darauf bezieht sich der von Freiligrath zum Motto seines „Glaubensbekenntnis" gewählte Ausspruch Chamissos vom 13. Dezember 1820: *Ich bin nicht von den Tories zu den Whigs übergegangen, aber ich war, wie ich die Augen über mich öffnete, ein Whig.*[4] Der berühmte französische Schriftsteller und royalistische Politiker Chateaubriand, der in seiner Eigenschaft als Botschafter Ludwigs XVIII. 1821 Chamisso besuchte, notierte in seinen Memoiren: „Er" [Chamisso; W. F.] „wies ... die Vorteile zurück, die ihm durch die Restauration geboten wurden. ‚Ich habe nichts für die Bourbons getan', sagte er, ‚und ich kann nicht den Lohn für die Dienste und die Herkunft meiner Väter annehmen. In diesem Jahrhundert muß jeder selbst für seine Existenz sorgen.'"[5]

In Schöneberg, damals noch vor den Toren Berlins gelegen,

Chamisso

bezog Chamisso ein kleines Gartenhaus und widmete sich dort, zurückgezogen von der Gesellschaft, ausschließlich seiner Familie und seiner Wissenschaft.[6] Im Herbst 1820 wurde der erste Sohn geboren, im Mai 1822 der zweite. Als im Sommer 1822 das Schöneberger Haus einem Brand zum Opfer fiel, zog Chamisso in die Stadt, Lindenstraße Nr. 30, ohne sein anspruchsloses Leben zu ändern. Aus dem problematischen, romantisch-zerrissenen Wanderer und Weltumsegler wider Willen war ein seßhafter Familienvater, ein ernsthaft arbeitender Gelehrter geworden. „Nur ewige Bo-

Antonie von Chamisso, geb. Piaste

hemiens finden das langweilig", schrieb Thomas Mann dazu in seinem Chamisso-Essay. „Man kann nicht immer interessant bleiben. Man geht an seiner Interessantheit zugrunde, oder man wird ein Meister."[7]

In seinen äußeren Gewohnheiten blieb Chamisso dagegen der alte Bohemien, der nur in den äußersten Notfällen zum Tragen des Fracks zu bewegen war, nur selten zum Rasiermesser griff und sich dem konventionellen Umgangston der Berliner geselligen Zirkel weder anpassen konnte noch wollte. „Dem Wortkargen floß selten eine beifällige Phrase von den Lippen", bezeugt Eduard Hitzig, „mißfiel ihm aber die Äußerung eines Dritten, auch wenn dessen Rede keineswegs an ihn gerichtet war, so vermochte er es wohl ausnahmsweise über sich, zu schweigen; aber er schnitt dazu Gesichter oder stieß Töne des Unbehagens aus, die dem Sprechenden keinen Zweifel darüber ließen, was in seiner Seele vorging ... Dazu kam eine ihm eigentümliche Neigung zum Widerspruch, deren er sich selbst wohl bewußt war ... und die Schwerfälligkeit seiner Rede ..."[8]

So blieb Chamisso auch dem berühmten Salon des Freundes Varnhagen fern, unterhielt aber einen regen persönlichen Verkehr mit gleichgesinnten Freunden und Fachgelehrten, vor allem mit dem Botaniker Diederich Franz Leonhard von Schlechtendal, seinen früheren Universitätslehrern Lichtenstein, Weiß und Paul Erman, dem Pharmazeuten und Chemiker Sigismund Friedrich Hermbstädt und dem Arzt und Naturforscher Karl Bernhard Trinius. Auch Wilhelm von Humboldt, der sich für Chamissos Studien über das Hawaiische interessierte, war oft zu Gast im Schöneberger Gartenhaus. 1819 besuchte der Bonner Botaniker und Präsident der Kaiserlich Leopoldinisch-Carolinischen

Chamissos Gartenhaus

François-René
de Chateaubriand

Deutschen Akademie der Naturforscher Christian Gotthard Daniel Nees von Esenbeck Berlin. Er traf sich dort oft mit Chamisso und anderen Berliner Naturwissenschaftlern, darunter Schlechtendal, Heinrich Friedrich Link, Carl Asmund Rudolphi, Christoph Friedrich Otto und Christian Gottfried Ehrenberg. Wissenschaftliches Ergebnis ihrer freundschaftlichen Zusammenkünfte war die 1820 von Nees von Esenbeck herausgegebene Sammelpublikation „Horae physicae Berolinensis“ (Berliner naturgeschichtliche Stunden) mit Beiträgen der genannten Berliner Gelehrten. Chamisso teilte dort drei neue, auf der Insel Unalaschka, in Kalifornien und in Chile entdeckte Pflanzengattungen (Romanzoffia, Eschscholzia und Euxenia) mit. Die nach dem Zoologen der Rurik-Expedition benannte Sommerblume Eschscholzia californica (Goldmohn) wurde später die Wappenpflanze Kaliforniens.[9]

Hoffmann von Fallersleben berichtet in seinen Lebenserinnerungen, daß Chamisso, wenn er im Kreise der Freunde von der Weltreise erzählte, „durch sein Hand- und Gebärdenspiel und seine mitunter unbeholfene Sprache die unbe-

Diederich Franz Leonhard von Schlechtendal

Christian Gottfried Daniel Nees von Esenbeck

deutendste Geschichte interessant zu machen wußte. Später" [1822; W. F.] „war ich auch in Chamissos Hause", heißt es an der gleichen Stelle, „und verbrachte dort einige schöne Abende. Frau von Ch[amisso] war eine hübsche, anmutige Frau und im Bewußtsein ihres Glückes blickte sie so recht liebeselig in die Welt hinein. Sie konnte sehr naiv sein – sie selbst, die Zeugin der überschwenglichen Liebe ihres Mannes, meinte, als ich einige Liebeslieder las: ‚Wie kann man aber auch so verliebt sein!' ... Eines Abends war auch Joseph von Eichendorff zugegen. Die Unterhaltung war eine sehr belebte, wir brachen erst um Mitternacht auf."[10]

Durch eine neuere Untersuchung wurde bekannt, daß es trotz der im ganzen recht glücklichen Ehe im September 1821 zu einem intimen Verhältnis Chamissos mit Marianne Hertz, geborene von Halle, gekommen sein könnte, dem wahrscheinlich der 1822 geborene Sohn Wilhelm Ludwig Hertz, der spätere Verleger Fontanes, entstammt. Chamisso kannte die jüdische Familie Hertz seit seinem Besuch in

Eschscholzia californica Cham. (Kalifornischer Gelbmohn, Schlafmützchen). Erstbeschreibung und Bezeichnung von Chamisso

Hamburg im Jahre 1807. Die näheren Umstände des Zusammentreffens mit der neunundzwanzigjährigen Marianne, der Gattin des Hamburger Apothekers Joseph Jacob Hertz, sind ungeklärt. Zahlreiche Indizien – unter anderem ver-

schlüsselte Hinweise durch den Verleger, handschriftliche Belege und Schmuckstücke mit den Initialen Chamissos aus dem Besitz Mariannes – lassen jedoch die Vaterschaft des Dichters zumindest als möglich erscheinen.[11]
Wenn Chamisso nach der Weltreise auch den trinkfreudigen Kreis um E. T. A. Hoffmann in den Weinstuben von Lutter und Wegener mied, so hing das nicht nur mit seiner jungen Ehe zusammen, obwohl diese sicher seine Haltung beeinflußt hat, sondern mehr noch mit seiner veränderten, von naturwissenschaftlichem Denken bestimmten Wirklichkeitsauffassung. Der Mesmerismus, dem Hoffmann und der ehemalige Nordsternbündler Koreff eine große Bedeutung beimaßen, erschien dem empirischen Naturforscher jetzt als äußerst verdächtiger, mystischer Aberglaube, das beweisen zahlreiche briefliche Anspielungen auf Koreff und die gegen den Mesmerismus gerichteten Dramenversuche *Die Wunderkur* und *Der Wunderdoktor* (1825 und 1828). Chamisso fand deshalb kein Verhältnis mehr zu den phantastischen Eskapaden des Hoffmann-Kreises, was jedoch das gute per-

Chamisso als Schlemihl. Karikatur von E. T. A. Hoffmann

Königliches Schauspiel zu Potsdam.

Montag, den 9. May 1825.

Zum Erstenmale:

Die Wunderkur.

Lustspiel in 1 Aufzug.

Personen:

Graf Maximilian zur Sonnenburg	Hr. Devrient.
Fräulein Mathilde, seine Tochter	Mlle. Aug. Brandes.
Franz von Truxheim, Justiz-Präsident	Hr. Mattausch.
Ludwig, sein Sohn, Husaren-Officier	Hr. Crüsemann.
Der Burgkapellan	Hr. Gern.
Der Doctor, Hausarzt des Grafen	Hr. Aug. Unzelmann.
Nicolas aus Hohenflüh, ein Bauer	Hr. Michaelis.
Bediente	Hr. Wiehl ꝛc.

Die Handlung ist auf der Sonnenburg, dem Schlosse des Grafen.

sönliche Einvernehmen der beiden befreundeten Dichter nicht beeinträchtigte. E. T. A. Hoffmann verdankt zum Beispiel den Erlebnissen des Weltumseglers auf den Südseeinseln einige wesentliche Motive seiner nach 1819 entstandenen Erzählungen[12], während Chamisso in einigen seiner späteren Gedichte Hoffmannsche Anregungen aufgriff und variierte[13].

Als Dichter betätigte sich Chamisso vorerst nur in zweiter Linie. Sein Hauptinteresse galt der wissenschaftlichen Auswertung des von der Reise mitgebrachten Materials. Von den Doubletten seiner gesammelten Pflanzen hatte er jeweils das erste Exemplar dem 1818 aus mehreren öffentlichen Pflanzensammlungen zusammengestellten Königlichen Herbarium überlassen, das dadurch zu einem begehrten Besuchsziel für auswärtige Botaniker wurde. Hier übernahm Chamisso unter der Leitung seines Freundes Schlechtendal die zweite Kustodenstelle. Schwerpunkt seiner Arbeit war das Ordnen und Bestimmen der von ihm selbst gesammelten oder von anderen Wissenschaftlern eingesandten Pflanzen.[14] Schlechtendal schrieb dazu: „Die Mehrzahl seiner botanischen Arbeiten machte Chamisso mit mir gemeinschaftlich, an demselben Tische einander gegenübersitzend untersuchten und beschrieben wir zusammen, wobei einer dem andern durch seine Erfahrungen und

Das Königliche Schauspielhaus Berlin um 1820. Zeichnung von Schadow

Kenntnisse zu Hülfe kam; es war ein schönes, ruhiges Verhältnis. Auf dem Wege, der ihn vom Tore über das Feld nach Schöneberg führte, botanisierte er entweder und brachte dies oder jenes Merkwürdige oder Brauchbare mit, oder er ging, mit einer Dichtung beschäftigt, sinnend hinüber, ergriff, angekommen, Feder und Papier, um das Gedichtete festzuhalten, und manches Schöne habe ich hier zuerst gehört. Als Autodidakt entbehrte Chamisso jener Sicherheit, welche ein frühes Lernen und eine von Kindesalter angefangene Übung gewährt und die Dinge uns unauslöschlich einprägt; es war ihm daher angenehm, sich auf einen andern zu stützen, der ihm jene Sicherheit gewähren konnte. Wie gut er aber selbständig arbeiten konnte, das zeigen die Bearbeitungen mehrerer Familien, welche er ganz allein, oder fast allein über sich nahm und vollendete, als Kränklichkeit mich während der Wintermonate zwang, dem stetigen Besuch des immer eine halbe Stunde vor dem Tore liegenden Herbariums zu entsagen."[15]

Als Wissenschaftler trat Chamisso zunächst mit einer zoologischen Abhandlung an die Öffentlichkeit. Anfang 1819 schrieb er an de La Foye: *Übrigens, mein Lieber, erhältst Du von mir eine kleine Schrift de animalibus quibusdam e classe vermium Linnaeana. Ich habe etwas in die Welt ausstoßen wollen, und das ist es geworden.*[16] Gemeint ist die heute berühmte Abhandlung *De Salpa* (Von einigen Tieren aus der Linnéischen Klasse der Würmer ... Heft I, Über die Salpe).[17] Diese nur noch in wenigen Exemplaren erhaltene „kleine Schrift" erschien 1819 bei Ferdinand Dümmler in Berlin und brachte dem Autor die Doktorwürde. In klarem, schmucklosem Latein werden elf verschiedene, darunter acht bisher unbekannte Arten der Gattung Salpa aus der Tiergruppe der Tunicaten (Manteltiere) nach ihrer äußeren Form und in ihrem anatomischen Bau beschrieben und durch eine farbige Illustration erläutert. Den Einzelbeobachtungen ist eine allgemeine Erörterung des Charakters der gesamten Gattung vorangestellt, in der nachgewiesen wird, daß sich bei den Salpen im regelmäßigen Wechsel zweier Generationen die eine als Einzelbrut stets ungeschlechtlich, durch Knospung, die andere als Kettenbrut jedoch geschlechtlich fortpflanzt. Damit wurde erstmals der bei Pflanzen und Tieren verbreitete Generationswechsel (alternatio generationum) erkannt und von Chamisso ausdrücklich so bezeichnet.[18] In der Folge hat sich die Beschreibung dieser zusammen mit Friedrich Eschscholtz gemachten Entdekkung auch für die Betrachtung anderer Tier- und Pflanzensippen als fruchtbar erwiesen. Von den Zeitgenossen wurde sie jedoch als derart unerhört und ungewohnt angesehen, daß Zweifel und heftige Angriffe auf den Verfasser nicht ausblieben.[19] Es dauerte mehr als dreißig Jahre, ehe der dänische Zoologe Johann Japetus Steenstrup in seiner 1842 in Kopenhagen erschienenen Schrift „Über den Generationswechsel“ Chamissos Leistung in ihrer vollen Bedeutung würdigte.[20]

Weitere zoologische und botanische Publikationen Chamissos erschienen 1821 in der von Louis Choris in Paris herausgegebenen „Voyage pittoresque autour du monde“ (Malerische Reise um die Welt)[21], in den Verhandlungen der Leopoldinischen Akademie[22] und der Gesellschaft Naturforschender Freunde zu Berlin[23]. 1822 untersuchte Chamisso zusammen mit dem Mineralogen Friedrich Hoffmann und dem Physiker Johann Christian Poggendorff das Torfmoor Linum im Havelland. Ein Jahr später erhielt er von der preußischen Regierung den Auftrag, in der Umgebung von Greifswald barometrische Beobachtungen anzustellen, Torfmoore an der Meeresküste zu untersuchen und jeweils 300 Pflanzen für 30 Schulherbarien zu sammeln. Die Ergebnisse der Mooruntersuchungen wertete er in der bei Georg Reimer verlegten Zeitschrift „Archiv für Bergbau und Hüttenwesen“ aus, wobei er unter anderem nachwies, daß die Torfbildung weder am Strand noch im Binnenland vom Meer beeinflußt worden ist.[24]

Die Reise nach Greifswald hatte Chamisso zu Fuß unternommen. Als er das bei Bernau liegende Gut Lanke passierte, ließ er sich bei der dort zu Besuch weilenden Henriette Herz als „Wilder von den Sandwich-Inseln“ melden. Diese berichtet darüber: „Ich trat sehr gespannt in das Vorzimmer. Ein Mann mit lang herabhängendem Haar, unrasiert, in einem schlechten grünen Kalmuck-Flausch, die Botanisiertrommel über die eine Schulter, über die andere einen Kasten gehängt, welcher, wie ich später erfuhr, ein Teleskop enthielt, stand vor mir. Es war Chamisso.“ Er blieb bis zum nächsten Morgen, nachdem die Herz der schockierten Familie Wülknitz, „in welcher man gewöhnt war, alles mit Glacé-Handschuhen anzufassen … als Mittel gegen den unrasierten Bart seinen Stammbaum und als Mittel gegen den Flausch seine Reise um die Welt" angeführt hatte.[25]

1824 schrieb Chamisso als Kommentar zu den Schulherbarien eine populäre Pflanzenkunde, die 1827 bei Ferdinand Dümmler unter dem Titel *Übersicht der nutzbarsten und der schädlichsten Gewächse, welche wild oder angebaut in Norddeutschland vorkommen. Nebst Ansichten von der Pflanzenkunde und dem Pflanzenreiche* erschien. Persönliches Engagement, Sachlichkeit und Anschaulichkeit der Darstellung zeichnen auch diese „Botanik für Nichtbotaniker" aus. In der *Übersicht* werden die einzelnen Gewächse nach dem Linnéschen Sexualsystem geordnet behandelt. Die vorangestellten *Ansichten von der Pflanzenkunde und dem Pflanzenreiche* bezeichnete Chamisso in einem Brief an de La Foye als sein *wissenschaftliches Glaubensbekenntnis.*[26] Sie bieten über den Bereich der Pflanzenkunde hinaus einen allgemeinverständlichen Grundriß der Biologie.[27] Besonderer Wert wird auf die Darlegung ökologischer Probleme, auf die Bedeutung der Pflanzen im Haushalt der Natur, das Zusammenleben von Pflanze, Tier und Mensch gelegt. Es mutet nahezu modern an, wenn Chamisso über die Funktion der Raubtiere und Greifvögel schreibt: *Ein vielfältiges Band wechselseitigen Bedürfnisses verbindet untereinander alle Geschöpfe und läßt die Einheit der Natur aus der Vielheit ihrer Erzeugnisse hervorgehen. Das Bestehen jeder Art beruht auf dem Bestehen vieler anderen Arten; jede wird durch andere erhalten, durch andere beschränkt und erhält und beschränkt hinwiederum andere.*[28]

Ausführlich setzte sich Chamisso mit den Abstammungslehren seiner Zeit auseinander, doch blieb er in dieser Hinsicht konservativ. *Wer mit vorgefaßter Meinung beobachtet,* schrieb er dazu in den *Ansichten, der gibt sich der Täuschung hin. – Wir glauben, nach dem Gesagten, den zweiten Teil der Frage: Ob die einfacheren Lebensformen sich stufenweise zu vollkommneren Lebensformen ausbilden?, beseitigen zu können. Wir beharren auf dem Gebiete der Erfahrung, die Naturgeschichte verweist hierüber an die Naturphilosophie.*[29] Chamisso war somit kein Vorläufer Darwins gewesen, wie mehrfach behauptet wurde. Er hielt im Sinne von Georges de Cuvier an der Lehre von der Unveränderlichkeit der gegebenen Arten in der Natur fest. Noch 1835 schreibt er im *Tagebuch* der *Reise um die Welt: Ich habe wohl in meinem Leben Märchen geschrieben, aber ich hüte mich, in der Wissenschaft die Phantasie über das Wahrgenommene hinaus schweifen zu lassen. Ich kann in einer Natur, wie die der Metamorphosler sein soll, geistig keine Ruhe gewinnen. Beständigkeit müssen die Gattungen und Arten haben, oder es gibt keine.*[30]

Von den Zeitgenossen wird übereinstimmend Chamissos reges politisches Interesse bezeugt. „Er hat nur das Feuer des Franzosen, wenn man will, das Liberalitätsfeuer (denn er ist ganz Politik) ...", äußerte sich Gustav Schöll gegenüber Gustav Schwab.[31] An de La Foye schrieb Chamisso am 9. August 1820: ... *das öffentliche Leben, das sich zu gestalten anringt, hat meinen Sinn, wie der Blick über das Tal und die wogenden Nebel von der Einsiedelei im Gebirge aus sich ergeht. Auf einer Reise, wie ich eine gemacht, lebt man abwechselnd in verschiedenen Jahrhunderten, und es muß den, der Sinn hat, anregen ...*[32]

Der Dichter war zu einer Zeit nach Europa zurückgekommen, als die politische Restauration jede freiheitliche Regung auf dem Kontinent unterdrückte. In Deutschland, wo die auf ein einheitliches, freies Vaterland gerichtete Burschenschaftsbewegung mit dem Wartburgfest vom Oktober 1817 ihren ersten Höhepunkt erreicht hatte, war die Ermordung des Schriftstellers August von Kotzebue durch den Studenten Karl Sand am 23. März 1819 nur der äußere Anlaß zu schon lange geplanten Maßnahmen der deutschen Regierungen gegen die bürgerlich-liberale Oppositionsbewegung. Im August 1819 setzte Metternich im Bereich des Deutschen Bundes die berüchtigten Karlsbader Beschlüsse durch, die zum Verbot der Burschenschaften, zu den Demagogenverfolgungen und einer verschärften Zensur aller Druckschriften unter zwanzig Bogen führte. 1820 bis 1822 folgten die Kongresse der „Heiligen Allianz" von Troppau, Laibach und Verona, auf denen die Niederschlagung der liberalen Volksaufstände in Spanien und Neapel durch französische und österreichische Truppen beschlossen wurde. Selbst in Frankreich, wo die Verfassung von 1814 dem liberalen Bürgertum größere Freiheiten gewährte als in den anderen europäischen Staaten, gewann die klerikale und royalistische Reaktion allmählich wieder die Oberhand.

In Preußen hatten die Restaurationsbestrebungen beson-

Der Bruder Hippolyte

ders krasse Formen angenommen. In Berlin wurde jede Erinnerung an die Traditionen der Befreiungskriege systematisch unterdrückt. Verdiente Patrioten wie Arndt, Schleiermacher und der Buchhändler Reimer standen unter Polizeiaufsicht. Die Turnplätze wurden geschlossen, Turnvater Jahn verhaftet und die ehemaligen Burschenschaftler von dem Demagogenriecher Kamptz mit schonungsloser Härte verfolgt. Als die Minister Wilhelm von Humboldt und Hermann von Boyen, Staatsrat von Beyme und General von Grolmann gegen die Karlsbader Beschlüsse opponierten, erhielten sie 1819 ihren Abschied aus dem Staatsdienst. Bis zur Pedanterie getriebene Zensur- und Polizeischikanen hemmten das geistige und gesellige Leben Berlins und sorgten dafür, daß aus der öffentlichen Meinung nach den Worten Varnhagens eine geheime wurde.

Chamisso verfolgte diese rückläufige Entwicklung in Europa mit wachsender Besorgnis. … *wenn Flüche Knochen wären, müßte ich an allen denen ersticken, die mir tagtäglich in dem*

Rachen stecken bleiben, ohne zu hoffen, daß sich irgendein Storchschnabel in der Welt finde, der stark genug sei, sie mir herauszuziehen. Aber, aber, es ist noch nicht aller Tage Abend, und ich fürchte und glaube fast, daß endlich Feuerbrünste denen gräßlich leuchten werden, die ihre Augen dem Schein der Sterne verschlossen haben, schrieb er am 3. August 1822 an de La Foye.[33] Seinen Bruder Hippolyte, der die Unterdrückung der spanischen Revolution durch französische Truppen guthieß, attackierte er mit heftigen Vorwürfen. Die Maßnahmen der preußischen Regierung nach den Karlsbader Beschlüssen verurteilte Chamisso mit der gleichen Entschiedenheit. In fast allen Briefen aus dieser Zeit finden sich sarkastische Bemerkungen über die bedrückende Atmosphäre in Berlin, die Bedeutungslosigkeit der Presse und des öffentlichen Lebens.[34] Später äußerte er sich gemäßigter über Preußen; Anfang der zwanziger Jahre war er jedoch derart unzufrieden, daß er sogar den Gedanken erwog, nach Amerika auszuwandern.

Chamissos oppositionelle Haltung gegenüber der preußischen Restaurationspolitik führte nicht zur politischen Aktivität; dem standen nicht nur seine zurückgezogene Lebensweise und die Überzeugung entgegen, als Wahlpreuße nicht befugt zu sein, in die inneren Angelegenheiten des Gastlandes einzugreifen, sondern ebenso auch die Harmlosigkeit der liberalen Opposition in Preußen. Sein Blick war deshalb vornehmlich auf Frankreich gerichtet, wo das liberale Bürgertum sich mit ganz anderer Konsequenz als in Deutschland gegen die absolutistische Reaktion auflehnte und in Wort und Schrift seine verfassungsmäßigen Rechte verteidigte.

Über die Verfassungskämpfe in Frankreich war Chamisso als Leser englischer und französischer Zeitungen, vor allem des liberalen „Constitutionnel", sehr gut informiert, das zeigt der Briefwechsel des Dichters mit dem in Paris wohnenden ältesten Bruder Hippolyte.[35] Beide Brüder diskutierten seit 1818 ausführlich und leidenschaftlich die politische Entwicklung in Frankreich, der eine als konservativer Royalist (Hippolyte war 1814 wegen seiner königstreuen Haltung während der Revolution zum Ritter des St.-Ludwigs-Ordens ernannt worden und führte als Haupt der Familie den Titel Comte de Chamisso), der andere als liberaler Bür-

ger. Während Hippolyte sich nur widerwillig mit der Verfassung abgefunden hatte, in den Liberalen die Feinde des legitimen Königstums und in der Presse- und Religionsfreiheit die Ursachen für einen nie dagewesenen moralischen Verfall der Nation erblickte, sah Adelbert in der Charte von 1814 den Ausdruck der legitimen Rechte des Volkes, in der Pressefreiheit die Garantie für eine gesunde, fortschreitende Entwicklung des Staates und der Gesellschaft. *Die Verfassung, die ganze Verfassung, nichts als die Verfassung! Und als Ordnungspolizei die Freiheit der Presse!* zitierte er in einem Brief als eigenes Glaubensbekenntnis den Wahlspruch der französischen Liberalen.[36]
Chamissos politische Vorstellungen sind von der Philosophie der französischen Aufklärung besimmt, modifiziert freilich im Sinne des modernen Liberalismus. Er verbindet den Gedanken des Vertrages zwischen Fürst und Volk mit der vor allem im englischen Bürgertum verbreiteten liberalen Fortschrittskonzeption, nach der die menschliche Gesellschaft einer fortwährenden, gesetzmäßigen Entwicklung unterliegt, die man weder aufhalten noch willkürlich beschleunigen kann, aber durch vernünftige, zeitgemäße Reformen unterstützen soll und muß, um einer Revolution, die sonst das Notwendige mit Gewalt durchsetzen wird, vorzubeugen. Wenn es zu einer Revolution kommen sollte, das betonte der Dichter immer wieder, dann nur durch die Schuld der Herrschenden.
Chamisso wurde durch diese idealistische Fortschrittskonzeption, die im wesentlichen auch seinen späteren Zeitgedichten zugrunde liegt, zu manchem politischen Fehlurteil verführt; sie bewahrte ihn aber auch vor jener Resignation, die nach 1820 einen großen Teil des deutschen Bürgertums ergriffen hatte. Er war davon überzeugt, daß die entscheidenden politischen Fragen der Zeit in Frankreich entschieden werden. Was sich dort abspielt, wird eines Tages, wenn die Zeit dafür reif ist, notwendig auch auf Deutschland übergreifen. Diese enge Bindung an den französischen Liberalismus beeinflußte Chamissos politisches Denken bis in seine letzten Jahre; sie war zugleich eine wesentliche Voraussetzung für sein vergleichsweise frühes Auftreten als liberaler politischer Dichter in Deutschland.
Unmittelbar nach der Weltreise war Chamisso noch keines-

wegs von der Berufung zum deutschen Dichter überzeugt, trotz des ungewöhnlichen Erfolges seines *Peter Schlemihl. Ich muß mich hüten, meinem Schlemihl einen blasseren Bruder nachzuschicken,* bekannte er Ende 1818,[37] und er befolgte diesen Vorsatz so gründlich, daß er sich nie wieder in einer Prosaerzählung versuchte. Auch die nach 1819 entstandenen und im *Poetischen Hausbuch* gesammelten Gedichte waren zunächst nicht für die Öffentlichkeit, sondern nur für die Familie und die engsten Freunde bestimmt. Im Oktober 1822 schrieb er an de La Foye: *Ich sollte damals* [zur Zeit des Nordsternbundes; W. F.] *ein Dichter sein, und du machtest auch deutsche Verse. – Du hast wohl diese Flügel ganz sinken lassen – ich nicht so ganz. – Ich singe noch ein Lied, wenn es mir grad einfällt, und ich sammle sogar diese Zeitrosen zu einem eigenen Herbario, für mich und meine Lieben auf künftige Zeit, aber es bleibt unter den vier Pfählen, wie es sich gebührt.*[38]

Das ursprünglich als eine Art Stammbuch angelegte *Poetische Hausbuch* des Dichters, in das auch Freunde, unter anderen Varnhagen, Hitzig und Hoffmann von Fallersleben Gedichte eintrugen, ist ein Zeugnis dafür, daß Chamisso anfangs noch experimentierte, mit Gelegenheitsgedichten begann und sich an die erprobten romantischen Formen hielt. Die Schlegelsche Kunstauffassung war dem empirischen Naturforscher allerdings fremd geworden, sein Verhältnis zur Wirklichkeit war ein anderes als zur Zeit des Nordsternbundes. Am 9. März 1821 schrieb er an Trinius: *Ich bin den Ästhetikern auch durch die Schule gelaufen und bin so klug daraus gekommen, als ich hingegangen war. – An dem Einen hang ich fest: Auf Leben kommt es an. Wo Leben erschaffen worden, selbständig da ist und sich reget und beweget, da habe ich vor dem Ebenbilde Gottes, dem Künstler, Ehrfurcht. – Wohl kann zu guter Stunde der und der, der Verse machen gelernt hat (von Schlegel oben bis auf Chamisso hinab), ein Stück seines eigenen Lebens herausgreifen, außer sich setzen und sagen: „Da habt ihr eine Wachtel.“ Aber es steht nur dem Meister zu Gebot, allerlei Vögel unter dem Himmel zu erschaffen … – Je vielgestaltiger das Leben, je ursprünglicher die Form, je reichhaltiger das eine, je vollendeter das andere, desto höher steht der Meister.*[39]

Auch gegenüber den ästhetischen und politischen Auffassungen der jüngeren oder Hochromantik wahrte Chamisso Distanz. Es ist schon davon gesprochen worden, daß der

Hoffmann von Fallersleben

Dichter infolge seiner persönlichen Isolierung während der Befreiungskriege kaum Anteil an den nationalen Bestrebungen der jüngeren Romantiker genommen hatte und in Berlin nur mit E. T. A. Hoffmann verkehrte, der innerhalb der „Berliner Romantik“ eine Sonderstellung einnahm, und mit Fouqué, dessen „Ritterwut“ er schon damals bespöttelte. Als er von der Weltreise mit neuen Erfahrungen und einer festgegründeten Weltanschauung zurückkehrte, mußten ihn die nach dem enttäuschenden Ausgang der Befreiungskriege stärker hervortretenden religiös-mystischen Züge der Romantik vollends befremden. Der Dramatiker Zacharias Werner und Friedrich Schlegel waren zum Katholizismus übergetreten, Brentano in den Schoß der Kirche zurückgekehrt, Joseph Görres ins Lager der Reaktion übergetreten. Ihre Begeisterung für ein idealisiertes patriarchalisches Mittelalter entsprach dieser Haltung. Chamisso ist deshalb kaum von den restaurativen Bestrebungen der Hoch- und Spätromantik berührt worden, wohl aber von ihren volkstümlichen Tendenzen, von den Märchen der Brüder Grimm

und der Lyrik Ludwig Uhlands, dessen liberale Volksgesinnung ihm besonders zusagte.
Die kurz nach der Weltreise entstandenen Gedichte Chamissos an die Freunde und die Braut können ihre romantischen Vorbilder und ihren Gelegenheitscharakter am wenigsten verleugnen. Vorgeprägte und schon abgeblaßte Wendungen werden bedenkenlos übernommen, echte Gefühle im konventionellen Gewande geboten. Und doch gelangen Chamisso schon 1819 einige ganz persönliche Gedichte, die aus dem späten Liebeserleben mit der jungen Antonie Piaste erwuchsen, „scheinbar kunstlose Dinge", wie Thomas Mann sagt, „leicht hingeträumt und rasch endigend, aber bebend vor Empfindung und seltsam kühn in ihrer Einfachheit ..."[40]

Mein Aug ist trüb, mein Mund ist stumm,
Du heißest mich reden, es sei darum.

Dein Aug ist klar, dein Mund ist rot,
Und was du nur wünschest, das ist ein Gebot.

Mein Haar ist grau, mein Herz ist wund,
Du bist so jung, und bist so gesund.

Du heißest mich reden, und machst mirs so schwer,
Ich seh dich so an, und zittre so sehr.[41]

Das wache Zeitbewußtsein des Dichters drängte früh schon zur Gestaltung politischer Themen, und auch hier suchte Chamisso noch nach der ihm gemäßen Form. 1821/22 entstand neben zwei heftigen Schmähgedichten auf die wortbrüchigen Könige von Spanien und Neapel der Sonettzyklus *An die Apostolischen*, eine Auseinandersetzung mit der Restauration in Europa, mit den Ewig-Gestrigen, die vergeblich versuchen, das Rad der Geschichte zurückzudrehen. Bei aller Abstraktheit und trotz mancher sprachlicher Härten nehmen diese Gedichte in der Geschichte des deutschen Sonetts insofern einen wichtigen Platz ein, als hier erstmals liberale Gedanken in die strenge Form des Sonetts gekleidet werden.
Erinnerten die Sonette nur durch ihre äußere Form an das

Vorbild der Romantiker, so sind die Windmüllerlieder aus dem Jahre 1822 auch inhaltlich der Spätromantik verpflichtet:

Die Mühle, die dreht ihre Flügel,
Der Sturm, der sauset darin;
Und unter der Linde am Hügel,
Da weinet die Müllerin:

Laß sausen den Sturm und brausen,
Ich habe gebaut auf den Wind;
Ich habe gebaut auf Schwüre –
Da war ich ein törichtes Kind.[42]

Die Wahl des Rollenliedes, der volksliedhaft schlichte Ton und die Beschränkung auf den abgeschlossenen Bereich eines naturhaften, einfachen Volkslebens lassen den Einfluß Uhlands und vor allem Wilhelm Müllers erkennen. Sie zeigen aber auch schon die Eigenart Chamissos, seine der Wirklichkeit zugewandte Natur. Im zweiten Müllerlied, *Der Müllerin Nachbar*, wird zum Beispiel die Idylle ironisiert, die eingangs geschaffene Stimmung in fast heinescher Manier durch derbe umgangssprachliche Wendungen zerstört:

Die Mühle, die dreht ihre Flügel,
Der Wind, der sauset darin;
Ich wollte, ich wäre der Müller,
Von wegen der Müllerin.

Der Müller ist gestorben,
Gott schenk ihm die ewige Ruh!
Ich wollte, es holte der Henker
Den Flegel von Knecht noch dazu.

Am Sonntag in der Kirche,
Da glaubt ich, sie schiele nach mir;
Sie schielte an mir nur vorüber,
Der Knecht, der stand an der Tür.[43]

Chamisso übernahm von der volkstümlichen romantischen Lyrik die Formen und die Dichtungstechnik, machte sie aber „einem andersgearteten, aufs Gegenständliche gerichteten und moralisch begründeten Kunstwollen dienstbar".[44] Er aktualisierte die übernommenen Motive und paßte sie damit seiner liberalen Fortschrittskonzeption an. Die Ballade *Der alte Müller* ist ein Beispiel für die später immer wieder bei Chamisso zu beobachtende Aufnahme und Umwandlung romantischer Stoffe und Motive. In die idyllische Abgeschlossenheit der Mühle dringt *die schwere Not der Zeit.* Der Müller erkennt das Alte als reif zum Untergang und begrüßt den Wind als Boten des kommenden Gerichts:

Das Wort wird Tat, das Kind wird Mann,
Der Wind wird Sturm, wer zweifelt daran?
Hilf, Himmel, erbarme dich unser!

Willkommen, willkommen, großmächtiger Wind!
Und was du auch bringest, vollend es geschwind.
Hilf, Himmel, erbarme dich unser!

Das Maß ist voll, die Zeit ist aus;
Jetzt kommt das Gericht in Zerstörung und Graus.
Hilf, Himmel, erbarme dich unser![45]

Das gleichzeitig entstandene Gedicht *Die goldene Zeit* zeigt den Dichter auf einem anderen Wege. Es beginnt als harmloses Trinklied, das unvermutet in eine ironische Satire auf die gegenwärtige Polizeiwillkür in Deutschland umschlägt:

Füllt die Becher bis zum Rand,
Tut, ihr Freunde, mir Bescheid:
Das befreite Vaterland
Und die gute goldne Zeit!
Denn der Deutsche denkt und glaubt,
Spricht und schreibt nun alles frei,
Was die hohe Polizei
Erst geprüft hat und erlaubt.[46]

Vorbilder für dieses Gedicht lassen sich weniger in der deutschen als in der französischen Literatur finden, vor allem in der Form des volkstümlichen politischen Chansons,

Karikatur zur „Tragischen Geschichte“

das Chamisso seit seinem Aufenthalt in Paris im Jahre 1810 vertraut war.[47] Auch die *Tragische Geschichte* von einem, *dems zu Herzen ging, daß ihm der Zopf so hinten hing,* weist der Form nach auf das französische Chanson. Ursprünglich wollte Chamisso nur eine Episode aus seiner Leutnantszeit gestalten, doch wurde daraus, durch die glückliche Stilisierung des Zopfmotivs, das unter anderen Heine, Freiligrath und Fontane später übernahmen, eine heitere Satire auf den philiströsen deutschen Durchschnittsbürger:

Er dreht sich links, er dreht sich rechts,
Es tut nichts Guts, es tut nichts Schlechts –
Der Zopf, der hängt ihm hinten.

Er dreht sich wie ein Kreisel fort,
Es hilft zu nichts, in einem Wort –
Der Zopf, der hängt ihm hinten.

Und seht, er dreht sich immer noch,
Und denkt: es hilft am Ende doch –
Der Zopf, der hängt ihm hinten.[48]

Hoffmann von Fallersleben, der 1822 mit dem Komponisten Ludwig Berger Chamisso besuchte, berichtet, daß der Dichter „eine recht volkstümliche Melodie" zu seinem Zopflied wünschte. „Machen wir selbst eine! sagte ich und fing gleich an zu singen, Chamisso und Berger stimmten ein: Wir sangen so lange, bis das Ding rund wurde. Berger setzte dann die Dreimänner-Melodie auf. Ich habe das Blatt noch, wozu jeder von uns schließlich einen Kerl mit einem Zopf zeichnete."[49]
Alle diese Gedichte wurden vorerst nur dem *Poetischen Hausbuch* anvertraut. Einige erschienen in der periodischen Presse, in einer größeren Sammlung erst 1827 als Anhang zur zweiten Auflage des *Peter Schlemihl*, die Sonette *An die Apostolischen* 1830 in Wendts Leipziger Musenalmanach.

Ende 1825 hielt sich Chamisso wieder für längere Zeit in Frankreich auf, um seine Rechte auf die von der französischen Regierung gewährten Emigrantenentschädigungen durchzusetzen. Dem liberal gesinnten Dichter war der Entschluß zu dieser Reise nicht leichtgefallen; denn das Entschädigungsgesetz, von den Liberalen boshaft „le milliard des émigrés" genannt, war von den Royalisten gegen den heftigen Widerstand der Opposition erzwungen worden.[1] Er erlangte nach längeren Verhandlungen (er hatte nachzuweisen und sich von der preußischen Regierung bestätigen lassen, daß er nicht die preußische Staatsangehörigkeit angenommen habe) eine Rückvergütung von drei Prozent seines Vermögensanteils (etwa 90000 Francs).
Von den Geschwistern wurde der nun arrivierte Bruder mit sichtlicher Befriedigung aufgenommen. Sie hatten sich mit seiner eigenwilligen Entwicklung abgefunden, was ihnen um so leichter fiel, als der Weltumsegler und Dichter des *Peter Schlemihl* auch in Paris kein Unbekannter mehr war. *Ich finde mich hier in der gelehrten Welt fast mehr gekannt und anerkannt als bei uns, und alles kommt mir entgegen,* schrieb Chamisso am 21. Oktober an Antonie.[2] Er traf Auguste de Staël, den Sohn der einstigen Freundin, den Zeichner der Rurik-Expedition Louis Choris, besuchte den Naturforscher und Geographen Jean-Baptiste Bory de St. Vincent, der gerade im Schuldgefängnis saß, dort aber den deutschen Kollegen großzügig bewirtete, und unternahm mit dem französischen Weltumsegler und Antarktisforscher Dumont d'Urville eine Reise zu dem ehemaligen Nordsternbündler de La Foye nach Caen. Chamisso fand einen behäbigen französischen Professor, *dem die deutsche Poesie etwas abgestreift ist ... Die Stelle, die er hat, hat ihn auch ...*,[3] schrieb er nach Berlin.
In Paris interessierte sich Chamisso vor allem für das Theater. Er sah Casimir Delavignes „L'Ecole des vieillards" („Schule der Greise"), bewunderte den berühmten François-Joseph Talma als Hamlet und besuchte eine Aufführung von Schillers „Maria Stuart" im Théâtre français, wobei sich in den Urteilen über die Stücke und die Schauspieler

wieder die starke Bindung Chamissos an die französische Schauspieltradition zeigt.[4] Über das von Besitz und Gelddenken bestimmte gesellschaftliche Leben in der französischen Metropole äußerte er sich dagegen ähnlich abfällig wie schon bei seinen vorhergehenden Aufenthalten. Am 13. November schrieb er an seine Frau: *Neulich war bei meiner Schwester vom Heiraten viel die Rede und von der großen Beschwerde, die damit verbunden ist, einen Mann zu bekommen; in der Tat sind Männer hier fast für Geld nicht zu bekommen und ohne das gar nicht. Daß das Mädchen das Doppelte von dem Manne einbringe, ist der Satz; – es ist hier ein böses Land! Die „Versche" sind hier außer Cours.*[5]

Trotzdem forderte ihn die großzügige Atmosphäre der Weltstadt wiederholt zu Vergleichen mit Berlin heraus, die kaum zugunsten der preußischen Hauptstadt ausfielen. Der über seine Äußerungen besorgten Antonie antwortete er am 13. November: *„Findest Du noch alles besser dort wie bei uns?" Laß einen gutmütigen Verweis Dich nicht verdrießen. Hätte ich je alles in Frankreich besser gefunden als in Deutschland, so würde mich nichts vermocht haben, die Heimat, die die Natur mir gab, mit einer andern, selbstgewählten zu vertauschen. Deutscher Volkstümlichkeit hat sich das Tiefere, Heiligere in mir zugewandt; so bin ich durch Sprache, Kunst, Wissenschaft, Religion ein Deutscher. Aber dem Manne, der viele Städte der Menschen gesehen und Sitten gelernt hat, ziemt am besten, nachdem er eine Wahl getroffen hat, ein freier Blick und ein freimütiges Urteil, und so mag ich wohl vieles in Deutschland tadeln, wie ich auch in Frankreich vieles loben muß. Wollt mich nicht zu einem gemeinen Berliner machen, und laßt es Euch genügen, daß ich doch ein Berliner bin.*[6]

Was Chamisso besonders an Paris fesselte, war das rege politische Leben der Stadt. Er war nach Frankreich gekommen, als die klerikale Restauration, aber auch der Widerstand der liberalen Opposition gegen die von den Royalisten unterstützten Umtriebe der Ultramontanen einen Höhepunkt erreicht hatten. Das Volk sang Bérangers freche Spottlieder auf den Adel und den Klerus. Ein gegen den „Constitutionnel" wegen „Schmähung der Kirche" angestrengter Prozeß endete mit der erzwungenen Freisprechung der liberalen Zeitung. Als am 28. November 1825 der liberale Abgeordnete General Foy starb, wurde der Trauerzug von der Opposition zu einer mächtigen Demonstration

Marie-Joseph de Lafayette

gegen das reaktionäre Ministerium Villèle ausgenutzt. Chamisso verfolgte diese ungewohnten Vorgänge mit leidenschaftlicher Anteilnahme. Am 5. Dezember schrieb er an Antonie: *Sage Ede* [Eduard Hitzig; W. F.], *daß ich dem Leichenbegängnis des Generals Foy, dem großen Volkstrauerfeste, beigewohnt und etlichen der berühmtesten Redner an seinem Grabe zugehört habe;*[7] *sage ihm, daß ich der Freisprechung des Constitutionnel und den vorhergehenden gerichtlichen Verhandlungen beigewohnt habe, sage ihm, daß ich einen ganzen Vormittag bei Staël allein mit ihm und dem General Lafayette* [Führer der Republikaner; W. F.] *traulich verlebt habe.*[8] Im Januar 1826 notierte Varnhagen in seinem Tagebuch: „Herr von Chamisso ist gestern von Paris zurückgekommen. Seine Entschädigung ist in guten Gang gebracht. Er aber ist ganz erfüllt von dem herrlichen politischen Leben in Frankreich.“[9]

Die Erlebnisse in Paris hatten Chamisso in seinen politischen Ansichten bestärkt und fester mit dem Programm der französischen Liberalen verbunden. In ihrem Sinne wandte er sich jetzt in seinen Briefen und in seiner Dichtung vornehmlich gegen die klerikale Reaktion, deren Wirken in Frankreich und den übrigen romanischen Ländern ihm als ein Rückfall ins finsterste Mittelalter erschien. Dem Bruder schrieb er 1827, daß er in Spanien, wo mit Hilfe der französischen Royalisten die Inquisition wieder eingeführt worden war, den Aufstand gegen König Ferdinand VII. als die heiligste Pflicht des Volkes ansehe.[10]

Gegenüber seiner Wahlheimat Preußen nahm Chamisso in den folgenden Jahren dagegen eine merkwürdig inkonsequente Haltung ein. Er spöttelte zwar unmittelbar nach seiner Rückkehr aus Paris über die Sterilität des öffentlichen Lebens in Berlin, vor allem über die Harmlosigkeit der preußischen Presse: *Wir lesen den Constitutionnel und erfahren beiläufig aus der Hamburger Zeitung, was bei uns vorgeht, – in unserer steht, wer im Ausland über 100 Jahre gelebt hat, und welche Frau mehr als drei Kinder geboren.*[11] Als 1828 der berüchtigte Zensor Grano der letzten Strophe von Chamissos Gedicht *Die Kartenlegerin* und dem Zusatz *Nach Béranger* das Imprimatur verweigerte, verfaßte der Dichter einen heftigen Angriff gegen die preußische Zensur.[12] Gleichzeitig aber sprach er in diesem Aufsatz und in seinen Briefen von einer väterlichen Regierung in Preußen, einem Vertrauensverhältnis zwischen Fürst und Volk und einer verhältnismäßig großzügigen Kommunalgesetzgebung.[13] Diese Auffassung überrascht, wenn man sie mit Chamissos Urteilen über die Restauration in Frankreich vergleicht; sie ist aber letztlich nur eine Folge seiner liberalen Illusionen. Getäuscht durch die Friedhofsruhe vor der Julirevolution, glaubte er, wie übrigens die Mehrzahl der preußischen Liberalen, an die Möglichkeit eines Ausgleichs zwischen Regierung und Opposition. In Preußen habe man nicht den großen Schritt einer Revolution getan wie in Frankreich, der durch die Restauration wieder zurückgenommen wurde, so argumen-

tierte er gegenüber dem Bruder und de La Foye, sondern man sei durch kleine Reformen zwar langsam, aber stetig vorangeschritten und habe damit eine Politik verfolgt, die früher oder später zu den notwendigen großen Reformen führen werde.
Als Botaniker fand Chamisso 1826 in der von Schlechtendal neugegründeten Zeitschrift „Linnaea. Ein Journal für die Botanik in ihrem ganzen Umfange" endlich die Möglichkeit, die während der Weltreise angelegte reichhaltige Pflanzensammlung wissenschaftlich auszuwerten. Einzelne Pflanzenfamilien hatte er befreundeten Fachgelehrten zur weiteren Bearbeitung überlassen. Den verbleibenden Teil beschrieb er nun fortlaufend unter dem Titel *De plantis in expeditione speculatoria Romanzoffiana observatis* ...[14] (Über die auf der Romanzoffschen Forschungsreise beobachteten Pflanzen). Schlechtendal schrieb dazu: „... mit dem regsten Eifer ging er daran, seine Pflanzen mit Muße zu bearbeiten, um sie gleich nach ihrer Bearbeitung zu veröffentlichen. Die unbekannten Pflanzen der öffentlichen Sammlungen ... wurden der Bearbeitung angeschlossen, und so entstand in der Linnaea jene Folge von Aufsätzen, welche familienweise die uns vorliegenden Pflanzen zu betrachten, zu bestimmen, und durch Beschreibungen, zuweilen auch durch Abbildungen allgemein kenntlich darzustellen bestimmt waren. Die nordischen Pflanzen wurden hier ziemlich vollständig, bis auf die Gräser und Halbgräser, abgehandelt."[15]
Die bis zum Jahre 1835 reichende Aufsatzreihe kann als Chamissos wissenschaftliches Hauptwerk angesehen werden.[16] Seine botanischen Publikationen umfassen – ohne das bereits erwähnte „volksbotanische" Buch – „1950 Druckseiten Beschreibungen von bis dahin teils neuen, teils unvollständig wiedergegebenen oder sonst wenig bekannten Pflanzenarten"[17].
1828 nahm Chamisso an der 7. Versammlung Deutscher Naturforscher und Ärzte teil. Er hielt am 18. September einen Vortrag in der Botanischen Abteilung über Lichtentwicklung bei einigen Pflanzen und am 25. September in einer gemeinsamen Sitzung des Berliner Vereins für allgemeine Erdkunde mit der Astronomisch-geographischen Abteilung über polarische Erd- und Quellentemperatur sowie über das Grundeis.[18] Ansonsten verlief sein Leben in den

gleichen ruhigen Bahnen wie vor der Reise nach Paris. Er widmete sich seiner Familie (sie wuchs durch die Geburt zweier Mädchen 1827 und 1829 auf sechs Personen an), mied die Salons, verkehrte aber regelmäßig in der von Hitzig 1824 gegründeten „Mittwochsgesellschaft", einer literarischen Vereinigung, die ihre Mitglieder mit den neuesten Erscheinungen der Weltliteratur bekannt machen und zum Meinungsaustausch darüber anregen sollte. Fouqué, Varnhagen, Contessa, Alexis, Eichendorff, Immermann, Raupach, Wilhelm Müller und andere gehörten ihr zeitweilig an; Achim von Arnim und A. W. Schlegel nahmen als Gäste an den Veranstaltungen teil, auch Ludwig Börne, der freilich am 12. Februar 1828 an Jeanette Wohl schrieb: „Ich wurde dort mit einem Strome von Komplimenten überschwemmt, hatte aber Langeweile."[19]

Wenn in der „Mittwochsgesellschaft" vornehmlich Werke der Weltliteratur vorgetragen und besprochen wurden, unter anderem spanische, französische, englische, italienische und russische Neuerscheinungen, geschah das in bewußter Anlehnung an Goethes Ausspruch: „Nationalliteratur will jetzt nicht viel besagen, die Epoche der Weltliteratur ist an der Zeit, und jeder muß dazu wirken, diese Epoche zu beschleunigen."[20] Goethe unterstützte von Weimar aus diese Bemühungen, indem er zum Beispiel in einem Brief an Hitzig auf die Bedeutung der französischen Literatur hinwies, „die sich nicht einen Augenblick von Leben und Leidenschaften der ganzen Nation abtrennt"[21]. Für die alljährlich von der Gesellschaft begangene Feier seines Geburtstages, wozu auch Chamisso Gedichte beisteuerte, dankte er 1830 mit der Übersendung von Thomas Carlyles „Leben Schillers".

Das uneingeschränkte Bekenntnis der „Mittwochsgesellschaft" zu dem großen Weimaraner war in einer Zeit der heftigsten Goethefeindschaft, als Wolfgang Menzel das Werk des Dichters als „undeutsch" und „unsittlich" bekämpfte, Börne sich gegen dessen vermeintliche politische Indifferenz wandte, Heine und später die Jungdeutschen sich auf der Grundlage einer neuen aktivistischen Literaturkonzeption mit Goethes Dichtung kritisch auseinandersetzten, mehr als nur ein literarisches Programm: Sie verehrten Goethe entsprechend ihrer eigenen Haltung als Repräsentanten einer „zeitlosen", die politischen Tageskämpfe ignorierenden Kunst. Nach der Julirevolution standen sie denn auch mit wenigen Ausnahmen im Lager der Konservativen, weshalb die Dichter der jungen Generation, unter anderen Karl Gutzkow und Heinrich Laube, die Sitzungen der „Mittwochsgesellschaft" mieden.

Von dieser Atmosphäre war auch Chamisso zeitweilig beeinflußt, wenngleich kaum in seinem eigenen Schaffen. An Varnhagens Schwester schrieb er 1827: *Ich spiele in der neuen Literatur nicht mit, und der Zeitungsschaum bespült nicht meinen Strand. Ich ziehe alte Freunde, Shakespeare, Uhland, Goethe, neueren Bekanntschaften in der Regel vor...*[22] Seine späteren harten Urteile über die Jungdeutschen und seine widersprüchliche Haltung gegenüber den französischen Romantikern, denen er stofflich manche Anregung verdankt, sind in diesem Zusammenhang zu sehen. Dennoch bekannte er sich zu keiner der literarischen Parteien. *Ich habe Goethe nicht angebetet, aber doch immer für besser als Menzel gehalten,* heißt es in einem Brief an den Verleger Reimer.[23] Er verhehlte auch in der „Mittwochsgesellschaft" nicht seine liberale Gesinnung und setzte sich dort für Béranger und später auch für Heine ein.

Xavier Marmier, ein junger französischer Literat, hatte Chamissos Béranger-Vortrag in der literarischen Gesellschaft beigewohnt, ohne den Dichter zu kennen. Er schrieb dazu in der „Revue de Paris": „Ein Mann erhob sich und las Verse von Béranger. Er hatte eine hohe Stirn; ausdrucksvolle Augen und langes, auf die Schultern fallendes weißes Haar gaben seinem Gesicht ein eigentümlich ernstes und edles Aussehen. Während er vortrug, bemerkte ich, daß sein Akzent weniger hart war als gewöhnlich bei den Deutschen, daß er unseren Vers gut genug beherrschte, um ihn durch seine unterschiedliche Betonung fühlbar werden zu lassen ..."[24]

Diesem Dichter, der keine drei Sätze sprechen konnte, ohne den geborenen Franzosen zu verleugnen, gelangen jetzt, angeregt durch die literarischen Zusammenkünfte, die ersten jener volkstümlichen Lieder und Balladen, auf die sich sein Ruhm als deutscher Dichter gründet. 1827 wagte er sich mit einer Auswahl im Anhang zur zweiten Auflage des *Peter Schlemihl* auch an die Öffentlichkeit, ohne Ambitionen und ohne Hoffnung auf ein breiteres Echo. *Daß ich kein Dichter war und bin, ist eingesehen, aber das schließt den Sinn nicht aus, und nicht die Fähigkeit ein Lied zu singen, wenn im Leben einmal die Lust erwacht,* schrieb er nach Hamburg.[25] Das Publikum war anderer Meinung. Es sparte nicht, überrascht von der Neuartigkeit des Tones und der Thematik, mit Anerkennung, so daß er im Juni 1828, noch ein wenig verwundert, an de La Foye schreiben konnte: *Ich bin bei der Botanik und bei den Musen. Was man sich in der Jugend wünscht, hat man im Alter die Fülle; ich glaube fast, ich sei ein Dichter Deutschlands.*[26]

Die thematische Weite, der Formenreichtum und die verschiedenartigen, oft gegensätzlichen Stimmungen und Haltungen in den nach 1825 entstandenen Gedichten Chamissos sind in der Tat überraschend. Er besingt das beschauliche Dasein im Kreise der Familie und die Ehe, aber auch das Leben der Indianer, der wilden Gebirgsvölker Europas und als erster in Deutschland die Eisenbahn als Boten einer kommenden Zeit. Gemütvoll-humorige Verserzählungen stehen neben aggressiven politischen und herben sozialen Gedichten, schlichte Lieder im Volkston neben dem kunstvoll gefügten, das grausige Vegetieren eines Schiffbrüchigen auf einer einsamen Insel breit ausmalenden Terzinengedicht *Salas y Gomez*. Das ist nicht alles von gleichem Wert, was Chamisso im Anhang zum *Peter Schlemihl* und einigen Berliner Tageszeitungen der Öffentlichkeit vorlegte; man spürt hier und da noch das Ringen mit der Sprache, erkennt dort die Vorbilder, an die er sich anlehnt; doch Gedichte wie *Das Schloß Boncourt,* in dem er im Tone der Spätromantik mit gelassenem bürgerlichem Selbstbewußtsein von dem verlorenen Stammsitz seiner Väter Abschied nimmt, gehören zu den besten lyrischen Leistungen seiner Zeit:

Ich träum als Kind mich zurücke,
Und schüttle mein greises Haupt;
Wie sucht ihr mich heim, ihr Bilder,
Die lang ich vergessen geglaubt?

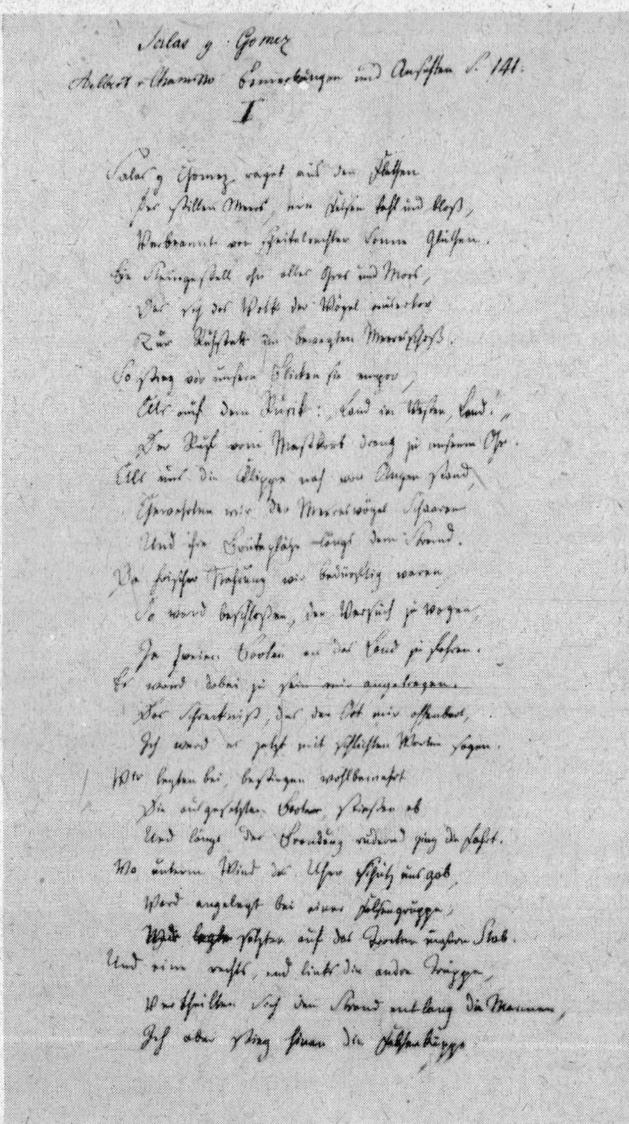

Handschrift Chamissos zu „Salas y Gomez“

Hoch ragt aus schattgen Gehegen
Ein schimmerndes Schloß hervor,
Ich kenne die Türme, die Zinnen,
Die steinerne Brücke, das Tor.

Es schauen vom Wappenschilde
Die Löwen so traulich mich an,
Ich grüße die alten Bekannten
Und eile den Burghof hinan.

Dort liegt die Sphinx am Brunnen,
Dort grünt der Feigenbaum,
Dort, hinter diesen Fenstern,
Verträumt ich den ersten Traum.

Ich tret in die Burgkapelle
Und suche des Ahnherrn Grab,
Dort ists, dort hängt vom Pfeiler
Das alte Gewaffen herab.

Noch lesen umflort die Augen
Die Züge der Inschrift nicht,
Wie hell durch die bunten Scheiben
Das Licht darüber auch bricht.

So stehst du, o Schloß meiner Väter,
Mir treu und fest in dem Sinn,
Und bist von der Erde verschwunden,
Der Pflug geht über dich hin.

Sei fruchtbar, o teurer Boden,
Ich segne dich mild und gerührt,
Und segn ihn zwiefach, wer immer
Den Pflug nun über dich führt.

Ich aber will auf mich raffen,
Mein Saitenspiel in der Hand,
Die Weiten der Erde durchschweifen,
Und singen von Land zu Land.[27]

Neu sind an diesem Gedicht bei aller Abhängigkeit von der Spätromantik die Gegenständlichkeit der Schilderung und die dem Ganzen zugrunde liegende unromantische Haltung des Dichters. Die Erinnerung an die Vergangenheit ist nicht Anlaß zur rückwärts gewandten Sehnsucht oder zu elegischer Klage um das Verlorene; sie schließt das Bekenntnis zur gegenwärtigen sozialen Wirklichkeit ein. Noch deutlicher kommt das in den ironisierenden Schlußstrophen des 1827 entstandenen Gedichts *Laß ruhn die Toten* zum Ausdruck, das im Tone Eichendorffs von versunkenen Schlössern im Waldesdunkel und den dort schlummernden *Mächtgen der alten Zeit* erzählt:

Was kommst du bei nächtlicher Weile
Durchwühlen das alte Gestein?
Und förderst herauf aus den Gräbern –
Nur Staub und Totengebein!

Unmächtiger Sohn der Stunde,
Das ist der Zeiten Lauf.
Laß ruhn, laß ruhn die Toten,
Du weckst sie mit Klagen nicht auf.[28]

Die hier zu beobachtende Ablösung von den Ideen der Romantik, die sich freilich noch weitgehend im Rahmen der spätromantischen Formen vollzieht, ist in fast allen späteren Gedichten Chamissos nachzuweisen. Selbst ein so typisch romantisches, von Chamisso schon vor der Weltreise verwendetes Motiv wie die nächtliche Begegnung und Auseinandersetzung eines heimkehrenden Zechers mit seinem zweiten Ich, seinem Doppelgänger, wird in dem Terzinengedicht *Erscheinung* zwar in seiner ganzen Unheimlichkeit gestaltet (Anklänge an E. T. A. Hoffmann sind nicht zu überhören), durch eine moralisierende Schlußwendung aber wieder völlig unromantisch in den Bereich des Didaktischen gerückt.
Ausgesprochen lyrische, aus dem eigenen Erleben erwachsene Gedichte wie *Das Schloß Boncourt* sind selten in dieser Sammlung wie überhaupt im Werk Chamissos. Meist waren es literarische Vorlagen, bekannte Stoffe aus der Weltliteratur, die den Dichter zu eigenen Schöpfungen anregten,

Adelbert von Chamisso. Radierung von Franz Kugler. 1828

etwa die Märchen der Brüder Grimm, malaiische, litauische, russische Volkslieder, manchmal auch Zeitungsnachrichten. Dem entspricht die Neigung Chamissos, seinen Gedichten lyrisch ausdrucksstarke Begebenheiten zugrunde zu legen. *Erzählt deutlich!* schrieb er einem jungen Dichter. *Jedem Liede müßte als Novelle die Begebenheit nacherzählt werden können, die ihm zum Grunde liegt, – Persönlichkeiten, Örtlichkeiten und Tatbestand müssen daraus klar hervorgehen...*[29]

Diese Vorliebe für ausdrucksstarke Begebenheiten, das Streben nach Klarheit und Gegenständlichkeit, zur sachlichen Erfassung der empirischen Wirklichkeit, drängten den Dichter zu lyrisch-epischen Kompositionen, zur Ballade und zum erzählenden Terzinengedicht. Ob er behaglich humorvoll die Geschichte von Abdallah und den achtzig Kamelen aus „Tausendundeine Nacht“ erzählt oder Episoden aus dem Freiheitskampf der Griechen gestaltet, den Tod eines Räubers nach Motiven von Delavigne besingt oder sich mit der Gestalt Napoleons auseinandersetzt, fast immer eignet diesen Gedichten „etwas gelassen Episches, geschmiedet Objektives"[30], wird mit knappen Dialogen und prägnanten Milieuschilderungen der gewählte Vorgang zur bildhaften Darstellung gebracht, zum Beispiel in den Eingangsstrophen der Ballade *Die Sonne bringt es an den Tag*:

Gemächlich in der Werkstatt saß
Zum Frühtrunk Meister Nikolas,
Die junge Hausfrau schenkt' ihm ein,
Es war im heitern Sonnenschein. –
Die Sonne bringt es an den Tag.

Die Sonne blinkt von der Schale Rand,
Malt zitternde Kringeln an die Wand,
Und wie den Schein er ins Auge faßt,
So spricht er für sich, indem er erblaßt:
Du bringst es doch nicht an den Tag.

Wer nicht? was nicht? die Frau fragt gleich,
Was stierst du so an? was wirst du so bleich?
Und er darauf: sei still, nur still;
Ichs doch nicht sagen kann, noch will.
Die Sonne bringts nicht an den Tag.[31]

Chamisso führte in den nach 1826 entstandenen Balladen den volkstümlichen Romanzentypus weiter, wie ihn die Romantiker, vornehmlich Ludwig Uhland, gepflegt hatten. In dem Gedicht *Der Waldmann* und der weichlichen Ballade *Herzog Huldreich und Beatrix* sind diese Vorbilder deutlich zu erkennen. Was Chamisso jedoch von Uhland unterscheidet, sind das Streben nach sozialer Motivierung der menschlichen Handlungen selbst in den historisierenden Gedichten, die Hinwendung zu Themen aus der Alltagswirklichkeit und die Neigung zu krassen Situationsschilderungen, die in manchen Fällen ins Sentimentale abgleiten, zum Beispiel in der Ballade *Die Löwenbraut* und einigen seiner Griechengedichte. Die soziale Motivierung des balladesken Geschehens weist auf Bürger und die Balladendichtung des Sturm und Drang, aber auch der Bänkelsang und das volkstümliche Zeitungslied haben in dieser Hinsicht auf Chamisso gewirkt, zum Beispiel in der Ballade *Vergeltung*, wo ein Henker den Verführer seiner Tochter, einen Grafen, mit einem Brandmal zeichnet. Durchaus eigentümlich wird indes in diesem Gedicht das grausige Geschehen durch einen eingefügten Monolog des Henkers auf die politische Situation der Gegenwart bezogen:

Ja, die Mächtgen, die Beglückten,
Ja, die Götter dieser Erden!
Ihnen muß der Unterdrückten
Sühnend Blut geopfert werden;
Rein von Blut sind ihre Hände,
Das Gesetz verlangt die Spende,
Wie der Richter selber spricht;
Ich, Verworfner, brings zu Ende,
Ob das Herz darob mir bricht.

Recht und Freiheit! rufen wollte
Dieser noch, da scholl der dumpfe
Trommelschlag, – ein Wink, – es rollte
Schnell sein Haupt, getrennt vom Rumpfe.[32]

Wenn Chamisso nach 1825 in einigen seiner Gedichte „in ganz neue Tonarten überging", wie Heinrich Heine schrieb, so geschah das unter dem Eindruck der Lieder Pierre-Jean de Bérangers, eines der wirksamsten und populärsten französischen Dichter zwischen 1820 und 1850. Während des Kaiserreichs hatte der mutige Chansonnier den Despoten Napoleon verspottet; unter den Bourbons besang er den gestürzten Imperator als Volkskaiser und Bezwinger der wieder mächtig gewordenen Fürsten der Heiligen Allianz. Seine oft nur handschriftlich verbreiteten, witzigen Chansons wurden von der Polizei verfolgt, doch vom gesamten demokratischen Frankreich gesungen. Nach der Revolution von 1830, zu deren Gelingen Béranger mit seinen politischen Liedern beigetragen hatte, schrieb er hauptsächlich bittere soziale Gedichte, die grundlegend wurden für die soziale Lyrik des 19. Jahrhunderts. Goethe hat Béranger außerordentlich geschätzt und sich nur lobend über ihn ausgesprochen, zum Beispiel in dem Gespräch mit Eckermann am 14. März 1830: „Seine Lieder haben jahraus jahrein Mil-

Pierre-Jean
de Béranger

lionen froher Menschen gemacht; sie sind durchaus mundrecht auch für die arbeitende Klasse, während sie sich über das Niveau des Gewöhnlichen so sehr erheben, daß das Volk im Umgange mit diesen anmutigen Geistern gewöhnt und genötiget wird, selbst edler und besser zu denken."[33]
Chamisso hatte in Paris die unmittelbare Wirkung der Lieder Bérangers erleben können. Er bewunderte ihren Witz, ihre gesunde Sinnlichkeit und Volksverbundenheit. Nach Berlin zurückgekehrt, versuchte er durch die Aktualisierung anschaulicher, volkstümlicher Situationen, die oft in der Form des Rollenliedes dargeboten werden, die Bevorzugung sangbarer Strophenformen und die häufige Verwendung eines einprägsamen, pointierten Refrains als einer der ersten in Deutschland die Schaffensprinzipien des französischen Chansonniers auf die deutsche Dichtung zu übertragen, ohne freilich die Differenziertheit und geschliffene Eleganz seines Vorbildes zu erreichen. Die mit scharfem gallischem Humor gewürzten Lieder *Polterabend* und *Der Frau Base kluger Rat* aus dieser Zeit weisen zum Beispiel in ihrer Anlage unübersehbar auf Béranger.

Vor allem wurde Chamisso durch den politischen Dichter Béranger angezogen, der von sich sagte: „Das Volk ist meine Muse“, der *mit unbarmherzigem Hohn* – so heißt es im Vorwort zu Chamissos späterer Béranger-Übersetzung – *die Abtrünnigen des Kaisertums, den wiederauftauchenden Spuk des vermorschten Lehnwesens, die Höflinge, die Jesuiten, den hab- und herrschsüchtigen Klerus* verfolgt.[34] Unter seinem Einfluß schrieb Chamisso jetzt Gedichte, die thematisch Bezug auf die großen politischen und sozialen Fragen der Zeit nahmen und durch ihre Anschaulichkeit und populäre Formgebung vorbildlich wurden für die politische Lyrik des Vormärz. In dem 1826 geschriebenen *Nachtwächterlied* legte er, angeregt durch Bérangers Gedicht „Les Missionaires“, der vertrauten, schon als rückständig empfundenen Gestalt des deutschen Nachtwächters das Programm der französischen Ultramontanen in den Mund und verwandelte so das alte deutsche Stundenlied in ein ironisches Spottlied auf die französische Restauration:

Hört, ihr Herrn, und laßt euch sagen,
Was die Glocke hat geschlagen:
Geht nach Haus und wahrt das Licht,
Daß dem Staat kein Schaden geschicht.
Lobt die Jesuiten!

Hört, ihr Herrn, wir brauchen heute
Gute, nicht gelehrte Leute,
Seid ihr einmal doch gelehrt,
Sorgt, daß keiner es erfährt.
Lobt die Jesuiten!

Hört, ihr Herrn, so soll es werden:
Gott im Himmel, wir auf Erden,
Und der König absolut,
Wenn er unsern Willen tut.
Lobt die Jesuiten![35]

Mit diesem Lied gab Chamisso den Auftakt für die politische Lyrik der dreißiger und vierziger Jahre in Deutschland; unter anderen haben Franz Dingelstedt, Heinrich Heine und Hoffmann von Fallersleben das Nachtwächter-

motiv aufgegriffen und in der von Chamisso geprägten Bedeutung verwandt.
In dem 1827 entstandenen Gedicht *Der Invalid im Irrenhaus* steigert sich die Ironie zur aggressiven Anklage:

Leipzig, Leipzig! arger Boden,
Schmach für Unbill schafftest du.
Freiheit! hieß es, vorwärts, vorwärts!
Trankst mein rotes Blut, wozu?

Freiheit! rief ich, vorwärts, vorwärts!
Was ein Tor nicht alles glaubt!
Und von schwerem Säbelstreiche
Ward gespalten mir das Haupt.

Und ich lag, und abwärts wälzte
Unheilschwanger sich die Schlacht,
Über mich und über Leichen
Sank die kalte, finstre Nacht.

Aufgewacht zu grausen Schmerzen,
Brennt die Wunde mehr und mehr;
Und ich liege hier gebunden,
Grimmge Wächter um mich her.

Schrei ich wütend noch nach Freiheit,
Nach dem bluterkauften Glück,
Peitscht der Wächter mit der Peitsche
Mich in schnöde Ruh zurück.[36]

Chamisso verwendet hier abermals ein vorgeprägtes, in der deutschen und französischen Literatur der Restaurationsepoche oft gestaltetes Motiv: das Elend des abgedankten Soldaten, der sich angesichts der tatenarmen Gegenwart an die ruhmvolle Zeit der Befreiungskriege bzw. der Napoleonischen Feldzüge erinnert. Bérangers Grenadiere und sein vieux sergeant, Heines Tambourmajor und die Kaisergrenadiere Vitry und Chassecœur in Grabbes Napoleondrama gehören in diesen Zusammenhang. In Chamissos Gedicht wird das Motiv mit einer krassen, ironischen Realistik behandelt, wie sie zwar bei Béranger in gewisser Hinsicht vorgebildet, in der deutschen Lyrik der zwanziger Jahre aber noch nirgends zu finden ist. Der bei Leipzig verwundete Freiheitskämpfer endet infolge seiner Kriegsverletzung im Irrenhaus. Sein Ruf nach Freiheit, mit dem er einst den Feind aus dem Lande jagte, seine Sehnsucht nach dem *bluterkauften Glück* werden jetzt, fünfzehn Jahre nach der Völkerschlacht, als Wahnsinn ausgelegt und mit der Peitsche bestraft. Mit dieser drastischen Situation, deren Wirkung durch krasse Wortfügungen noch unterstrichen wird, gab Chamisso ein treffendes Bild der unmittelbaren Zeitsituation in Deutschland; denn das Elend des um seine Hoffnungen betrogenen Freiheitskämpfers war kein Einzelfall; es betraf das Schicksal einer ganzen Nation. In der deutschen Lyrik der zwanziger und dreißiger Jahre ist dieses Thema oft gestaltet worden, unter anderen von Uhland, Heine und Julius Mosen, kaum jedoch mit solcher Schärfe und Konsequenz.

Die gattungsgeschichtliche Bedeutung von Chamissos politischer Lyrik ist erst dann richtig zu würdigen, wenn man einen Blick auf die Situation der Lyrik in den zwanziger Jahren wirft. Während in Frankreich, Rußland und England Dichter wie Béranger, Rylejew, Byron zu den großen politischen Problemen Stellung nahmen, war in Deutschland nach 1820 die politische Begeisterung der Befreiungskriege und der Burschenschaftsbewegung unter dem Druck der Reaktion einer allgemeinen Resignation gewichen. Man flüchtete sich in die Idylle oder in eine idealisierte Vergangenheit, um den politischen Problemen der Gegenwart aus dem Wege zu gehen. Eine seichte Unterhaltungsliteratur, pseudoromantische Almanache und Taschenbücher wie Claurens „Vergißmeinnicht", in denen biedermeierlich-philiströse Gedichte dominierten, beherrschten den literarischen Markt. Die Lyrik des jungen Heine ist mit ihrer ironischen Grundstimmung gegen diese gedrückt-spießige Atmosphäre gerichtet. Sie enthält jedoch noch kaum direkte politische Anspielungen. Ansätze zu einer oppositionellen politischen Dichtung zeigten sich lediglich in der poetischen Anteilnahme am Freiheitskampf des griechischen Volkes; doch war die politische Aussage der in den zwanziger Jahren zahlreich entstandenen Griechenlieder meist sehr abstrakt und nur in einigen Gedichten Wilhelm

Müllers auf die politische Situation in Deutschland bezogen.

In dieser Umgebung nimmt Chamissos politische Lyrik durch ihre vom französischen Liberalismus beeinflußte Thematik, ihre ironische Aggressivität und ihre an Béranger geschulte Popularität eine isolierte Stellung ein. Das betrifft auch seine gleichzeitig entstandene soziale Dichtung. Die 1829 unter dem Einfluß von Bérangers Lied „Le vieux vagabond" geschriebene Ballade *Der Bettler und sein Hund* ist zeitlich die erste sozialkritische Ballade des deutschen Vormärz:

Drei Taler erlegen für meinen Hund!
So schlage das Wetter mich gleich in den Grund!
Was denken die Herrn von der Polizei?
Was soll nun wieder die Schinderei?

Ich bin ein alter, ein kranker Mann,
Der keinen Groschen verdienen kann;
Ich habe nicht Geld, ich habe nicht Brot,
Ich lebe ja nur von Hunger und Not.

...

Es geht zur Neige mit uns zwein,
Es muß, mein Tier, geschieden sein;
Du bist, wie ich, nun alt und krank,
Ich soll dich ersäufen, das ist der Dank!

Das ist der Dank, das ist der Lohn!
Dir gehts, wie manchem Erdensohn.
Zum Teufel! ich war bei mancher Schlacht,
Den Henker hab ich noch nicht gemacht.[37]

Der Bettler stürzt sich selbst ins Wasser, weil er die Steuer nicht entrichten kann und seinen Hund, den einzigen Freund, der ihm geblieben, nicht zu ertränken vermag. Das Ganze wird in einem weitgespannten, einer balladesken Handlung nur wenig Raum lassenden lyrischen Monolog vorgetragen, der den Leser unmittelbar ansprechen soll, wobei Chamisso, um Mitgefühl für seinen Helden zu erregen, nicht vor Sentimentalismen und krassen Effekten zurückschreckt. So berichtet er den Vorgang des Selbstmordes mit rücksichtsloser Offenheit. Worte aus einer bisher kaum für poetisch gehaltenen Sprachschicht (z. B. Köter, Schinderei, verrecken), volkstümliche Wendungen *(So schlage das Wetter mich gleich in den Grund)* und monoton wiederkehrende Fügungen verleihen der Ballade einen eigentümlich herben, fast schrillen Ton.

Das war neu für die deutsche Dichtung. In dem 1826 entstandenen Gedicht *Die Giftmischerin* rechtfertigt die Heldin, eine zum Tode verurteilte Mörderin, ihr Vergehen mit dem Hinweis auf die Moral der vornehmen Gesellschaft:

Ich führte Krieg, wie jeder tut und soll,
Gen feindliche Gewalten.
Ich tat nur eben, was ihr alle tut,
Nur besser; drum, begehret ihr mein Blut.
So tut ihr gut.

Es sinnt Gewalt und List nur dies Geschlecht;
Was will, was soll, was heißet denn das Recht?
Hast du die Macht, du hast das Recht auf Erden.
Selbstsüchtig schuf der Stärkre das Gesetz,
Ein Schlächterbeil zugleich und Fangenetz
Für Schwächere zu werden.
Der Herrschaft Zauber aber ist das Geld:
Ich weiß mir Beßres nichts auf dieser Welt
Als Gift und Geld.[38]

Solche Gedankengänge wird man vergebens in der zeitgenössischen deutschen Lyrik suchen. Sie richten sich allerdings noch nicht ausschließlich gegen die bürgerliche Gesellschaft, sondern gegen die Herrschenden schlechthin. So ist Chamissos Bettler das Opfer einer einzelnen, innerhalb der gegebenen Verhältnisse korrigierbaren Polizeimaßnahme,[39] während Béranger, vertraut mit den Ideen des französischen utopischen Sozialismus, eine ganze Gesellschaftsordnung, vornehmlich aber die Reichen für das Schicksal seines alten Vagabunden verantwortlich macht. Chamisso appelliert nur an das Mitleid des Lesers, deshalb die rührende Situation, in die er seinen Helden stellt. Dennoch hat er in diesen sozialen Gedichten eine wesentliche

Chamisso. Nach einer Zeichnung von Rietschel

Epochenproblematik erfaßt und gültig gestaltet. Erst in den vierziger Jahren, als sich auch in Deutschland die sozialen Gegensätze zuspitzten, wurden diese Thematik und die von Chamisso ausgebildete Form der sozialen Ballade, dann jedoch mit ganz anderer Intensität, von Heine, Weerth, Herwegh und Freiligrath wiederaufgegriffen.
Bei der zeitgenössischen Kritik stieß Chamisso mit den sozialen Gedichten auf wenig Verständnis. *Nie haben die Rezensenten ... ein größeres Geschrei gegen mich erhoben als bei Gelegenheit des Bettlers und sein Hund,* schrieb er 1832 verärgert an Gustav Schwab.[40] Der Literaturpapst Wolfgang Menzel

nannte die Ballade im Stuttgarter „Morgenblatt" eine „widrig peinigende Mordgeschichte".[41] Der Dichter hielt sie dagegen für eines seiner besten Gedichte, weil der Bettler lebendig aufs Papier gekommen sei, so, wie er ihn in sich getragen habe.

Während Chamisso als Lyriker allgemeine Anerkennung fand, so daß eine zweite Auflage seiner Gedichte notwendig wurde, blieb ihm der angestrebte Erfolg als Dramatiker versagt. Im Frühjahr 1825 vollendete er *Die Wunderkur*, ein einaktiges Lustspiel in Versen zur Verspottung der Mesmerschen Theorie von der angeblich heilenden Wirkung des tierischen Magnetismus, deren Anwendung als Suggestivtherapie im Berlin der Restaurationszeit zu einer heftig umstrittenen Modeerscheinung geworden war. Chamisso hatte damit ein durchaus aktuelles Thema aufgegriffen, doch blieb er bei der Wahl der Personen und der recht dürftigen, kaum Zeitbezüge bietenden Handlung – ein Graf Maximilian glaubt, er sei von dem Bauern Nikolaus aus Hohenflüh durch eine magnetische Kur von seiner Taubheit geheilt worden, was zu allerlei Mißverständnissen und schließlich zur Entlarvung des Wundermannes führt – dem konventionellen Lustspielschema verpflichtet. Das Stück wurde von Ludwig Devrient im Mai 1825 in Potsdam, Charlottenburg und im Königlichen Schauspielhaus Berlin ohne Namensnennung des Verfassers auf die Bühne gebracht, vom Publikum aber zu Recht abgelehnt; denn die Anlage des Ganzen ist völlig undramatisch, die Tendenz aufgesetzt und die Komik wenig zwingend. Das 1829 entstandene Prosalustspiel *Der Wunderdoktor* ist durch die enge Anlehnung an Molières Komödie „Le médecin malgré lui" dramatisch wirksamer. Wieder wird der Mesmerismus als Aberglauben und Volksbetrug verspottet, indem ein einfältiger Holzschläger wider Willen zum Wunderarzt avanciert. Am 5. November 1829 fand die erste Leseprobe am Königstädtischen Theater statt, doch kam es nicht zur Aufführung, da Chamisso das Stück nach einer Meinungsverschiedenheit mit dem Direktor zurückzog. Der Dichter war selbstkritisch genug, den Druck der Stücke später zu untersagen.

Die Julirevolution

Ende Juli 1830 erzwang das Volk von Paris als Antwort auf die Versuche Karls X. und seines erzreaktionären Ministers Polignac, das Wahlrecht und die Pressefreiheit zu beschränken, die Abdankung des Königs und pflanzte die dreifarbige Fahne der Revolution auf die Tuilerien. Louis Philippe, der „Bürgerkönig", bestieg den Thron von Frankreich. Als die Nachricht von diesen Ereignissen über den Rhein drang, war mit einem Schlage die politische Passivität des deutschen Bürgertums verflogen. Das Volk von Paris hatte bewiesen, daß es möglich war, die bestehenden Verhältnisse auf revolutionärem Wege zu ändern. Varnhagen von Ense berichtet, daß man in den Straßen Berlins nur noch freudige Gesichter sah und in den Kaffeehäusern und Lesekabinetten sich „die eifrigste Volksgesinnung" aussprach: „Die französischen Zeitungen werden auf den Kaffeehäusern vorgelesen, mit gewaltigem Eindruck, die Zuhörer bezeigen oft allgemein ihren Beifall, Offiziere, Kaufleute, Studenten usw. Die bittern Scherze des Figaro werden mit Wohlgefallen wiederholt. Graf Oriola erzählte mir mit Unwillen, er habe selbst in einer Gruppe gestanden, wo man alle Vorgänge von Paris ganz vortrefflich gefunden. Die Ultra's wüten ..."[1] In Sachsen, Hessen, Braunschweig und den süddeutschen Kleinstaaten kam es zu Unruhen unter der Bevölkerung. Man knüpfte in ganz Deutschland an die Julirevolution die Hoffnung auf eine Zeitenwende und nahm die politische Bevormundung von seiten der Reaktion nicht mehr als eine Selbstverständlichkeit hin.

Im Gefolge der Julirevolution und der revolutionären Ereignisse in ganz Europa entwickelte sich in Deutschland eine breite Strömung politisch-engagierter Lyrik, die unmittelbar zu den Julitagen, vor allem aber zum polnischen Freiheitskampf Stellung nahm, um damit die eigenen nationalen Wünsche und Hoffnungen zum Ausdruck zu bringen. August von Platen, der in den zwanziger Jahren nach Italien emigriert war, schrieb die Ode „An Karl den Zehnten" und rief in dem lyrischen „Aufruf an die Deutschen" zur Erhebung gegen das „Regime der Metternich und Nessel-

Die Julirevolution. Gemälde von Delacroix, Paris, Louvre

rode“ auf. In Berlin wurde Wilhelm Wackernagel wegen des an sich harmlosen Gedichts „Drei Tage und drei Farben“ aus dem preußischen Justizdienst entlassen. In Württemberg, wo noch die Traditionen der Verfassungskämpfe lebendig waren, schrieben Paul und Gustav Pfizer Gedichte mit betont linksliberalen Tendenzen. In ganz Deutschland erschienen Polengedichte. Selbst in Österreich meldete sich 1831 mit den „Spaziergängen eines Wiener Poeten“ von Anastasius Grün eine liberale politische Dichtung zu Wort.

Auch Chamisso wurde durch die Pariser Julitage zu einer an ihm nicht gewohnten, „lauten freudigen Begeisterung“ hingerissen. Er eilte, so wie er am Schreibtisch gesessen hatte, in Pantoffeln und ohne Hut, zu seinem Freunde Hitzig und überreichte ihm das Extrablatt der Staatszeitung, „triumphierend ob seiner Voraussicht und über die Haltung der Pariser, die ihm, wie Unzähligen, im glänzendsten Lichte erschienen“[2]. An de La Foye schrieb er am 18. August: *Europa, die Welt ist für eine Revolution und jauchzt Euch zu. – Mich haben die Dinge sehr erschüttert, ich komme erst allmählich wieder in meine Ruhe und habe zum Beweis dessen schon heut ein großes Gedicht über Eure Geschichten fertig gemacht. Da mich einmal Deutschland für einen Dichter gelten läßt, darf ich wohl als ein solcher die Stimme erschallen lassen.*[3] An den Bruder und an den Freund richtete er die dringende Bitte, ihn mit Augenzeugenberichten zu versorgen: *Briefe, ich bitte Dich um einen Brief, daß ich sehen könne, wie sich das alles in der Nähe ausnimmt.*[4] Am 2. September 1830 erschien in der Berliner Zeitung „Der Freimütige" ein Bericht über die Vorgänge in Paris, der bis auf wenige Änderungen wörtlich mit einem Brief seines Bruders Hippolyte übereinstimmt und höchstwahrscheinlich vom Dichter selbst übersetzt wurde.[5]

Das im Brief an de La Foye erwähnte Gedicht zur Julirevolution ist die Terzinendichtung *Memento*, ein böses „Abschiedsgedicht" auf Karl X. Der entthronte Herrscher wird als ruheloser Wanderer gezeigt, mit besudeltem Purpur und dem Kainszeichen auf der Stirn, vom Volke zum dritten und letzten Male aus dem Lande gejagt:

„Zerriß er den Vertrag doch selbst, da galt
Es nur, das Fest der Freiheit zu erneuen;
Er stand allein und drohte mit Gewalt!"

Die Stimmen nur von wenigen Getreuen
Erheben sich, die, vor den freudgen Scharen,
Sich seinen Stern nicht zu betrauern scheuen,

Die Stimmen derer, muß er nun erfahren,
Die er verstieß mit Unbill und mit Schmach,
Weil Toren nicht, weil Knechte nicht sie waren. –

Und solchem Bilde sinnt der Dichter nach,
Verstummt, von Gunst und Mißgunst gleich entfernt;
Er sinnt und weint, sein Saitenspiel zerbrach.
Ihr Mächtigen der Erde! schaut und lernt![6]

Hier sind im wesentlichen Chamissos Ansichten zur Julirevolution zusammengefaßt. Der Aufstand des Volkes war rechtmäßig und notwendig, weil der König durch die Juli-

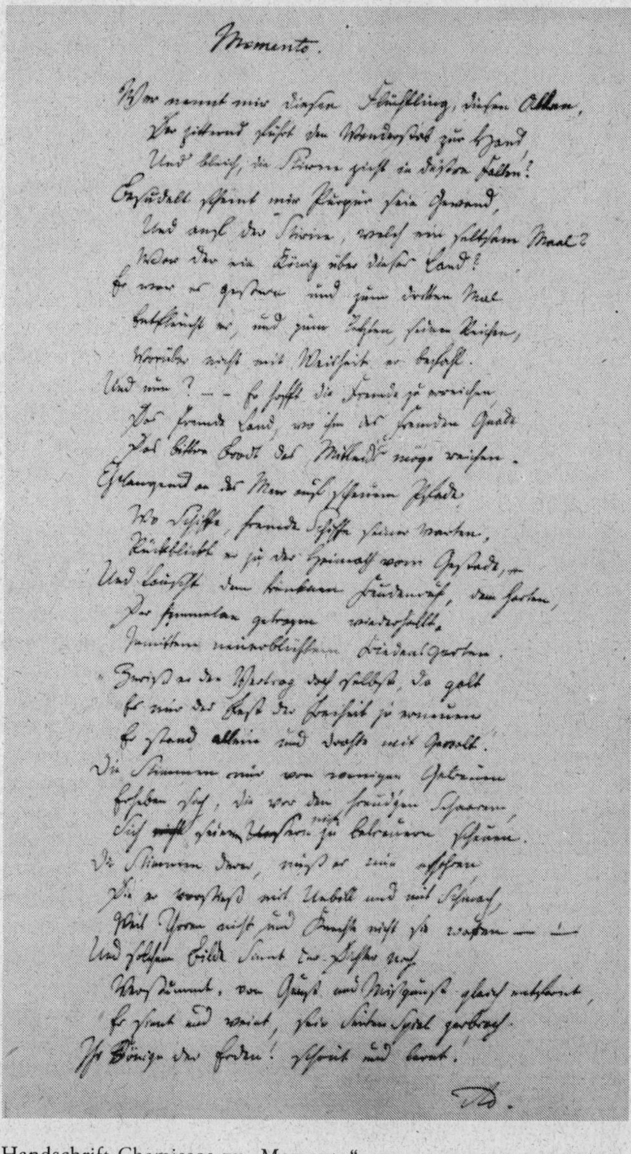

Handschrift Chamissos zu „Memento“

ordonnanzen die Verfassung und damit den Vertrag mit dem Volke verletzt hat. Die drei Tage von Paris bedeuten den Anbruch einer neuen Zeit. Die Könige können nicht mehr unbeschränkt über ihre Völker herrschen; sie sind von der öffentlichen Meinung abhängig und müssen sich ihr anpassen.

Im Rausche der ersten Begeisterung erschien der „Bürgerkönig" dem Dichter als ein alter Römer, seine Regierung als der Ausdruck des allgemeinen Volkswillens. Er sah nicht, daß die Herrschaft der Bankiers an die Stelle der Adelsherrschaft getreten war, was schon nach kurzer Zeit offenkundig wurde, nicht die neuen Widersprüche innerhalb der bürgerlichen Gesellschaft, auf die Ludwig Börne in seinen „Briefen aus Paris" beständig hinwies („Der Krieg der Armen gegen die Reichen hat begonnen"[7]). Sein Bruder Hippolyte hat hier aus reaktionärer Sicht viel klarer geurteilt, indem er die untersten Schichten der Bevölkerung als künftige Gefahr für die Julimonarchie bezeichnete und den sozialen Charakter des Lyoner Seidenweberaufstandes vom November 1831 betonte. Chamisso, nur als Zeitungsleser mit den Ereignissen vertraut, bagatellisierte die Erhebung. Sie wird in sich selbst zusammenfallen, wenn die Regierung dem Volke die nötigen Freiheiten läßt und dafür sorgt, daß auch der Arbeiter sich satt essen kann. Erst nach 1832, nachdem die blutig niedergeschlagenen Aufstände der Republikaner keinen Zweifel mehr ließen, daß der König sein Versprechen, den Thron mit republikanischen Institutionen zu umgeben, nicht erfüllt hatte, wich seine Begeisterung der Erkenntnis, daß das Volk um die Früchte seines Sieges betrogen worden war.[8]

Die 1834 entstandene Terzinendichtung *Der Republikaner zu Paris am 7. August 1830* zeigt die veränderte Haltung gegenüber der Julimonarchie. Es ist keine ursprüngliche Schöpfung, wie so oft bei Chamisso, sondern eine freie Bearbeitung des Gedichtes „Hermann und Alfred" von Victor Strauß. Chamisso übernahm die Begebenheit der Vorlage (ein Republikaner tötet im Gewühl des Kampfes vorsätzlich den auf der Gegenseite stehenden adligen Freund), vertiefte sie aber, indem er den sozialen Hintergrund der Tragödie schärfer herausarbeitete und dem Ganzen durch eine aktualisierende Schlußpointe eine tragische Wendung gab:

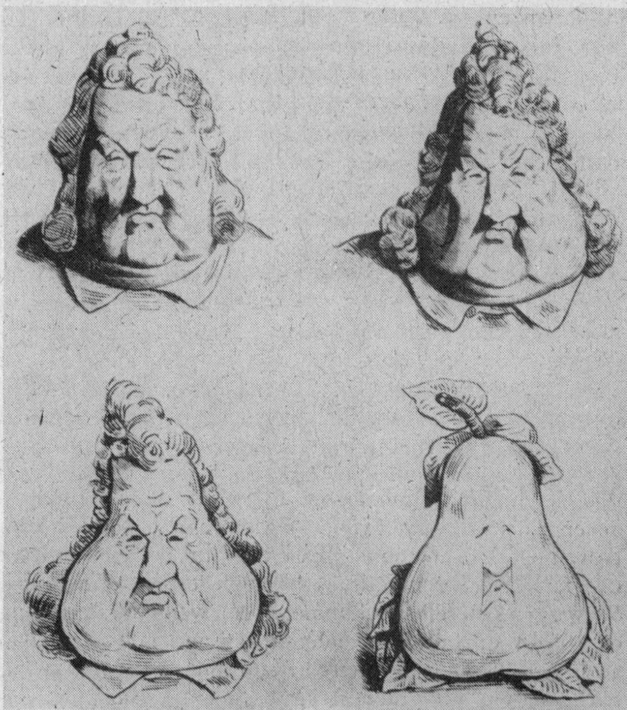

Die Birne. Karikatur auf Louis Philippe

Ich sah, wie nicht die Willkür sich entblöde,
Die gleichgebornen Menschen doch in Klassen
Zu teilen, diesem huldreich, jenem schnöde;

Ich sah sie Ketten schmieden, durfte hassen;
Tyrannenhaß war meines Herzens Schlag
Und widerhallte mir aus allen Massen.[9]

In die Überlegungen des Republikaners über die Notwendigkeit seines Handelns als Opfer für die Freiheit des Volkes ertönt der Ruf: *Hoch lebe der König der Franzosen!* Seine Tat hat damit ihren Sinn und ihre Berechtigung verloren. Der teuer erkaufte Sieg hat nicht die von ihm ersehnte Freiheit gebracht, sondern nur einen neuen König.

Ähnlich wie die Julirevolution bewegte den Dichter der Aufstand des polnischen Volkes gegen die zaristische Fremdherrschaft. *Polnisch sind wir und ganz Deutschland und die ganze Welt gesinnt und enthousiastisch* ..., schrieb er 1831 nach Frankreich.[10] Er stimmte aber nicht, wie Platen, Lenau, Grillparzer, Uhland und wie man es auch von ihm erwartete, in den allgemeinen Chor der Polendichter ein. Diese Zurückhaltung hatte ästhetische Ursachen. Am 3. Juni 1831 schrieb er dem Verleger Reimer: *Was mich betrifft, voller Bewunderung und kaum aufatmend den Ereignissen folgend, fühle ich mich doch ohne Beruf zu reden, und kein einzelnes, abgegrenztes poetisches Bild ist noch für mich aus diesem wogenden Meere hervorgetaucht.*[11]

Dennoch leistete auch Chamisso 1831 einen indirekten Beitrag zu diesem Thema in dem zweiteiligen Terzinengedicht *Die Verbannten*, angeregt durch das Poem „Woinarowski" des 1826 wegen Teilnahme am Petersburger Dekabristenaufstand hingerichteten Dichters Rylejew und das Schicksal seines nach Sibirien verbannten Mitverschworenen Bestujew.

Chamisso lernte das russische Gedicht durch eine Übersetzung seines Freundes Adolph Erman kennen, der auf einer Reise durch Sibirien um 1830 in Jakutsk mit Bestujew zusammengetroffen war, ähnlich wie in Rylejews Poem der deutsche Gelehrte Gerhard Friedrich Müller mit dem verbannten Verschwörer Woinarowski, einem Kampfgenossen Mazeppas beim Aufstand gegen Peter I. Dieser Parallelfall, ein *abgegrenztes, poetisches Bild,* wie es der Dichter suchte, mußte ihn zur Nachdichtung reizen; denn es kam noch eine weitere Entsprechung hinzu: die Verbannung der geschlagenen polnischen Freiheitskämpfer nach Sibirien. Chamisso straffte die Vorlage erheblich, tilgte unter anderem das komplizierte Problem des Verrats, um den Helden ausschließlich als Kämpfer für die Freiheit, seine Verbannung als einen Willkürakt des Zaren erscheinen zu lassen. Unterstrichen wird diese antizaristische Note durch das erst von Chamisso eingeführte Motiv der Vergeltung:

> *„Was wir geträumt, noch war es nicht beschlossen;*
> *Laß eine Zeit noch laden Schuld auf Schuld,*
> *Sich dehnen und entkräften den Kolossen;*

Umfassen eine halbe Welt – Geduld!
Im Spiegelschein der Sonnen eitel schimmern,
Das Herz von Übermut geschwellt – Geduld!

Ihn wird der Zorn des Himmels doch zertrümmern.
Gott heißt Vergeltung in der Weltgeschichte
Und läßt die Saat der Sünde nicht verkümmern.“[12]

An den Verleger Reimer schrieb Chamisso zu diesem Gedicht: *Der Russe muß vieles für mich verantworten, woran er schwerlich gedacht hat, obgleich er mit Pestel aufgehängt worden ist.*[13]

In dem zweiten, Bestujew gewidmeten Terzinengedicht wird der Gedanke der Vergeltung wieder aufgegriffen. Bestujew erscheint als vom Schicksal ungebrochener Mann, der weiß, daß ein kommendes Geschlecht den mißglückten Aufstand der Dekabristen siegreich beenden wird:

Ich bin Bestujeff, welchen viele Zungen
Relejeffs Mitverschworenen genannt,
Dem er sein hohes Schwanenlied gesungen;

Das Lied von Woinarowski, wo entbrannt
Für Freiheit er sein Heiligstes gegeben,
Weil, scheint es, er sein Los vorausgekannt.

Noch hallt das Lied, zur Nachwelt wird es schweben,
Er aber hat das Blutgerüst bestiegen;
Ich muß ihn zu Jakutzk noch überleben!

Dein Woinarowski sah dich unterliegen,
O mein Mazeppa, und bewahrt dein Wort
In seines Herzens Schreine goldgediegen.

Du andrer Müller stehst am selben Ort,
Um wieder gleiche Bilder zu betrachten,
Die nimm du im Gedächtnis mit dir fort;

Und wenn die guten Götter heim dich brachten,
So gib den Stoff dem Dichter zum Gedicht;
Er leb im Lied, den sie zu töten dachten.

Das wird der andre Sang, der letzte nicht;
Heil aber, dem der dritte vorbehalten!
Der dritte heißt Vergeltung und Gericht.[14]

Die Überzeugung Chamissos, daß die Menschheit am Beginn einer Zeitenwende steht, spricht in Form von Anspielungen auf die politische Situation der Gegenwart aus fast allen Gedichten dieser Periode. War der Anfang 1830 geschriebene Zyklus *Frauen-Liebe und Leben* noch ausschließlich dem privaten Bereich vorbehalten, so bezieht der ähnlich angelegte Zyklus *Lebens-Lieder und Bilder* aus dem Jahre 1831 die großen Ereignisse der Weltpolitik, die Freiheitskriege und die Julirevolution, in den dargestellten Entwicklungsweg junger Menschen mit ein:

Bricht selbstverschuldet Unheil auf ein Land,
Und krächzet mahnend links am Weg der Rabe,
Wird ihm verderblich seine Sehergabe,
Ihm gibt des Unheils Schuld der Unverstand.

Es hob sich wider mich der Toren Zunft,
Sie stürmten auf mich ein, mich zu zerreißen;
Ich, Rabe, schrie: die schwangre Zeit will kreißen! –
Nun bebt die Welt bei ihrer Niederkunft.

Das haben ja die Kinder schon gewußt,
Und jene haben doch das Wort gesprochen;
Nun ist der Tag des Blutes angebrochen;
Mit Erz umgürte sich jedwede Brust.[15]

Der Hinweis auf die Juliordonnanzen ist unverkennbar, auch wenn Chamisso nur eine fiktive Situation gestaltet, die nicht eindeutig auf bestimmte äußere Ereignisse festzulegen ist. Dieser Bezug auf die Gegenwart wird von Chamisso selbst dann hergestellt, wenn er gemütvoll-behaglich deutsche Volkssagen nach Motiven der Brüder Grimm erzählt. In den 1831 entstandenen Balladen *Die versunkene Burg* und *Die Männer im Zoptenberg* bricht über die schuldigen Mächtigen dieser Erde das verdiente Strafgericht herein. Der Birnbaum auf dem Walserfeld wird in der gleichnamigen Ballade zum Symbol für die im Umbruch begriffene fortschreitende Zeit, die berühmte Anekdote der Weiber von Weinsberg zum Anlaß genommen, auf das gebrochene Verfassungsversprechen der deutschen Fürsten hinzuweisen:

Die Sage schallt herüber aus halbvergeßner Zeit.
Im Jahr eilfhundertvierzig, wie ichs verzeichnet fand,
Galt Königswort noch heilig im deutschen Vaterland.[16]

Die Aufstände in den süd- und westdeutschen Kleinstaaten und das Anwachsen der bürgerlichen Oppositionsbewegung hatte Chamisso wegen ihrer geringen Folgen nicht ernst genommen. Als es Mitte September 1830 auch in der preußischen Hauptstadt zu mehrtägigen Unruhen unter den Schneidergesellen kam, verspottete er die „petite Révolution" von Berlin in dem boshaften Chanson *Kleidermacher-Mut*:

Und als die Schneider revoltiert, –
Courage! Courage!
So haben gar grausam sie massakriert
Und stolz am Ende parlamentiert:
Herr König, das sollst du uns schwören.

Und drei Bedingungen wollen wir stelln: –
Courage! Courage!
Schaff ab, zum ersten, die Schneider-Mamselln,
Die das Brod verkürzt uns Schneider-Geselln;
Herr König, das sollst du uns schwören.

Die brennende Pfeife, zum andern, sei –
Courage! Courage!
Zum höchsten Ärger der Polizei,
Auf offener Straße uns Schneidern frei;
Herr König, das sollst du uns schwören.

Das dritte, Herr König, noch wissen wirs nicht –
Courage! Courage!
Doch bleibt es das Beste an der ganzen Geschicht,
Wir bestehn auch darauf bis ans Jüngste Gericht;
Das dritte, das sollst du uns schwören.[17]

Chamissos Spott richtet sich hier vor allem gegen die politische Ziellosigkeit der Schneiderrevolte. Er war aber auch der Meinung, daß zumindest für Preußen kein Anlaß für eine Revolution gegeben sei. Tatsächlich hatte die Julirevolution in Preußen nur ein geringes Echo ausgelöst und in Berlin sogar den royalistischen Patriotismus der Beamten und Militärs verstärkt.[18] Chamisso begründete diese relative Ruhe, die nicht zuletzt auf die straffen Polizeimaßnahmen der Regierung zurückzuführen war, noch immer mit der gemäßigten Politik Friedrich Wilhelms III.: *Wir haben eine väterliche Regierung,* schrieb er 1831 an de La Foye, *Liebe und Zutrauen zu dem Oberhaupte, und in Zeiten der Gefahr hat der Instinkt alle um den Thron versammelt, da ringsher sich alle gegen ihre Regierungen verbündeten ... Es mangelt uns wohl noch manches, aber wir haben Zutrauen und Geduld, und wir leben in der Hoffnung, daß auch das Mangelnde sich gestalten werde.*[19]

Diese Äußerung, die man durch andere Zitate ergänzen könnte, läßt erkennen, daß die Julirevolution den alternden Dichter zwar tief bewegte, aber nicht mehr zu einer neuen Aktivität, zu einer grundlegenden Wandlung seiner politischen Ansichten führte, wie das bei den Dichtern der jungen Generation, bei Heine, Büchner und den Jungdeutschen der Fall war. Heinrich Heine hatte nach den Julitagen bekannt: „Fort ist meine Sehnsucht nach Ruhe. Ich weiß jetzt wieder, was ich will, was ich soll, was ich muß ... Ich bin der Sohn der Revolution und greife wieder zu den gefeiten Waffen, worüber meine Mutter ihren Zaubersegen ausgesprochen ..."[20] Chamisso verharrte auf der einmal eingenommenen gemäßigt-liberalen Position der zwanziger Jahre. Er bekannte sich zum „linken Zentrum" in Frankreich (centre gauche), zur Fraktion Royer-Collards, die für eine konstitutionelle Monarchie nach englischem Muster eintrat.

Sein Verhältnis zu den politischen Parteien in Frankreich hat Chamisso im Briefwechsel mit dem Bruder genau fixiert. Er sympathisierte mit einigen Zielen der Republikaner, lehnte sie aber insgesamt ab, weil sie nach seiner Meinung *unzeitige Forderungen* stellten. Die Zukunft wird, das war seine Überzeugung, der bürgerlichen Tüchtigkeit, mithin der Republik gehören. Man solle aber auf dem Wege dorthin nichts überstürzen, nichts mit Gewalt durchsetzen wollen, was sich später, wenn die Zeit dafür reif sei, ohne Blutvergießen erreichen lasse. Die Republikaner waren für ihn das notwendige Element der Bewegung, das die Regierenden zwingt, vorwärts zu gehen, die Royalisten das Gegengewicht, das sie hindert, zu weit vorzudringen. Da sich beide Parteien durch ihre gegensätzlichen Ziele paralysierten, wäre es ein Fehler, eine von beiden zu verbieten; denn dann würde das Gleichgewicht gestört und die Ordnung und Sicherheit im Staate gefährdet.

Das Vorbild des englischen Parlamentarismus scheint hier deutlich durch. Ebenso wird erkennbar, daß Chamisso die Kraft der Republikaner unterschätzte, denen sich seit dem Aufstand von Lyon und den Julikämpfen des Jahres 1832 eine neue Klasse angeschlossen hatte, die nicht mehr nur das Bürgerkönigtum, sondern die bürgerliche Ordnung schlechthin, die Macht der Besitzenden bedrohte. Hippolyte wurde nicht müde, den Bruder auf diese Gefahr für die Julimonarchie aufmerksam zu machen, auf die Tätigkeit der Geheimgesellschaften, in denen Danton und Robespierre verherrlicht wurden, auf die Wirksamkeit der Saint-Simonisten, zu deren Anhängern hauptsächlich junge Leute und Arbeiter aus den Pariser Vororten zählten. Chamisso antwortete wieder mit den gleichen Argumenten wie 1831; er

Sturm auf die Konstablerwache zu Frankfurt (Main) 1833

vertraute auf die bürgerliche Ordnung und glaubte nicht, daß die revolutionären Geheimbünde Anklang im Volk finden würden.[21]

Noch entschiedener sprach sich Chamisso gegen die demokratisch-republikanische Bewegung in Deutschland aus, die während des Hambacher Festes am 27. Mai zu ihrer ersten großen Demonstration angetreten war. Er sah darin eine aus Frankreich importierte, für deutsche Verhältnisse aber nicht angemessene Bewegung. Eine revolutionäre Situation, wie sie 1830 in Frankreich bestanden habe, könne man nicht künstlich erzeugen; man habe durch die unzeitige Forderung nach einer deutschen Republik nur die scharfen Gegenmaßnahmen des Deutschen Bundes ausgelöst.[22] Die Repressalien der deutschen Regierungen nach dem Hambacher Fest und dem Frankfurter Wachensturm gegen die Universitäten und das Junge Deutschland verurteilte er jedoch mit gleicher Entschiedenheit als engstirnige Dummheit der deutschen Fürsten.[23]

Aus all dem geht hervor, daß Chamisso weder ein bürgerlicher Demokrat war, wie es in einigen neueren Arbeiten heißt, noch revolutionär-demokratische Ansichten vertreten hat, dazu fehlte ihm jede Verbindung zur politischen Praxis in Deutschland und Frankreich. Er war aber ein engagierter liberaler Bürger, das hat er in seiner Dichtung unumwunden zum Ausdruck gebracht. Nach 1832 haben seine politischen Gedichte allerdings nicht mehr jenen aggressiv-ironischen Ton der zwanziger Jahre. In dem Terzinengedicht *Die Ruine* versinnbildlicht zum Beispiel eine Traumvision die Unaufhaltbarkeit der fortschreitenden Zeit. Im Schutze der Finsternis rüsten sich Herrscher mit wurmstichigen Kronen, Ritter mit verrosteten Schwertern, Priester in zerschlissenen Kutten zum Kampfe gegen das Licht des Fortschritts; doch beim ersten Schein des Tages zerfällt der Spuk der Vergangenheit in modernden Staub.

Mit diesen Gedichten blieb Chamisso in einer Zeit des politischen Aufschwungs in Deutschland, als nach dem Hambacher Fest die Forderung einer einheitlichen Republik auf der Tagesordnung stand, hinter der allgemeinen Entwicklung zurück. August von Platen erhob zum Beispiel in seinen politischen Oden und den 1831/32 entstandenen Polenliedern die schärfsten Anklagen gegen den zaristischen

Zug der Studenten zum Hambacher Schloß am 27. Mai 1832

Despotismus und das reaktionäre Preußentum. Heinrich Heine und Georg Büchner traten in ihren publizistischen Schriften für eine revolutionär-demokratische Lösung der nationalen und sozialen Frage in Deutschland ein. Auch in der Lyrik, in den Gedichten Harro Harrings, Wilhelm Sauerweins und anderen, zeigten sich nach dem Hambacher Fest Ansätze zu einer revolutionär-demokratischen Dichtung, die unter dem Motto „Fürsten zum Land hinaus" zum unmittelbaren Handeln aufrief.[24] Im Unterschied dazu wollen Chamissos späte Gedichte keine politischen Leidenschaften erregen, vielmehr an die Vernunft appellieren, um einer Revolution, die Chamisso auch nach 1830 nur als letztes Mittel des Volkes anerkannte, vorzubeugen. Der preußischen Zensur war das beständige Mahnen des Dichters zu einem maßvollen Fortschritt verdächtig genug, selbst harmlosen Gelegenheitsgedichten das Imprimatur zu verweigern, weshalb Chamisso seine Gedichte meist in Leipzig erscheinen ließ. Als politischer Dichter war er dennoch mit dieser gemäßigten Haltung zwischen die Parteien geraten. Er hat das selbst empfunden und für diese Situation in dem 1833 entstandenen Gedicht *Der alte Sänger* ein treffendes Bild gefunden. Mit seinem beständigen Mahnen zum politischen Maßhalten *(Nichts unzeitig! nichts gewaltsam!)* und zum gesunden Fortschritt *(Vorwärts; vorwärts! kühn vor allem!)* findet der *sonderbare Greise* weder auf den Märkten und Gassen noch in den Palästen Gehör. Von der ungeduldig vorwärtsdrängenden Menge gesteinigt und den beharrenden Herrschenden in den Turm geworfen, singt der Alte weiter seine Weise: *Bin, der in die Wüste schreit.*[25]

Der Herausgeber des Deutschen Musenalmanachs

Die Zeitung wird emsig gelesen; die Zeit teilt sich zwischen Botanik und Poesie, und ich stehe auf jeglichem Fuß ziemlich fest; ich habe weder Ehrenämter noch Bänder, noch übergroßen Anteil an dem Budget, aber ich werde von meinen Pairs vollgültig anerkannt ..., schrieb der einundfünfzigjährige Chamisso, als Dichter und Wissenschaftler auf der Höhe seiner Schaffenskraft, im Juni 1832 an de La Foye.[1] Er hatte nach der Berufung von Schlechtendal nach Halle allein die Verantwortung am Schöneberger Herbarium übernommen. Durchreisende Fachgelehrte sprachen ihm ihre Anerkennung über seine botanischen, zoologischen und ethnographischen Veröffentlichungen aus. Mit Botanikern in ganz Europa unterhielt er eine rege Korrespondenz, darunter mit Gelehrten vom Range eines Nees von Esenbeck, Louis-Albert Necker de Saussure oder Augustin-Pyramus de Candolle. Im Oktober wurde er Vater eines vierten Sohnes, Anlaß für ihn, mit selbstbewußtem Stolz auf das Erreichte zurückzublicken:

Als so ich schrie, wie du nun schreist, die Zeiten waren
Nicht so, wie sie geworden sind,
Geduld, Geduld! und kommst du erst zu meinen Jahren,
So wird es wieder anders, Kind!
Da legten sie mit gläubgem Sinn, zu mir, dem Knaben,
Des Vaters Wappenschild und Schwert;
Mein Erbe wars, und hatte noch und sollte haben
Auf alle Zeiten guten Wert.
Ich bin ergraut, die alte Zeit ist abgelaufen,
Mein Erb ist worden eitel Rauch.
Ich mußte, was ich hab und bin, mir selbst erkaufen,
Und du, mein Sohn, das wirst du auch.[2]

Die zuversichtliche Stimmung hielt nicht lange an. Antonie kränkelte; alle Symptome wiesen auf ein ernstes Lungenleiden. Er selbst litt seit dem Sommer 1833 unter Hustenanfällen und einer chronischen Entzündung der Bronchien, die ihn im Winter 1834/35 häufig ans Bett fesselte, so daß er

Chamisso

die Arbeit am *Tagebuch* der *Reise um die Welt* nur mühsam vollenden konnte. Genugtuung bereitete ihm aber sein wachsender Ruhm als deutscher Dichter.

1831 war im Weidmannschen Verlag eine Gesamtausgabe von Chamissos Gedichten erschienen und hatte sofort einen ungewöhnlichen Erfolg gehabt. *Das Volk singt meine Lieder, man singt sie in den Salons, die Komponisten reißen sich danach, die Jungen deklamieren sie in den Schulen, mein Porträt erscheint nach Goethe, Tieck und Schlegel als das vierte in der Reihe*

der gleichzeitigen deutschen Dichter ..., konnte er 1832 nach Frankreich schreiben.[3] Seine Gedichte fanden Widerhall, weil sie einmal in der Tradition des deutschen Volksliedes und der Volksballade standen, zugleich aber auch wesentliche Tendenzen der modernen französischen Literatur anklingen ließen,[4] weil aus jeder Zeile – und das fesselt oft mehr als die mitunter biedere, fast nüchterne poetische Diktion vieler Gedichte – die gütige, imponierende Persönlichkeit des Dichters spricht. Wenn Chamisso im Vorwort zur Béranger-Übersetzung von dem französischen Dichter sagt: *Gesinnung und Charakter sind eben die Wurzeln seiner Poesie, ohne dieselben würde er nur ein Mann von Talent sein,*[5] trifft das in hohem Maße auf seine eigene Kunst zu.
Chamissos Gesinnung und Charakter, die Wirkung seiner Persönlichkeit waren es, die ihm gleichermaßen die Achtung Heinrich Heines, der schwäbischen Schule wie der Österreicher, besonders aber die Verehrung der jüngeren Generation sicherten. Ferdinand Freiligrath schrieb 1836 an Georg Reimer: „Wenn es jemanden gibt, der Chamisso liebt und ehrt, der durch sein Leben wie durch seine Dichtungen begeistert und zu eignem Schaffen hingerissen worden ist, so bin ich's ..."[6] In Berlin hatte sich ein Kreis junger Dichter, darunter Franz von Gaudy, Karl Simrock, Wilhelm Wakkernagel, Karl von Holtei und Gustav Schöll, um ihn geschart, die ihn als Lehrer und Meister anerkannten. Gustav Schöll schildert in einem Brief an Gustav Schwab die Wirkung, die Chamissos faszinierende Persönlichkeit auf ihn ausübte: „Er war immer, was er war, mit Leib und Seele, und war immer ein eifriger, fleißiger Dienstmann von Ideen. Hat ihn eine, so kann er fast nichts anderes mehr denken. Dieses Beherrschte in seinem Wesen, daß er von einer höheren Macht getrieben und erschüttert und immer bewegt ist, drückt sich auch in Blick, Stimme, Sprache, körperlicher Bewegung sichtbar aus. Bei seiner Größe, Hagerkeit, aufrechten, ernsten Haltung, seinen langen ergrauten Locken macht jeder solcher Blitz des Auges, jedes Zucken des Arms einen um so stärkeren Eindruck."[7] Ähnlich beeindruckt war der junge dänische Dichter Hans Christian Andersen, für den 1831 die Begegnung mit Chamisso zum Höhepunkt seiner Reise durch Nord- und Süddeutschland wurde. Chamisso war der erste, der Andersen ins Deutsche

Ferdinand Freiligrath

übersetzte und durch eine Besprechung seiner Gedichte im Stuttgarter „Morgenblatt für gebildete Stände" der deutschen Öffentlichkeit vorstellte.
Durch die allgemeine Achtung, die man ihm zollte, und das Bemühen, als Mittler zwischen der an Goethe, Uhland und den Romantikern geschulten älteren und der von Heine angeführten jüngeren Generation zu wirken, war Chamisso wie kaum ein zweiter zum Redakteur des in den dreißiger Jahren repräsentativen Deutschen Musenalmanachs geeignet. Die lyrischen Musenalmanache hatten noch um die Jahrhundertwende in Deutschland eine bedeutsame Rolle gespielt; um 1830 waren sie dagegen längst durch die weniger anspruchsvollen, Lyrik und Prosa mischenden Taschenbücher und Damenkalender verdrängt worden. 1828 versuchten die Verleger Georg Reimer und Salomon Hirzel mit dem Leipziger Musenalmanach wieder an die Traditionen der Göttinger und Schillerschen Almanache anzuknüpfen, ohne damit über eine regionale Bedeutung hinauszugelangen. Erst als 1832 Chamisso und der Stuttgarter Dichter

Gustav Schwab die Redaktion übernahmen, erhielt das Unternehmen, jetzt unter dem Namen Deutscher Musenalmanach, noch einmal für wenige Jahre eine erstrangige Bedeutung für die deutsche Lyrik der dreißiger Jahre, obwohl die Auflagenhöhe nie mehr als fünfhundert Exemplare betrug.

Am 14. April 1832 erläuterte Chamisso gegenüber Gustav Schwab sein Redaktionsprogramm: *Ich denke und hoffe, daß auch in diesem Büchlein die Zeit in ihrem ernsten politischen Sinne sich abspiegeln und die öffentliche Meinung sich auch im Liede Luft*

Hans Christian Andersen

Gustav Schwab

machen werde. Ist sie doch in meinen eigenen Gedichten, unbewußt und ungesucht, oft genug erschallt. Ich bin aber der Meinung, daß wir als Herausgeber in dieser Hinsicht nichts zu tun haben, als eben keine politische Zensur in keinem Sinne auszuüben, und ich würde, dieses als Herausgeber zu bewähren, froh sein, daß eine Oppositionsstimme (ich nehme die Sache verkehrt, ich meine eine Stimme des Absolutismus und Obskurantismus) ein Lied anstimmte, das des poetischen Verdienstes genug besäße (was zu beurteilen unseres Amtes ist), um Aufnahme zu verdienen.[8]

Diese Absicht, den Almanach zu einem Forum der öffentlichen Meinung zu entwickeln, ließ sich schon unter dem Druck der offiziellen Zensur nicht verwirklichen, die seit 1833 die nach der Julirevolution aufgeblühte politische Dichtung fast ganz zum Verstummen gebracht hatte. Es gelang den Herausgebern aber, dem Unternehmen durch eine strenge Auswahl ein neues Gesicht und durch Beiträge von Goethe, Platen, Lenau, Eichendorff, Grün, Chamisso, Rükkert und Freiligrath Gewicht zu geben, so daß die Aufnahme in den Musenalmanach als eine Auszeichnung galt. Allerdings wurde in den Jahrgängen von 1833 bis 1839 auch ein Ballast dritt- und viertrangiger Gedichte mitgeschleppt, etwa die von Heine verspotteten Verse König Ludwigs von Bayern, die aus Gründen der Repräsentation unbesehen aufgenommen werden mußten. Politische Töne wurden nur von wenigen Dichtern angeschlagen (neben Chamisso vor allem von Platen, Grün, Gaudy und Hoffmann von Fallersleben). Der überwiegende Teil behandelte unverbindliche Themen, gestaltete exotische Motive, war Liebeslyrik und gab so insgesamt ein getreues Bild der lyrischen Situation in Deutschland am Ende der dreißiger Jahre.

Zwischen den beiden Redakteuren kam es bei anfänglich guter Zusammenarbeit bald zu erheblichen Differenzen, die nicht nur auf der Verschiedenheit ihrer Charaktere beruhten. Der politisch sehr gemäßigte, nicht weit über die Grenzen Schwabens hinausblickende Professor Gustav Schwab sah als Verfechter der spätromantischen Tradition in der Dichtung seines Landsmannes Ludwig Uhland das Nonplusultra aller Poesie, während der weltoffene Chamisso bei aller Verehrung für den schwäbischen Dichter der Lyrik der jungen Generation, vor allem der Dichtung Heines, seine Teilnahme nicht versagte und entsprechend bei der Auswahl der Gedichte verfuhr. Besonders Franz von Gaudy versuchte sich erfolgreich in der heineschen Manier, was Gustav Schwab in einem Brief an Freiligrath auf das bitterste beklagte: „Der Almanach ... macht mir viel Kummer, weil er mich in (natürlich nur ästhetische) Opposition mit meinem lieben Freunde Chamisso und seinen Adjutanten setzt. Diese haben leider ganz andere Geschmäcke als wir Schwaben ... Heinescher und jungdeutscher Teufelsdreck und berlinische (unerträgliche) Sophistik gefällt."[9]

Diese Feststellung Schwabs wird durch die Redaktionskorrespondenz bestätigt, nach der Chamisso immer dann für ein Gedicht eintrat, wenn es ein allgemeingültiges Problem behandelte, wenn es Geist und Witz des Verfassers zeigte, wenn es die Anteilnahme des Lesers erzwang. „Es muß angreifen! Es packt! ist seine erste, fast seine Hauptforderung", berichtet Gustav Schöll, sein zeitweiliger Redaktionsassistent.[10] Hinzu kam, daß Chamisso mehr als Schwab für die Förderung junger begabter Dichter eintrat, auch auf die Gefahr hin, das Niveau des Musenalmanachs zu beeinträchtigen. Ferdinand Freiligrath, für den sich Chamisso besonders einsetzte, wurde durch den Musenalmanach in die deutsche Literatur eingeführt, ebenso Immanuel Geibel, während die Gedichte des jungen Karl Marx und des Gymnasiasten Theodor Storm nicht die Gunst der Herausgeber errangen.[11]

Zum offenen Ausbruch kamen die Gegensätze, als die Verleger im November 1835 Heinrich Heine um ein Bild für den kommenden Musenalmanach baten. Chamisso war damit einverstanden; sein Stuttgarter Kollege faßte das jedoch als Affront gegen die schwäbische Schule und ihren Meister Ludwig Uhland auf, mit dessen Lyrik sich Heine kurz zuvor in der „Romantischen Schule“ kritisch auseinandergesetzt hatte. Schwab zog sich mit seinen Freunden Kerner, Mayer, Pfizer und Menzel für den Jahrgang 1837 vom Musenalmanach zurück. Ebenso handelten Lenau, König Ludwig und sein dichtender Minister Schenk.

Angesichts der Frankfurter Bundestagsbeschlüsse vom 10. Dezember 1835, die zum Verbot der Schriften Heines, Börnes und der Jungdeutschen geführt hatten, gab es für Chamisso und die liberalen Verleger kein Zurück. *Ich kann die Ansicht nicht teilen, welche Ihren Kreis und Sie selbst bestimmt hat*, schrieb er am 9. März 1836 an Gustav Schwab ... *Ich würde zu einem gemeinsamen Wirken meinen Namen zu Heines Namen nicht gesellen. Dazu bin ich zu sehr ein anderer Mensch. Aber er gilt mir für einen Dichter, wofür er Ihnen auch gilt, und darauf kommt es hier nur an. Was haben in der eingerissenen Art und Weise der scherzende Herr von Schlegel und Herr von Platen und andere vor Heine voraus, als einen Mangel an Witz, aus dem man ihnen doch kein Verdienst machen kann!*[12] Trotz seiner sehr angegriffenen Gesundheit (ein Kuraufenthalt in Bad Reinerz im Sommer 1835 hatte nur geringe Besserung gebracht) trug Chamisso allein die Verantwortung für den Jahrgang 1837, der durch vermehrte Beiträge von Eichendorff, Grün, Freiligrath und Hoffmann von Fallersleben im vollen Umfang erscheinen konnte. Heine rächte sich im „Schwabenspiegel“ und im „Testament“ auf seine Weise:

Ein treues Abbild von meinem Steiß
Vermach' ich der schwäbischen Schule; ich weiß,
Ihr wolltet mein Gesicht nicht haben,
Nun könnt ihr am Gegenteil euch laben.[13]

Chamisso hatte Heine höchstwahrscheinlich schon Anfang der zwanziger Jahre durch Varnhagen kennengelernt und seitdem den Weg des jungen Poeten mit großer Aufmerksamkeit verfolgt. Heine seinerseits hat den männlichen Charakter des Dichters und die Eigenart seiner Lyrik gleich hochgeschätzt und das mehrfach in seinen Werken zum Ausdruck gebracht. 1830, als Chamisso zum Kongreß der Naturforscher in Hamburg weilte, machte Heine „förmlich Jagd" auf den Dichter des *Peter Schlemihl.* Chamisso schrieb über diese Begegnung: *Wir hatten einander ein paar Stunden in einem Austernkeller, und ich war mit ihm wohl zufrieden. Daß er eine Macht in unserm literarischen Deutschland geworden, verhindert nicht, daß er mit sich sprechen lasse, und so tat ich es denn. Sein Gift nur seinen Feinden; mit unsereinem ist er ein guter Teufel ...*[14]

Chamisso bewunderte Heines poetische Gestaltungskraft und hatte auch an dessen politischen Satiren seine Freude. *Der ist wohl ein Dichter bis in die Fingerspitzen. Der erschafft Lebendiges, und wen er anrührt, tritt, Katze oder Mensch, aus dem Papier heraus und steht da dem Gespötte preis oder dem Beschaun.*[15] Im Streit Heine–Platen ergriff er in einem bisher nur teilweise veröffentlichten Brief an Trinius Partei für Heine, doch nicht ohne Vorbehalt gegenüber den taktischen Winkelzügen des in den literarischen Mitteln oft nicht bedenklichen jüngeren Dichters: *Heine in seinem 3ten Bande der Reisebilder (dieser ungezogene talentvolle Straßenjunge hatte keine Würde in die Schanze zu schlagen, und es war seines Amtes) hat dem Grafen gebührlich gedient. – Die Figuren, die er auftreten läßt, haben doch eine bewunderungswürdige Wahrheit und seine Situationen [?] eine vis comica, die nicht zu übertreffen. – Läge nur eine großartige Gesinnung, ein Charakter hinter diesem Talente, aber er verspottet, reißt nieder, negiert alles, was negiert werden kann, aufs artigste ... und das ist alles, was herverguckt.*[16]

Das ist nur scheinbar eine ausschließlich moralische Kritik. Vielmehr zeigt sich, daß Chamisso letztlich auch der politisch-weltanschaulichen Konzeption, die den Polemiken und publizistischen Schriften Heines zugrunde liegt, nicht zu folgen vermochte. Er teilte auch nicht Heines Auffassung vom Zuendegehen der Goetheschen Kunstperiode, sondern wollte, bei aller Aufgeschlossenheit gegenüber der neuen Literatur, die ethischen und ästhetischen Ideale der Aufklärung und Klassik bewahrt und fortgeführt wissen. Sein Verhältnis zu den Jungdeutschen konnte von dieser Position aus nur negativ sein, nicht nur, weil ihnen die dichterische Potenz eines Heine fehlte. In ihren Werken sah Chamisso *lediglich frevelndes Abbrechen und Abreißen ohne Neubau, ohne Plan und Aussicht,* eine Philosophie der Sittenlosigkeit, dargestellt an Papierfiguren ohne Fleisch und Blut.[17]

Dennoch war Chamisso der jungdeutschen Wirkungsstrategie stärker verpflichtet, als er sich eingestehen wollte. Er wandte sich zwar gegen den literarischen Journalismus eines Laube oder Gutzkow, die als freie Schriftsteller oder Zeitungsredakteure nur vom Ertrage ihrer Feder lebten, sich aber in ihrer literarischen Produktion zunehmend den Zwängen des kapitalistischen Literaturmarktes und den Forderungen des Tages anpassen mußten. Chamisso sah darin eine Gefahr für die Dichtung, die nach seiner Auffassung dem Feierabend Weihe verleihen, aber nicht dem Erwerb des Lebensunterhaltes dienen sollte. Zugleich aber hat er die neuen Publikationsmöglichkeiten der periodischen Presse sehr weitgehend genutzt, indem er seit 1826 den größten Teil seiner Gedichte zum Vorabdruck in Almanache, Zeitschriften und Tageszeitungen gab, die vornehmlich vom mittleren Bürgertum gelesen wurden. Auf dieses Publikum ist seine Lyrik bis in die Einzelheiten abgestimmt. Das zeigt sich in der Wahl der Stoffe aus der bürgerlichen Alltagswirklichkeit, die oft genug auf Zeitungsnachrichten zurückgehen, und der Aufnahme politischer Themen und Motive in seine Dichtung. Hier steht Chamisso mit seiner späten Lyrik der Literatur des Vormärz näher als der deutschen Romantik, zu der er oft noch als Nachzügler gerechnet wird.

Ähnliche Vorbehalte wie gegenüber den Jungdeutschen hatte der Dichter gegenüber der französischen Romantik, jener literarischen Richtung, die aus der deutschen Literatur der Klassik und Romantik wesentliche Anregungen empfangen, durch nationale Eigenheiten und ihre Verbundenheit mit den Zielen des liberalen Bürgertums jedoch eine durchaus eigenständige, mit der deutschen Romantik nicht zu vergleichende Entwicklung genommen hatte. In der Lyrik Chamissos äußert sich der Einfluß dieser Richtung in zahlreichen stofflichen Anklängen und Übernahmen, in der Verwendung von exotischen Motiven und grellen Farben. Er übersetzte Victor Hugos Gedicht „La Grand'mère" aus den „Nouvelles Odes", las das Drama „Cromwell" und äußerte sich danach lobend über das Vorwort, in dem der Dichter als ästhetisches Programm die Abkehr von der starren Regelmäßigkeit des klassischen französischen Dramas Corneilles und Racines und die Hinwendung zu Shakespeare, zur Buntheit und Vielfalt des Lebens verkündet hatte. In Chamissos Briefen finden sich trotzdem nur mäßiges Lob und weitgehend einschränkende Urteile über die junge Literatur jenseits des Rheins. Der Dichter begrüßte die Versuche der französischen Romantiker, die geheiligten Formen des Klassizismus zu zerbrechen, konstatierte aber, sie seien, vor allem im Drama, auf halbem Wege stehengeblieben und nicht zum Leben selbst vorgestoßen.[18]

Die hier vertretene Forderung nach Lebensechtheit der Dichtung war für Chamisso ein wesentliches Kriterium bei der Beurteilung fremder Werke und zugleich auch Prinzip seiner eigenen Dichtung, allerdings mit einer wesentlichen Einschränkung: soweit sich dies mit seinem Aufklärungsoptimismus vereinbaren ließ. In Victor Hugos Roman „Notre-Dame de Paris" fand er zum Beispiel jene von ihm proklamierte Lebenswahrheit, die er in dessen Dramen zu Recht vermißte. Aber er hat einen anderen Einwand: Das Werk als Ganzes erhebe nicht; es drücke nieder: ihm fehle die Religion, das heißt der Glaube an das Gute im Menschen, an die Perfectibilité.[19] Über die Romane Balzacs und Eugène Sues schrieb er an Andersen: *Zum Erschrecken durchschauende Blicke in die Verderbnis des menschlichen Herzens und der Gesellschaft, aber eine entgötterte Welt, eine Nacht, jenseits welcher keine Sonnen strahlen; der Satan von Milton schlägt mit Riesenschwingen das Nichts ...*[20] Balzacs schonungslose Darstellung der kapitalistischen Gesellschaft in Frankreich vertrug sich nicht mit

Chamissos liberalem Fortschrittsglauben, vor dessen kompromißlosem Realismus schreckte er zurück, während Béranger ihn hauptsächlich durch seine aufklärerische Grundhaltung angezogen und beeinflußt hatte. So hat denn auch weniger der große französische Gesellschaftsroman als die gleichzeitige exotische und abenteuerliche Novellistik auf die Dichtung Chamissos gewirkt, zum Beispiel Balzacs Novelle „El Verdugo" und Prosper Mérimées „Matéo Falcone".

Chamisso faßte die Redaktion des Musenalmanachs als eine hohe Mission auf. Er war der eigentliche Träger des Unternehmens, als Herausgeber und auch als Dichter. Er allein füllte in den zehn Jahrgängen 366 Seiten mit meist neu entstandenen Gedichten. 1831 erschien in dem noch von Amadeus Wendt herausgegebenen Musenalmanach *Frauen-Liebe und Leben*, jener berühmte Gedichtzyklus, der sich, gleich dem Zyklus *Lebens-Lieder und Bilder*, bis zum Ende des 19. Jahrhunderts einer außerordentlichen Beliebtheit erfreute, heute aber nur noch in Robert Schumanns genialer Vertonung lebendig ist. Erfolg und Vergessenwerden beruhen auf der Verklärung eines quasi Schillerschen Frauenideals, das die dienende Rolle der Frau, ihre Beschränkung auf die Sphäre des Häuslichen betont und damit weitgehend dem bürgerlichen Empfinden nicht nur der dreißiger Jahre entsprach, aber schon von den Romantikern und wieder von den Jungdeutschen als nicht mehr zeitgemäß angegriffen wurde. Der in dieser Hinsicht konservativen Haltung des Dichters entspricht die Häufung schon verbrauchter Reime *(An meinem Herzen, an meiner Brust, Du meine Wonne, du meine Lust)*; doch sind einzelne Strophen von tief empfundener Innigkeit.

Auffallend ist wieder die Bevorzugung des Epischen und daraus folgend die besonders häufige Verwendung von Terzinen, die durch ihren fortlaufenden Reim Chamissos Neigung zum Erzählen entgegenkamen. Von den zwischen 1830 und 1838 geschriebenen Gedichten sind der überwiegende Anteil Terzinengedichte, darunter *Matéo Falcone, Corsische Gastfreiheit, Der Republikaner, Aus der Vendee*. Hatte Chamisso schon vordem novellistisch zugespitzte Begebenheiten bevorzugt, so werden diese jetzt seltener in balladesker Verknappung gestaltet, sondern meist episch breit erzählt, so daß die Umwelt des lyrischen Helden oder der erzählten Begebenheit plastischer ins Bild tritt, größere Zusammenhänge sichtbar werden, etwa in dem Gedicht *Ein Gerichtstag auf Huahine*, das eine an sich episodische Gerichtsverhandlung zur exemplarischen Darstellung des sich durchsetzenden Fortschritts auf den entlegenen Südseeinseln ausweitet.

Allerdings beschränkt sich diese Ausweitung nur auf das Stoffliche, auf den Erlebnisvorgang. Sie führt nicht, wie bei Lenau und Heine, zur weltanschaulichen Vertiefung, zum großen, die Epochenproblematik erfassenden Weltanschauungsgedicht. Chamisso hatte nach seiner Wendung zur Naturwissenschaft derart radikal der philosophischen Spekulation entsagt, daß er zum Beispiel die Hegelsche Philosophie gänzlich ignorierte und als Dichter fast ausschließlich von der empirischen Beobachtung ausging. Weltanschauliche Probleme werden zwar nicht vermieden, doch selten reflektiert und meist nur in dem Maße berührt, wie sie sich durch einen nacherlebbaren Vorgang ausdrücken lassen. Daraus resultieren die Anschaulichkeit seiner Lyrik, aber auch, gegenüber der Dichtung der Klassik und Romantik, die relative Enge seiner lyrischen Gegenstände.

Diese Erscheinung trifft nicht nur auf Chamisso zu. Sie ist vielmehr ein zeittypisches Phänomen, das sich aus dem Abbau des Idealismus im 19. Jahrhundert und dem Versagen der literarisch-philosophischen Konzeptionen der Klassik und Romantik gegenüber der gesellschaftlichen Praxis des beginnenden Industriekapitalismus ergab. Angesichts der fragwürdig gewordenen spekulativen Weltanschauungsmodelle und nicht zuletzt auch bedingt durch den Aufschwung der Naturwissenschaften im 19. Jahrhundert setzte sich zunehmend ein Kunstverständnis durch, das von der greifbaren Wirklichkeit ausging und diese zum obersten Kriterium des literarischen Schaffens erhob. Bei Chamisso hatte diese Entwicklung bereits relativ früh begonnen, wie die schon mehrfach zitierten Briefstellen bezeugen. An Rahel Varnhagen schrieb er im Juni 1821 über Goethes „Wilhelm Meister“: *Mir sind alle diese Freimaurereien, die Mächte des Turmes, das Band, vor allem aber dieses Erziehungsutopien ... im Grunde des Herzens verdrießlich ... Ich glaube nicht, daß sich fabrikmäßig Anlagen zu Menschen, zu eigentümlichen selbständigen solchen kneten lassen, es müßten denn die Erzieher Götter sein, und dann trete die Provinz aus ihren Gränzen und wir hätten was wir eben haben, die Welt wie sie ist.* Und er schließt dieses Bekenntnis: *Lassen Sie übrigens Glaubenssache bei mir sein, ... was sich gewissermaßen auf Erfahrung gründet.*[21] Er wollte das Leben darstellen, wie es ist, nicht, wie es sein sollte. Die tatsächliche Begebenheit hatte für ihn den Vorzug vor der poetischen Fiktion. *Es ist immer unter uns, im Grunde unserer Herzen, in unserer Gesellschaft, so wie sie ist, wo ich die Poesie suche und finde,* äußerte er sich gegenüber Jean-Jacques Ampère. Gegenstand seiner Dichtung sei immer der Mensch.[22]

Das trifft auch auf Chamissos Gedichte mit exotischen Stoffen zu. Der Dichter berührt sich hier mit der europäischen Romantik, den Gedichten eines Victor Hugo oder der englischen Seeschule, die mit ihren Schilderungen der exotischen Ferne ein farbiges Gegenbild zu der nüchternen Gedrücktheit der bürgerlichen Verhältnisse in ihren eigenen Ländern entwarfen. Lenau mit seinen Amerikagedichten und Freiligrath mit seiner Wüsten- und Löwenpoesie folgten in der deutschen Literatur. Was jedoch für Freiligrath oder Hugo Ziel der Sehnsucht war, hatte Chamisso als Botaniker und Ethnograph aus eigener Anschauung erlebt. Für ihn waren die Natur und die Menschen Amerikas oder der Südsee Gegenstand der wissenschaftlichen Beobachtung gewesen. Die Schilderung der wilden Natur erscheint daher bei Chamisso kaum als Spiegel der eigenen Individualität, wie etwa bei Lenau: Sie bildet nur den farbigen Hintergrund für das gestaltete Menschenschicksal, die Not der von den weißen Siedlern unterdrückten Eingeborenen des amerikanischen Kontinents in den Indianergedichten oder die Lage des einsamen Schiffbrüchigen auf der Felseninsel Salas y Gomez. Dem entspricht die äußere Gestaltung dieser Gedichte. Die prunkvolle Rhetorik der „Orientales" von Hugo oder die Klangmalereien Freiligraths sind Chamisso fremd. Vorherrschend ist die Form des genauen, unpathetischen Berichtens, die später in den Balladen Fontanes und der Naturalisten wieder zu finden ist.

In einigen Gedichten führt die Vorliebe Chamissos für die psychologische Analyse zur minutiösen Darstellung des Abnormen, Grausigen, besonders ausgeprägt in der Terzinendichtung *Das Kruzifix*. Ein Bildhauer schlägt dort in dämonischem Streben nach künstlerischer Wahrheit einen Jüngling ans Kreuz, um den wahren Ausdruck des Todesschmerzes erfassen zu können. In dem Gedicht *Don Juanito Marques Verdugo* wird die erzwungene Hinrichtung einer spanischen Grandenfamilie durch den eigenen Sohn mit peinigender Genauigkeit erzählt. Die zeitgenössische Kritik hat diese von der französischen Romantik beeinflußte Eigenart des Dichters heftig gerügt. Ihr liegt aber nicht nur ein Hang zum Sensationellen zugrunde, sondern stets auch die Absicht, durch starke Emotionen die Anteilnahme des Lesers zu erzwingen und damit erzieherisch auf ihn einzuwirken.

In seiner Zeit wurde Chamisso als Meister der Terzine gerühmt, und in der Tat sind die Verse der späteren Terzinengedichte meisterhaft gebaut – freilich oft nur gebaut. Der erst allmählich in die deutsche Sprache hineingewachsene Dichter hat bis in die letzten Jahre mühevoll an seinen Gedichten gefeilt (in seinem Nachlaß fanden sich ganze Reimschemata, die er sich zu seinen Terzinengedichten anfertigte). Deshalb wird man in der Dichtung Chamissos vergeblich nach den Nuancen und Zwischentönen suchen, die die Lyrik eines Mörike und Eichendorff auszeichnen, deshalb ist auch das Liedhafte spärlich in seinem Werk, am glücklichsten in den Nachdichtungen, zum Beispiel dem durch Chamissos Übersetzung zum deutschen Volkslied gewordenen Gedicht *Der Soldat* von Hans Christian Andersen:

Es geht bei gedämpfter Trommel Klang;
Wie weit noch die Stätte! der Weg wie lang!
O wär er zur Ruh und alles vorbei!
Ich glaub, es bricht mir das Herz entzwei!

Ich hab in der Welt nur ihn geliebt,
Nur ihn, dem jetzt man den Tod doch gibt.
Bei klingendem Spiele wird paradiert,
Dazu bin auch ich kommandiert.

Nun schaut er auf zum letzten Mal
In Gottes Sonne freudigen Strahl, –
Nun binden sie ihm die Augen zu, –
Dir schenke Gott die ewige Ruh.

Es haben die neun wohl angelegt;
Acht Kugeln haben vorbeigefegt;
Sie zitterten alle vor Jammer und Schmerz –
Ich aber, ich traf ihn mitten ins Herz.[23]

Unverblaßt frisch wirken noch heute Chamissos humoristisch-volkstümliche Balladen aus dieser Zeit, etwa *Böser Markt, Der rechte Barbier, Das Urteil des Schemjáka.* Hier zeigt sich der Dichter von einer ganz anderen Seite, wenn er aus Freude am Spaß humorige Genreszenen aus dem Kleinbürgerleben schildert, verständnisvoll die Schwächen seiner Mitmenschen belächelt, Habsucht und Anmaßung der Rei-

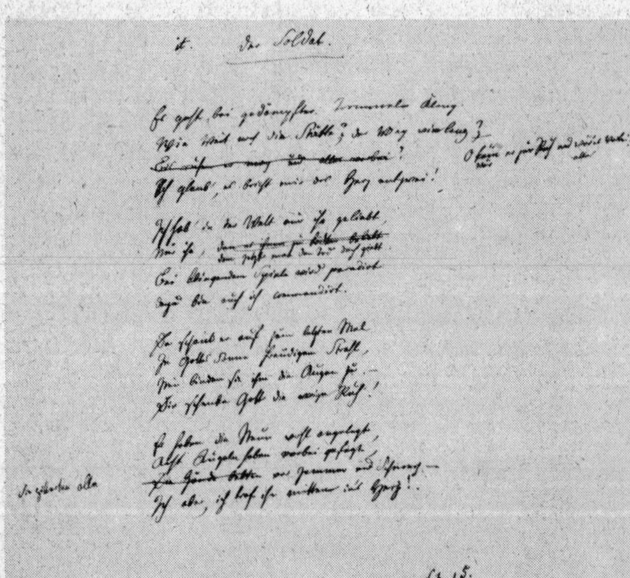

Handschrift Chamissos zu „Der Soldat“

chen verspottet. Dabei ist Chamissos Humor nicht nur gemütvoll-besinnlich; vielmehr ist immer ein Schuß gallischen Witzes beigemischt, etwas von der drastischen Schalkhaftigkeit des Rabelais, die dem biederen Gustav Schwab gar nicht behagte, so daß die Ballade *Der rechte Barbier* nicht in den Musenalmanach aufgenommen wurde.
Die komische Situation erwächst in diesen Balladen meist aus dem Triumph des physisch und ökonomisch Schwächeren über den Stärkeren. Der kecke Barbierlehrling trotzt dem säbelrasselnden Renommisten. Der arme Bauer überlistet in der einem russischen Volksmärchen nacherzählten Ballade *Das Urteil des Schemjáka* die reichen Ankläger und den korrupten Richter. Der Arme ist unverschuldet in eine Kette von Unglücksfällen verstrickt. Er sieht, dem Recht der Reichen ausgeliefert, keinen anderen Weg zu seiner Rettung, als den Richter mit einem Stein zu erschlagen, falls der Spruch gegen ihn ausfallen sollte:

Auf hohem Richterstuhle sitzt
Schemjáka da, der Weise;
Die Kläger treten ein erhitzt
Und stellen sich zum Kreise,
Der Arme zorngen Herzens stellt
Sich hinter sie, und fertig hält
Er schon den Stein zum Wurfe.

Der reiche Bruder war nicht faul,
Die Klage zu erheben:
Der Schwanz, der Schwanz fehlt meinem Gaul,
Den soll er wiedergeben.
Dicht hinter ihm der Arme stand,
Hielt hoch den Stein in seiner Hand
Und drohte schon dem Richter.

Gerechtigkeit war immer blind;
Schemjáka sahs von ferne,
Er meinte, hundert Rubel sind
Es wohl, die nehm ich gerne.
Und Rechtens folgt daraus der Schluß,
Daß er den Gaul behalten muß,
Bis wieder ihm der Schwanz wächst![24]

Der Richter hält den Armen für den Reichen und findet aufgrund dieses Irrtums zufällig die Wahrheit. Doch weil er zufällig einmal „gerecht“ urteilt, ist er am Ende mitsamt den drei reichen Bauern der Geprellte, während der Arme reichbelohnt den Heimweg antreten kann.
Diese Anteilnahme am Schicksal der von der Gesellschaft Benachteiligten war schon in den vor 1830 geschriebenen Gedichten zu beobachten. Sie wird in der 1832 entstandenen Ballade *Abba Glosk Leczeka* zum ästhetischen Programm erhoben:

Es schallen gut im Liede der Purpur und das Schwert,
Doch hüllt sich oft in Lumpen, der auch ist preisenswert;
Ich führ euch einen Juden und Bettler heute vor,
Den Abba Glosk Leczeka, verschließt ihm nicht das Ohr![25]

Chamisso variiert in dieser Ballade das überlieferte, im Vormärz als Ausdruck der inneren Zerrissenheit des Menschen der Restaurationsepoche oft gestaltete und abgewandelte Ahasvermotiv. Mit dem Gedicht *Die alte Waschfrau* aus dem Jahre 1833 betritt er dagegen Neuland. Hier wird der arbeitende Mensch der Großstadt in die deutsche Dichtung eingeführt:

Du siehst geschäftig bei den Linnen
Die Alte dort in weißem Haar,
Die rüstigste der Wäscherinnen
Im sechsundsiebenzigsten Jahr.
So hat sie stets mit sauerm Schweiß
Ihr Brot in Ehr und Zucht gegessen,
Und ausgefüllt mit treuem Fleiß
Den Kreis, den Gott ihr zugemessen.

Sie hat in ihren jungen Tagen
Geliebt, gehofft und sich vermählt;
Sie hat des Weibes Los getragen,
Die Sorgen haben nicht gefehlt;
Sie hat den kranken Mann gepflegt;
Sie hat drei Kinder ihm geboren;
Sie hat ihn in das Grab gelegt,
Und Glaub und Hoffnung nicht verloren.

Da galts die Kinder zu ernähren;
Sie griff es an mit heiterm Mut,
Sie zog sie auf in Zucht und Ehren,
Der Fleiß, die Ordnung sind ihr Gut.
Zu suchen ihren Unterhalt
Entließ sie segnend ihre Lieben,
So stand sie nun allein und alt,
Ihr war ihr heitrer Mut geblieben.

Sie hat gespart und hat gesonnen
Und Flachs gekauft und nachts gewacht,
Den Flachs zu feinem Garn gesponnen,
Das Garn dem Weber hingebracht;
Der hats gewebt zu Leinewand;
Die Schere brauchte sie, die Nadel,
Und nähte sich mit eigner Hand
Ihr Sterbehemde sonder Tadel.[26]

In diesem Gedicht nimmt Chamisso eine andere Haltung ein als in seinen früheren sozialen Gedichten. Er klagt nicht an, sondern er stellt den alltäglichen Lebenslauf einer Berliner Wäscherin als vorbildlich hin. Diese Frau ist *preisenswert*, weil sie ihren Kreis ausgefüllt, weil sie in ihrem Bereich mehr geleistet hat als mancher aus den bevorzugten Klassen. Das unerschütterliche Gottvertrauen und Sichbescheiden der alten Waschfrau erinnern an Ludwig Uhlands „Lied eines Armen"; doch ist das nur eine äußerliche Reminiszenz. Uhland stilisiert seinen Helden und vermeidet jeden Bezug auf die unmittelbare soziale Wirklichkeit. Chamisso läßt keinen Zweifel daran, daß er eine wahre Begebenheit erzählt: das Schicksal seiner eigenen Wäscherin. Seine Heldin ist ein genau umrissener sozialer Typ; sie wird bei der Arbeit am Waschtrog gezeigt. Mit dieser exakten Milieuschilderung steht das Gedicht am Anfang der „Arme-Leute-Poesie" des 19. Jahrhunderts. Es hat dazu beigetragen, die Aufmerksamkeit auf die soziale Not der untersten Schichten der Bevölkerung zu lenken und durch seine Mitleidshaltung wesentlich auf die soziale Lyrik der „wahren Sozialisten" Karl Beck (1846 „Knecht und Magd") und Moritz Hartmann (1847 „Dienstbotenschlaf") gewirkt. Selbst in den neunziger Jahren und später lassen sich noch Gedichte im Stile von Chamissos *Alter Waschfrau* nachweisen.

Zwei Gedichte

(ein altes und ein neues)

von

Adelbert von Chamisso.

Zum Besten der alten Waschfrau.

1.

Du siehst geschäftig bei dem Linnen
Die Alte dort in weißem Haar,
Die rüstigste der Wäscherinnen
Im sechsundsiebenzigsten Jahr.
So hat sie stets mit saurem Schweiß
Ihr Brod in Ehr' und Zucht gegessen,
Und ausgefüllt mit treuem Fleiß
Den Kreis, den Gott ihr zugemessen.

Sie hat in ihren jungen Tagen
Geliebt, gehofft und sich vermählt;
Sie hat des Weibes Loos getragen,
Die Sorgen haben nicht gefehlt;
Sie hat den kranken Mann gepflegt;
Sie hat drei Kinder ihm geboren;
Sie hat ihn in das Grab gelegt,
Und Glaub' und Hoffnung nicht verloren.

Da galt's die Kinder zu ernähren;
Sie griff es an mit heiterm Muth,
Sie zog sie auf in Zucht und Ehren,
Der Fleiß, die Ordnung sind ihr Gut.

Von Chamisso vertriebenes Flugblatt

Der Mann der Zukunft

Am 7. Mai 1835 erfuhr Chamisso als Gelehrter eine nicht mehr erwartete Anerkennung: Er wurde auf Vorschlag Alexander von Humboldts zum Mitglied der Berliner Akademie der Wissenschaften gewählt. Freudig bewegt dankte er in einer kurzen Rede: *Ich blicke fragend auf das wenige, was ich für die Wissenschaft getan habe, und finde selber daran nur die Gewissenhaftigkeit zu loben, deren Gepräg es tragen mag. Haben meine Richter wohlwollend mehr den Charakter des Mannes ehren als seine Leistungen belohnen wollen? – Ich weiß es nicht. So hochgeschätzt, sollte ich mit erhöhter Kraft zu gesteigerter Tätigkeit erwachen ... Aber, meine Herren, Sie legen den Lorbeer einem sehr müden Manne zu Häupten, für den Ihre Anerkennung das erfreuende Licht sein möchte, nach welchem der deutsche Dichter scheidend begehrte.*[1]

Diese Worte sind ein Zeugnis für die Bescheidenheit und wissenschaftliche Gesinnung Chamissos. Zugleich werden hier Töne der Resignation angeschlagen, wie sie sonst bei dem reifen Chamisso nicht zu finden waren, jetzt aber in den Briefen und in seinen Gedichten, vor allem in den 1835 entstandenen letzten Sonetten, immer wieder anklingen. Gewohnt, an seinen Körper die härtesten Anforderungen zu stellen, konnte er sich nur schwer mit den Folgen des Alters und seiner Krankheit abfinden. Der quälende Husten hatte sich verschlimmert, ein Kuraufenthalt im Sommer 1836 in dem schlesischen Bad Charlottenbrunn keine Besserung gebracht. Noch mehr beunruhigte ihn, daß seine Schaffenskraft als Dichter zeitweise ganz zum Erliegen kam. 1835 hatte er neben der Niederschrift der *Reise um die Welt* nur ein Gedicht von Andersen übersetzt; 1836 beschäftigte ihn hauptsächlich die Abhandlung *Über die Hawaiische Sprache* (Grammatik), die er als Ergänzung zu Wilhelm von Humboldts „Über die Kawi-Sprache" am 12. Januar 1837 der Akademie der Wissenschaften vorlegte. 1837/38 arbeitete er an einem Wörterbuch der hawaiischen Sprache, einem Unternehmen, das er nicht mehr vollenden sollte. An Trinius schrieb er im März 1837: *Ich bin noch immer ein kranker, oder wenn Sie wollen, ein alter Mann, heiter, fröhlich sogar,*

– aber mit dem Gesang ist es aus; eingesperrt, wie ich lebe, fehlt es mir schon an Anregung. Ich habe aber eine Beschäftigung gefunden, an welcher ich mich empor halte; ich habe mich abschweifend auf die Sprachen der Südsee geworfen, die ich zu beleuchten mir vorgenommen, und um es gründlich anzufangen, lerne ich ex usu hawaiisch.[2]

Zwei Monate später traf ihn der schwerste Schlag: Antonie, Mutter von sieben Kindern, erlag am 21. Mai einem Blutsturz. Chamisso trug diesen Verlust äußerlich mit Fassung, doch zeugt die von Todesahnungen überschattete Fiebervision *Traum und Erwachen*, neben der Nachdichtung des *Armen Heinrich* von Hartmann von Aue das einzige 1837 entstandene poetische Werk, von der tiefen seelischen Depression des Dichters:

Du schwankes Bretterhaus, wohin mit mir?
Mir wird es, der das Steuer hält, nicht sagen;
Ein Fremder bin ich unter Fremden hier, –
Der Wind –? ja doch! ich soll den Wind es fragen;
Es schlafend abzuwarten dürfte schier
Das Beste sein. – – Die Augen zugeschlagen! –
Orkan, du magst mich wiegen. – Schlafen? schlafen! –
Wachen und handeln einst vielleicht im Hafen.[3]

Es ist bezeichnend für den alternden Chamisso, daß er immer wieder die Kraft findet, Krankheit und persönliche Rückschläge durch intensive Arbeit zu überwinden. Auf einem *Zur Erinnerung* überschriebenen Blatte notierte er: *Am 1. September 1836 war ich bei Alexander von Humboldt und teilte ihm folgendes zur Beratung mit: Die Ärzte schlagen eine weite Seereise und einen längeren Aufenthalt in einem warmen, gesunden Klima als einen Versuch zu meiner Heilung vor. Jetzt mit der Kenntnis der hawaiischen Sprache, die ich mir angeeignet, ausgerüstet, könnte ich bei einem ein- oder zweijährigen Aufenthalt auf Hawaii vieles und wichtiges für die Wissenschaft leisten, indem es hoch an der Zeit ist, die letzten verschwindenden Erinnerungen dieses Inselvolkes zu sammeln … Es geht aber in diesem Herbst ein preußisches Schiff nach der Südsee und den Sandwichinseln. Ich wollte lieber in meinem Beruf sterben, als mich hier zu überleben. Mein Anerbieten fand keinen Anklang.*[4]

Ebensowenig wird der Gesellschaftsoptimismus des Dich-

Alexander von Humboldt

ters, sein Glaube an den Fortschritt der Menschheit gebrochen. Er tritt sogar in den letzten Jahren noch verstärkt in Erscheinung, nachdem der Dichter durch Varnhagens Vermittlung mit dem Werk Claude-Henri de Saint-Simons in Berührung gekommen war. Chamisso hat zwar kaum das Gesamtwerk des französischen Philosophen gekannt und gegenüber den sozialen Konsequenzen dieser Lehre und

Claude-Henri de Saint-Simon

den religiös-mystischen Zügen, die ihr Saint-Simons Schüler Saint-Amand Bazard und Prosper Enfantin verliehen hatten, stets ernsthafte Vorbehalte gehegt.[5] Saint-Simons Geschichtskonzeption, die in der Entwicklung der Menschheit ein Fortschreiten von unvollkommenen zu vollkommeneren Gesellschaftssystemen und in der Förderung der Industrie und der Wissenschaften eine wesentliche Voraussetzung dazu sieht, kam jedoch seinen eigenen, von der französischen Aufklärung bestimmten Ansichten entgegen, die er jetzt – das beweist der bisher unveröffentlichte Briefwechsel mit dem Bruder – im Hinblick auf die Bedeutung der Industrialisierung für den Fortschritt der Menschheit noch einmal modifizierte.

Am 25. November 1836 schrieb er an Hippolyte: *Deine Hoffnungen sind stets auf das Vergangene gerichtet – ich schaue in die Zukunft – ich glaube nicht, daß man das Gewesene wiederherstellen kann … ich glaube an den Fortschritt – an die Perfektibilität – ich glaube, daß alle Schritte, die man zurückgeht, vergebliche Schritte sind …*[6] Diese Briefstelle ist eine Antwort auf die vom Bruder entworfene Geschichte des Hauses Chamisso. Hippolyte hatte darin die Bedeutung des Adels für die gegenwärtige Gesellschaft und die Verpflichtung betont, die der

Chamisso, Zeichnung von F. C. Weiß

traditionsreiche Name Chamisso den Familienmitgliedern auferlege, ungeachtet dessen, was die Zukunft bringen möge.[7] Der deutsche Dichter setzte dem rückwärtsgewandten Standesbewußtsein des Bruders ein Lob der bürgerlichen Tüchtigkeit entgegen: Die Zeit des Schwertes, der feudalen Privilegien ist abgelaufen; die Industrie erlangt Macht

Saxonia. Die erste in Deutschland gebaute Lokomotive

und Adel, die Börse, die Dampfmaschine, die Eisenbahn treiben die Entwicklung voran; sie bestimmen den Lauf der Geschichte, nicht mehr, wie noch zur Zeit Napoleons, die Machtgelüste einzelner großer Persönlichkeiten.[8]
Was den Dichter besonders an dem Prozeß der Industrialisierung faszinierte, waren die völkerverbindenden Aspekte, die sich als Möglichkeiten aus der raschen Entwicklung der Technik ergaben. Schon heute verbindet der Telegraph die wichtigsten Städte Europas, argumentierte er gegenüber dem Bruder, morgen wird die Eisenbahn von Petersburg bis Paris reichen, den Handel beleben und die gegenseitigen nationalen Vorurteile überwinden helfen. Seine Phantasie griff sogar noch weiter, indem er ausmalte, daß in fünfzig Jahren Schiffe die Landenge von Panama durchfahren werden, der Mensch mit dem Ballon die Luft erobern und den Monsunwind zum Überqueren des Ozeans ausnutzen wird.[9]
Chamisso nimmt hier eine ganz andere Haltung ein als etwa die österreichischen und süddeutschen Dichter. Während Grillparzer, Lenau, die Dichter der schwäbischen Schule in der Eisenbahn ein unheilvolles, jede Poesie und allen Sinn für romantische Naturschönheiten zerstörendes Wesen sahen, begrüßte Chamisso die Dampfwagen als „Flügel der

Zeit". 1830 schrieb er mit dem Gedicht „Das Dampfroß" das erste „Eisenbahngedicht" in der deutschen Lyrik, das freilich noch nicht das technische Phänomen behandelt, sondern die phantastische Vorstellung ausmalt, daß der Mensch mit diesem Wagen die Zeit überholen und wieder in die Vergangenheit zurückkehren könne. Chamisso hielt es für eine moralische Pflicht der Begüterten, einen Teil ihres Vermögens zur Förderung von Eisenbahnunternehmen zu verwenden, und hat selbst Eisenbahnaktien gezeichnet. Im Herbst 1837 fuhr er, schon schwer krank, mit der Schnellpost nach Leipzig, um die gerade fertiggestellte erste Teilstrecke der Eisenbahn nach Dresden *mit vorgespanntem Zeitgeist zu befahren.* An Fouqué schrieb er dazu: *Ich hätte nicht ruhig sterben können, hätte ich nicht vom Hochsitze dieses Triumphwagens in die sich entrollende Zukunft hineingeschaut.*[10] Den Fortschritt der Menschheit sah Chamisso nicht nur im materiellen Bereich, sondern ebenso im geistig-sittlichen.

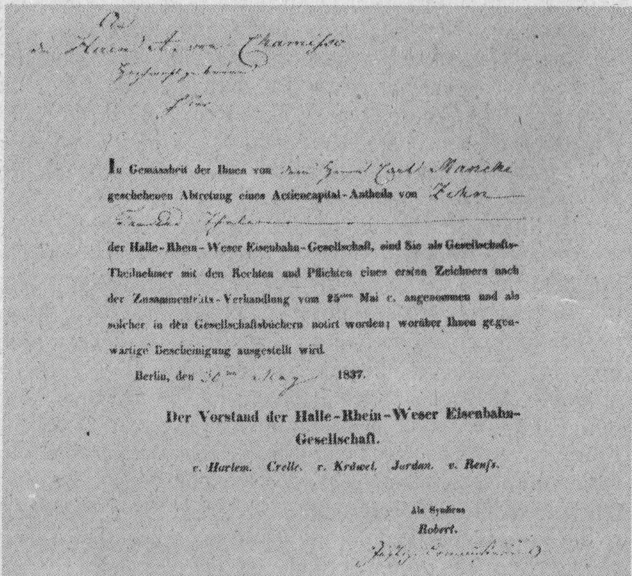
In Gemäßheit der Ihnen von [illegible] geschehenen Abtretung eines Actiencapital-Antheils von [illegible] der Halle-Rhein-Weser Eisenbahn-Gesellschaft, sind Sie als Gesellschafts-Theilnehmer mit den Rechten und Pflichten eines ersten Zeichners nach der Zusammentritts-Verhandlung vom 25sten Mai c. angenommen und als solcher in den Gesellschaftsbüchern notirt worden; worüber Ihnen gegenwärtige Bescheinigung ausgestellt wird.

Berlin, den [illegible] 1837.

Der Vorstand der Halle-Rhein-Weser Eisenbahn-Gesellschaft.

v. Harlem. Crelle. v. Kröwel. Jordan. v. Reuß.

Als Syndicus
Robert.

Von Chamisso gezeichnete Eisenbahnaktie

Hippolyte hatte als kritischer Beobachter der kapitalistischen Gesellschaft in Frankreich immer wieder auf die Kunstfeindlichkeit der neuen Ordnung, auf die alles nivellierende Macht des Geldes und den damit verbundenen Sittenverfall hingewiesen. Chamisso beunruhigte diese Erscheinung jetzt nicht mehr, wie noch im *Peter Schlemihl.* Er verwies den Bruder auf den sittlichen Tiefstand des Ancien régime und konstatierte demgegenüber – auch hier urteilte er wieder nur als Zeitungsleser – eine fortschreitende Hebung des moralisch-sittlichen Niveaus der bürgerlichen Gesellschaft in allen Bereichen, eine gerechtere Handhabung der Justiz, eine humanere Einstellung der zivilisierten Welt zu den amerikanischen Negern und den Eingeborenen der noch unterentwickelten Gebiete.[11] Das Ganze betrachtete er als einen Prozeß, der sich noch nicht überall durchgesetzt habe, aber durch die Verbreitung des Wissens mit Hilfe der entwickelten Drucktechnik entscheidend gefördert werde. Im August 1837 schrieb er nach einer Besichtigung der Leipziger Großdruckerei des liberalen Verlegers Brockhaus begeistert an Hippolyte: *Drei Etagen eines mächtigen Hauses sind angefüllt mit nie stillstehenden Druckpressen. Eine Dampfmaschine prägt unaufhörlich Stereotypen* [Druckplatten für hohe Auflagen im Zeitungs- und Buchdruck; W. F.] ... – *Ein Wort, ein Buch, ein Autor sind nichts als einzelne Wassertropfen. – Alle zusammen ergeben den Strom, der alles hinwegreißt und den keine Kraft zurückfließen lassen kann ...*[12]

Wenn Chamisso von einer Hebung des Bildungsniveaus eine Veränderung des gegenwärtigen Gesellschaftszustandes erhoffte, so waren das die gleichen liberalen Illusionen, wie sie große Teile des deutschen Bürgertums, so auch die Jungdeutschen, hegten. Sie versperrten dem Dichter den Blick für die neuen Widersprüche der kapitalistischen Gesellschaft, für den Klassencharakter der bürgerlichen Ordnung, auf den auch Saint-Simon hingewiesen hatte. Sie führten aber nicht zur Gleichgültigkeit gegenüber den nun auch in Berlin sichtbar werdenden sozialen Folgen der kapitalistischen Industrialisierung.

In der preußischen Hauptstadt waren schon vor 1830 die ersten großen Maschinenfabriken mit jeweils mehr als tausend Beschäftigten entstanden, darunter Bergmann-Borsig. Gemessen an der industriellen Entwicklung in England und

Frankreich wirkten diese Anfänge noch bescheiden; doch waren sie hinreichend, das soziale Gefüge der Berliner Bevölkerung grundlegend zu verändern. Aus allen Teilen des Landes kamen stellungsuchende Arbeiter, verarmte Bauern und durch die billigen englischen Waren ruinierte Handwerker nach Berlin, in der Hoffnung, in den großen Fabriken eine neue Existenz zu finden. Sie hausten in den Vorstädten in menschenunwürdigen Elendsquartieren, meist nicht in der Lage, den nötigen Lebensunterhalt zu verdienen, so daß der Armenetat der Stadt auf das Dreifache anstieg.

Chamisso waren diese Mißstände erstmals im Cholerajahr 1831 bewußt geworden, als die großen Fabriken ihre Tore schlossen und Tausende Arbeiter auf der Straße lagen. Den Dichter hat das sehr bewegt; doch wurde sein Glaube an die bürgerliche Ordnung dadurch nicht beeinträchtigt. Er hielt die sozialen Probleme durch vernünftige Regierungsmaßnahmen für lösbar und sah es darüber hinaus als die Aufgabe eines jeden Bürgers an, durch karitative Hilfsmaßnahmen die Not der Armen zu lindern, wie übrigens auch Bettina von Arnim, die Briefe an den König schrieb und durch Spenden den Bewohnern des sogenannten Vogtlandes zu helfen versuchte.[13] 1838 gab Chamisso selbst ein Beispiel sozialen Verantwortungsgefühls, indem er ein zweites Waschfraugedicht schrieb, das er zusammen mit dem ersten in eigenem Vertrieb zugunsten der in Not geratenen Mutter Schulz verkaufte. Er konnte seiner alten Waschfrau den stattlichen Betrag von hundertfünfzig Reichstalern überreichen.

Dies werdende Geschlecht, es kennt sie nicht,
Und geht an ihr vorüber ohne Pflicht
Und ohne Lust, sich ihrer zu erbarmen.
Sie steht allein. Der Arbeit zu gewohnt,
Hat sie, solang es ging, sich nicht geschont,
Jetzt aber, wehe der vergeßnen Armen!

...

Franz von Gaudy

So lang sie rüstig noch beim Waschtrog stand,
War für den Dürftgen offen ihre Hand;
Da mochte sie nicht rechnen und nicht sparen.
Sie dachte bloß: „Ich weiß, wie Hunger tut." –
Vor eure Füße leg ich meinen Hut,
Sie selber ist im Betteln unerfahren.[14]

Im Frühjahr 1838 fand Chamisso noch einmal zu dichterischer Produktivität, als er von Februar bis April zusammen mit seinem um siebzehn Jahre jüngeren Freund und Schüler Franz von Gaudy die Lieder Bérangers übersetzte. Gaudy war der Sohn eines hohen preußischen Offiziers. Vielseitig gebildet, liberal gesinnt wie Chamisso, doch in seinem Charakter unstet und zerrissen, hatte er widerwillig ein von Duellen, Schulden und Festungsstrafen erfülltes Leutnantsleben geführt, das sein ursprüngliches literarisches Talent nicht zur Entfaltung kommen ließ. Chamisso war es gewesen, der ihn 1833 bewog, seinen Abschied vom Militärdienst zu fordern und sich ganz der literarischen Tätigkeit zu widmen. Gaudy unterstützte seitdem Chamisso bei der Redaktion des Deutschen Musenalmanachs und errang auch als Dichter mit den 1835 erschienenen „Kaiserliedern" und den an Heine und Béranger geschulten politischen Satiren einen bedeutenden Publikumserfolg.

Chamisso hatte schon 1828 und 1833 vier Lieder Bérangers übersetzt und sie dem verehrten französischen Dichter übersandt. Béranger dankte in einem herzlich gehaltenen Brief: „Ihr Name scheint darauf hinzudeuten, daß Sie französischer Herkunft sind. Vielleicht ist ein Rest alten Blutes der Grund für das mir erwiesene Wohlwollen. Vielleicht auch wissen Sie mir Dank, daß ich, als erster in Frankreich, für die Allianz der Völker eingetreten bin. Das muß auch Ihr Traum sein. Unsere Soldaten haben lange genug Deutschland bedrückt ... Es ist deshalb den Dichtern, den Männern der Zukunft, aufgegeben, den alten Haß endlich auszurotten. Das, mein Herr, ist für Ihr schönes Talent ein würdiges und heiliges Amt!"[15] Chamisso hat im *Tagebuch* der *Reise um die Welt* die von Béranger formulierte Aufgabe als sein eigenes Anliegen betont und sich selbst als *Mann der Zukunft* bezeichnet, ungeachtet der Bemerkung des preußischen Kronprinzen Friedrich Wilhelm, der ihm 1836 über die genannten vier Lieder geschrieben hatte: „... sogar den gottlosen Béranger haben Sie nicht übersetzt, sondern verdeutscht – ich wollte, Sie hätten ihn zerdeutscht!"[16]

Die gemeinsame ethische Grundhaltung der beiden Dichter, die weitgehende Übereinstimmung ihrer politischen Ansichten und Chamissos Vertrautheit mit der französischen Sprache und dem französischen Chanson waren die Voraussetzung dafür, daß sich dieser wie kaum ein zweiter deutscher Dichter zum Übersetzer der Lieder Bérangers eignete. Ebenso verfügte Gaudy, der sich seit seiner Jugend intensiv mit der französischen Sprache und Literatur beschäftigt hatte und einen ausgeprägten Sinn für den Witz eines Béranger besaß, über das beste Rüstzeug zu diesem Gemeinschaftsunternehmen. Im Nachlaß Chamissos ist ein Briefentwurf aus dieser Zeit an den französischen Chansonnier erhalten, in dem es unter anderem heißt: *Es ist nicht ganz und gar reine Eitelkeit, wenn wir wagen, Sie mit unserer Übersetzung Ihrer Lieder zu ehren. Wir haben geglaubt, es könnte Sie etwas von dem fernen Echo erfreuen, das Ihre Leier hervorruft. Hätte der Zufall es gefügt, daß wir uns im Leben begegnet wären, hätte ich, mein Herr, gewünscht, Ihnen respektvoll die Hand zu küssen, um mich auf meinen Platz gegenüber meinem Meister zu begeben, und dann danach gestrebt, Ihre Hand in Freundschaft zu drücken.* Der Entwurf schließt nach einem kurzen Überblick über Chamissos eigenen komplizierten Lebensweg mit den Worten: *Ich habe versucht, Sie zu übersetzen, Sie, den unübersetzbarsten aller Dichter, weil in Ihren Liedern alles Leben und Farbe ist.*[17]

Chamisso bevorzugte bei seinen Übertragungen wieder die politischen und sozialkritischen Gedichte, wie schon 1833, unter anderem die bekanntesten Napoleonlieder, die Gedichte gegen die Restauration und zur Julirevolution, so daß Gaudy Grund genug hatte, an die Verleger zu schreiben: „Sie werfen wohl vorher noch einen Blick hinein, um entscheiden zu können, ob der Schneeberger liberale Zensor oder der Leipziger simple das Msc. bekomme. Der Henker ist eben, daß die naseweisesten Lieder die besten sind. Chamisso'n namentlich hat das demagogische Böcklein mächtiglich gestoßen – da half kein Abmahnen."[18] Gedichte wie *Guter Rat den Belgiern,* in denen Bérangers ironische, kompromißlose Aggressivität unverhüllt zum Ausdruck kommt, lassen Gaudys Befürchtungen begreiflich erscheinen:

So macht, ihr Brüder Belgier, macht ein Ende!
Macht einen König, baut euch einen Thron.
Daß nicht zur Republik das Ding sich wende,
Den Hofmann fieberts seit acht Monden schon.
Das Holz ist bald gefunden, Gott behüte!
Hans, Peter, ich, nicht lange nachgedacht!
Kein Königsei bedarf, daß man es brüte,
So macht, zum Teufel, einen König! – macht!

Da wirds Lakaien regnen und Beamte,
Gendarmerie, Spione, Polizei,
Und ein Soldatenheer, daß, wenn es flammte,
Den Löschenden gedeckt der Rücken sei.
Das Budget kommt zuletzt: – in runden Zahlen
So und soviel – was meint ihr? – lacht doch, lacht!
Er hat gespeist, ihr müßt die Zeche zahlen. –
So macht, zum Teufel, einen König! – macht![19]

Der Ton dieser Gedichte hat im Vormärz Schule gemacht, etwa in den Gedichten Herweghs, Ludwig Seegers, der in den vierziger Jahren ebenfalls eine Béranger-Übersetzung vorlegte, oder Ludwig Pfaus.
Um eine genaue, wörtliche Übertragung haben sich freilich weder Chamisso noch Gaudy bemüht. Ihr Grundsatz war, das Wort dem Geist zu opfern, die Gedichte eher zu verdeutschen als zu übersetzen, um den französischen Dichter dem deutschen Leser nahezubringen. In diesem Sinne sind nur im Französischen mögliche Wortspiele, in einigen Gedichten auch ganze Strophen weggelassen, ebenso besonders heftige Spitzen gegen die Kirche und das Königtum mit Rücksicht auf die Zensur unterdrückt oder gemildert worden.[20] Diese Änderungen betrafen aber meist nur Einzelheiten, selten den Gehalt der jeweiligen Gedichte. Fast immer erreichte es Chamisso, die Individualität des Dichters Béranger hervortreten zu lassen, so daß die Nachdichtungen die meisten zeitgenössischen Übersetzungen überragen. Zu den gelungensten Nachdichtungen gehört das Gedicht *Die Toren*, eine Apologie der von der Mitwelt als Träumer verlachten utopischen Sozialisten Saint-Simon, Fourier und Enfantin:

Drei Narren sind es! hör ich schreien,
Es feinden sie die Spötter an. –
Es sucht der Mensch in leeren Räumen
Das Glück, das immer fern sich hält. –
Den Toren ehrt, der, seis in Träumen,
Beglücken kann die ganze Welt.

Die neue Welt erstand dem Toren,
Der jedem Klugen ward zum Spott;
Sie schalten ihn am Kreuz „den Toren",
Der auferstehend ward zum Gott;
Sollt auch des Tages Aug erblinden,
Das unsre Finsternis erhellt,
So würd ein Tor die Fackel finden,
Aufs neu zu leuchten unsrer Welt.[21]

Frucht dieser Bemühungen war das Gedicht *Das ists eben* vom Juni 1838, in der Aktualisierung einer scheinbar nebensächlichen Begebenheit an Béranger erinnernd, im Tonfall und der pointierten Prägnanz der wieder sehr gegenständlich gestalteten Situation zugleich aber ein echter Chamisso:

Seht auf schwarzbeschlagner Bahne
Langsam sich den Zug bewegen,
Garden mit gesenkter Fahne,
Dann der Sarg mit Kron und Degen;
Und die goldne Staatskarosse!
Und die schwarzbehängten Rosse!
Welch ein Schauspiel! welche Pracht!
Das ists eben; das ists eben,
Was die Menge jauchzen macht.

Aber seht, bei jener Blende
Dort das alte Weib, sie scheinet
Zu verzweifeln, ringt die Hände,
Weint und klaget, klagt und weinet. –
Daß bei jenem Leichenwagen
Diese jauchzen, jene klagen,
Dieser weint, und jener lacht,
Das ists eben, das ists eben,
Was mich immer stutzig macht.

Mütterchen, laßt ab zu weinen,
Fasset Euch, so stands geschrieben.
Alles stirbt nicht mit dem e i n e n,
Ist der Sohn uns doch geblieben;
Der wirds, wie sein Vater, treiben,

Alles wird beim alten bleiben,
Alles gehn wie hergebracht.“ –
Das ists, schluchzt sie, das ists eben,
Was so sehr mich weinen macht.[22]

Die Béranger-Übersetzung war das letzte größere Werk Chamissos. Er hatte es nur mit Mühe vollenden können. Seit dem Frühjahr 1838 fühlte er sich derart schwach, daß er seine Versetzung in den Ruhestand beantragte. Sie wurde ihm am 4. August bei vollem Genuß seines bisherigen Gehaltes gewährt. Er konnte noch die Redaktion des Musenalmanachs für 1839 beenden, eine mühselige Arbeit; denn fast jeder schrieb in den dreißiger Jahren Gedichte, und fast alle diese Schreiberlinge wollten sich auch im Musenalmanach gedruckt sehen. Dann waren seine Kräfte erschöpft.

Chamissos Wohn- und Sterbehaus. Berlin, Friedrichstraße 235

Am 9. August befielen ihn leichte Fieberschauer, die eine Woche später in einen schlafähnlichen Betäubungszustand übergingen. Er erwachte noch einmal am 17. August für kurze Zeit und gab bei voller geistiger Klarheit Anweisungen für den Musenalmanach. In der letzten Nacht sprach er phantasierend nur noch französisch, was er sonst nach dem Zeugnis seines Freundes Hitzig ohne besondere Veranlassung nie zu tun pflegte. Am 21. August morgens 6 Uhr starb er; sein Tod war ein ruhiges Entschlafen. Die mit seiner Einwilligung vorgenommene Sektion ergab, daß Veränderungen in der Schleimhaut der Bronchien den rechten Lungenflügel außer Tätigkeit gesetzt hatten, so daß der Dichter zuletzt nur noch notdürftig mit dem linken atmen konnte.

Seinem Wunsch entsprechend wurde Chamisso am 23. August in aller Stille auf dem Friedhof vor dem Hallischen Tor an der Seite seiner Frau beigesetzt, nicht weit vom Grabe E. T. A. Hoffmanns. In seiner letzten Verfügung hatte er ausdrücklich untersagt, mehr als den Namen und die Geburts- und Sterbedaten auf die Grabplatte zu setzen. Über die Zukunft seiner Söhne bestimmte er: *Ich wünsche, daß sie studieren, insofern sie die Mittel dazu haben, bin aber ganz damit einverstanden, wenn der eine oder der andere zu bürgerlichem Gewerbe übergehen will. Die Zeit des Schwertes ist abgelaufen, und die Industrie erlangt in der Welt, wie sie wird, Macht und Adel. Auf jeden Fall besser ein tüchtiger Arbeitsmann als ein Skribler oder Beamter aus dem niedern Trosse.*[23] In seinem letzten Gedicht, dem im Juni 1838 entstandenen Sonett *Mahnung*, bekannte sich Chamisso noch einmal zum Bürgertum; es ist zugleich das letzte Wort des Dichters in der Auseinandersetzung mit dem Bruder:

Willst deines Hauses Glanz du aufrecht halten?
Laß rosten deiner Väter Schild und Schwert;
Die tun es nicht, die geben nicht den Wert,
Die Zeit ist abgelaufen, wo sie galten.

Das Neue wird. Das Alte muß veralten.
Die Meinung hat im Lichten sich verklärt
Und von der rauhen Faustkraft abgekehrt;
Das Wort ists, der Gedanke, welche walten.

Dort magst du die verfemten Häupter sehen,
Männer des Wortes, welche tüchtig waren,
Und sehen ihre Sitze ledig stehen.

Von dir laß die Geschichte gleiches melden;
Tüchtig wie sie, erwirb und lasse fahren,
Und Deutschland rechnet dich zu seinen Helden![24]

Die Nachricht vom Tode Chamissos löste Trauer in ganz Deutschland aus. Die Nation hatte einen profilierten Lyriker, die junge Generation eines ihrer Vorbilder, einen ihrer Mitstreiter verloren.

Der Jugend wollt ich einen Tempel bauen.
Die Bilder aller, deren Brust noch hob
Ein frischer Geist, die sollte man drin schauen;–
Da kam's, daß sich ein Greis dazwischen schob.
Zu Jünglingen von noch kaum dreißig Jahren
Mußt ich, Chamisso! Dich mit sechzig paaren,[25]

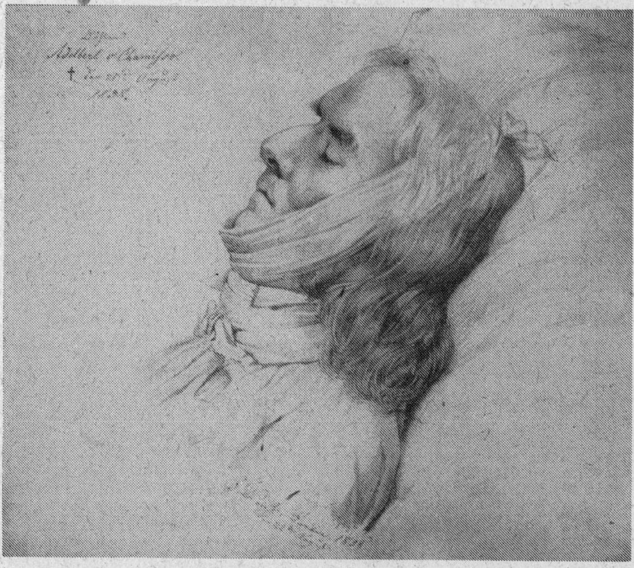

Chamisso auf dem Sterbebett. Zeichnung von F. C. Weiß

schrieb der junge Herwegh in dem Gedicht „Auf Chamissos Tod“. Gaudy, Dingelstedt, Andersen feierten das Andenken Chamissos in Gedichten. Heinrich Laube schrieb im Pariser „Constitutionnel“ einen begeisterten Gedenkartikel, der den heftigen Unwillen der konservativen Schwester des Verstorbenen hervorrief.[26] Am klarsten hat Georg Herwegh in seinem Aufsatz „Deutsche Lyrik“ ausgesprochen, was Chamisso für die jüngeren Dichter bedeutete: „Der Musenalmanach ist gestorben. Unsere geschäftige Nichtstuerei, unsere Großartigkeit hat ihm den Todesstoß gegeben. Wir besaßen nicht einmal so viel Pietät für unseren dahingegan-

Berliner Chamisso-Denkmal

Chamissos Grab

genen Sänger mit einem Herzen, wie nur noch eines in der Welt schlägt, das Herz Bérangers, ... für Adelbert von Chamisso, um ein Unternehmen, das er mit so hingebender Liebe gepflegt, noch ein paar Jahre lang zu unterstützen ... Keiner hat dem sterbenden Chamisso das Banner aus der Hand genommen, um ... unsere neue nationale Zukunft, besonders die jüngeren Namen, darunter zu versammeln."[27]
Von Chamissos reichhaltigem Herbarium (etwa 10000 bis 12000 Arten) wurde nach seinem Tode der größte Teil von der Kaiserlich Russischen Akademie der Wissenschaften erworben. Er befindet sich heute im Herbarium des Botanischen Instituts der Akademie der Wissenschaften der UdSSR in Leningrad. Doppelstücke davon besaß – neben einigen anderen Instituten – das Botanische Museum Berlin-Dahlem. Sie gingen 1943 durch Kriegseinwirkungen verloren. Ein weiterer Teil der von Chamisso gesammelten Pflanzen wird im Herbarium der Sektion Biowissenschaften der Martin-Luther-Universität Halle–Wittenberg aufbewahrt. Der hallische Professor Diederich von Schlechtendal, aus dessen Besitz diese Pflanzen stammen, hatte 1839 in seinem schon mehrfach zitierten Nachruf auf Chamisso über den Freund und Kollegen geschrieben: „Unter den

Bronzemedaillon nach einer Plakette von David d'Angers

Botanikern wird sein Andenken ein bleibendes sein."[28] Davon zeugen fünf Pflanzengattungen und achtundzwanzig Pflanzenarten, die dem Forscher und Sammler zu Ehren mit dem Namen Chamisso benannt wurden, desgleichen auch elf Tierarten und eine Insel in der Nähe der Beringstraße. Der Wissenschaftshistoriker Günther Schmid sagt in seiner vorzüglichen Bibliographie der naturwissenschaftlichen Schriften des deutschfranzösischen Forschers zusammenfassend: „So sieht man, daß Chamisso ein maßgebender beschreibender Botaniker (Phytograph) und Florenmann (Florist) für verschiedene Teile Amerikas, für das arktische ostasiatische Rußland, für einzelne Archipele der Südsee und in mancher Hinsicht auch für das Kapland gewesen ist und – dürfen wir hinzufügen – auch noch heute ist."[29] Unter den Zoologen hat der Name Chamisso Klang durch die

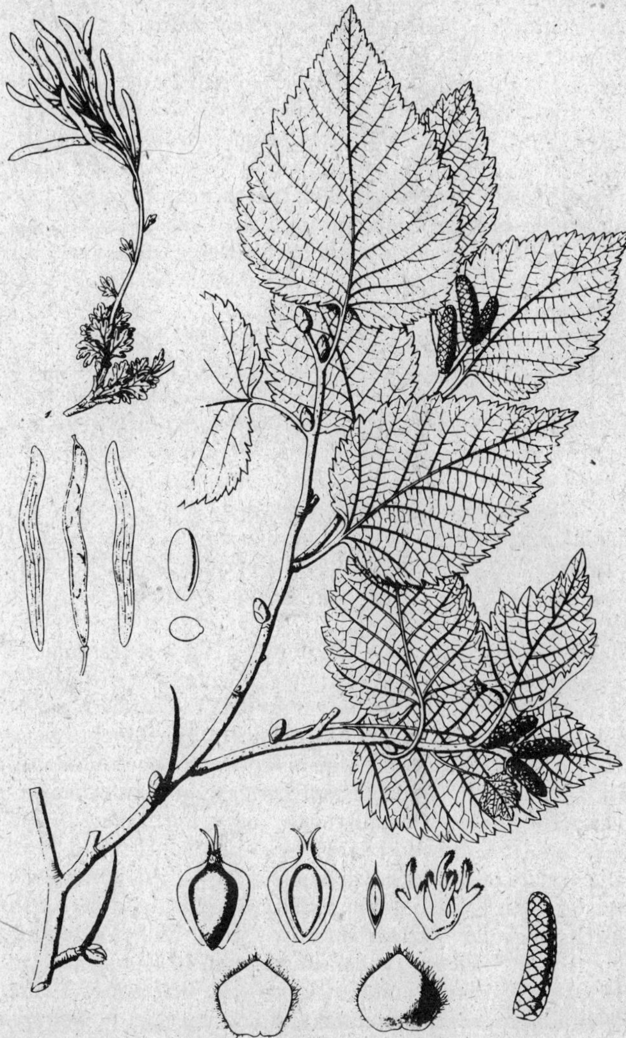

Zeichnung Chamissos. Publiziert in A. Ermans „Reise um die Erde …“

zusammen mit Friedrich Eschscholtz gemachte folgenreiche Entdeckung der Alternatio generationum, des Generationswechsels der Salpen. Von den Zeitgenossen zunächst heftig angezweifelt, konnte dieses an den Ketten der Flossensalpe (Salpa pinnata) beobachtete und von Chamisso als Gesetz der Gattung erkannte Phänomen des Wechsels zwischen einer geschlechtlich sich fortpflanzenden und einer ungeschlechtlichen Generation inzwischen bei einer ganzen Reihe von Tierarten, darunter bei Krebsen und Insekten (Gallwespen, Blatt- und Rebläusen), aber auch bei Pflanzen, bei Pilzen, Moosen und vor allem bei den Farngewächsen nachgewiesen werden.[30]

Den Zeitgenossen bekannter noch war der Name Chamissos als der eines deutschen Dichters. 1838 konnte er an de La Foye schreiben: *Ich habe die Gunst des Publikums, und die Parteien, die in unserer Literatur einander zerreißen, oder mit Kot bewerfen, ermangeln nicht, den Hut abzuziehn, wenn sie an mir vorübergehen. – Zu Geburtstags-, Paten-, Christ- und Brautgeschenken werden in Deutschland jährlich beiläufig 1000 Uhland und 500 Chamisso gebraucht.*[31] Diese Popularität eines Lyrikers war zu einer Zeit, als auf dem Literaturmarkt die Prosa dominierte, ungewöhnlich. Sie hielt auch in der zweiten Hälfte des 19. Jahrhunderts an, so daß 1886 die 23. Auflage der Gedichte Chamissos erscheinen konnte. Diese repräsentative Stellung Chamissos und der außergewöhnliche Erfolg des Lyrikers erklären sich zu einem großen Teil aus der betont bürgerlichen Haltung des Dichters, der mit seinem liberalen Fortschrittsglauben, seiner Moralauffassung und der Thematik seiner Gedichte den Erwartungen und dem Lebensgefühl des noch kraftvollen, auf seine Emanzipation bedachten mittleren Bürgertums in Deutschland entsprach.[32] Hier fand Chamisso über die Jahrhundertwende hinaus seine Leser. In dem Maße jedoch, wie mit dem sich durchsetzenden Imperialismus im Wilhelminischen Deutschland die Ideale des bürgerlichen Liberalismus an Bedeutung verloren und in der Lyrik sich neue, elitäre Dichtungskonzeptionen durchsetzten, schwand die Popularität des einst gefeierten Dichters. *Peter Schlemihls wundersame Geschichte* fand zwar weiterhin „die Gunst des Publikums“, so daß bis zum Beginn des ersten Weltkrieges nahezu 80 Auflagen oder Neuerscheinungen und mehr als

100 Übersetzungen registriert werden konnten. Chamissos Lyrik wurde dagegen zunehmend als unmodern, philiströs, ja undeutsch angesehen,[33] wobei man die gelegentlichen Verstöße gegen den deutschen Sprachgebrauch registrierte und die realistischen Elemente als undichterisch abwertete. Einzelne Lieder und Balladen überlebten in den Schullesebüchern, doch vermittelten gerade sie das vereinfachte Bild eines zwar liebenswürdigen, biederen, letztlich aber unzeitgemäßen Dichters humoriger Genreszenen und sentimentalen Frauenlobs. Von der spätbürgerlichen Literaturgeschichtsschreibung wurde er entsprechend als Repräsentant des „Biedermeier", als harmloser Sänger kleinbürgerlicher Lebensideale abgetan.

Wie wenig dieses harmonisierte, politisch entschärfte Dichterbild der Lesebücher und Literaturgeschichten der Realität entspricht, davon zeugt die noch immer andauernde weltliterarische Wirkung des *Peter Schlemihl,* die sich gerade aus der spannungsreichen Verbindung äußerst gegensätzlicher Elemente, der Mischung von realistischen und phantastischen, ernsten und grotesken Zügen, von Kunstmärchen und Gesellschaftssatire ergibt. Auch in der Lyrik des Dichters lassen sich diese gegensätzlichen Elemente und modernen Züge nachweisen, wenn man, das zeigten die zitierten Textstellen in unserer Darstellung, nicht nur den Kanon der populären Lieder betrachtet. Mit seinem Gesamtwerk ist Chamisso eine der wichtigsten Übergangsgestalten von der ausklingenden Romantik zum beginnenden Vormärz. Seine Jugendlyrik war noch unter dem direkten Einfluß der Frühromantiker entstanden, *Peter Schlemihls wundersame Geschichte* in der Auseinandersetzung mit den Kunstmärchen der Hochromantik. In seinen späteren Gedichten knüpfte Chamisso teilweise noch an die volkstümliche Lyrik Uhlands und der Spätromantik an, doch mehr der äußeren Form als dem Gehalt nach. Seine Liederzyklen berühren sich mit der sogenannten biedermeierlichen Lyrik; hier blieb er am stärksten der literarischen Konvention verpflichtet. Gleichzeitig aber wandte sich Chamisso unter der Einwirkung der französischen Literatur, vor allem Bérangers, den politischen und sozialen Problemen der Zeit zu, bereitete er durch die Erschließung neuer Themen und Stoffbereiche und die Einführung des politischen Chansons und der sozialen Ballade in die deutsche Dichtung der politischen Lyrik der dreißiger und vierziger Jahre den Weg. Gaudy, Herwegh, Freiligrath, Dingelstedt und der junge Fontane haben von ihm wesentliche Anregungen empfangen. Die Nachwirkung seiner sozialkritischen Balladen reicht über die frühe sozialistische Dichtung der vierziger Jahre bis zur Lyrik des deutschen Naturalismus.

Man wird deshalb dem lyrischen Spätwerk Chamissos kaum gerecht, wenn man es ausschließlich aus dem Blickwinkel der deutschen Klassik und Romantik betrachtet und an dem von dorther abgeleiteten Dichtungsideal mißt. Im Kontext der zeitgenössischen französischen Romantik und von der nachfolgenden Periode her gesehen erhält sein Werk ein anderes Gewicht. Romantische Einflüsse lassen sich auch noch im Spätwerk des Dichters nachweisen, daraus resultiert nicht zuletzt die volkstümliche Wirkung eines Teils seiner Lyrik. Wenn Chamisso jedoch in seinen späten Gedichten romantische Motive übernimmt, dann werden sie meist aktualisiert, verbürgerlicht, was in manchen Gedichten mit einem Abgleiten ins Biedermeierlich-Sentimentale verbunden ist. Der Hinwendung zum bürgerlichen Alltag entspricht das Streben nach Lebenswahrheit und direkter Wirkung. Hier äußert sich ein neues Verhältnis gegenüber der empirischen Wirklichkeit, das sich nicht nur auf die Thematik, sondern auch auf die Struktur der Gedichte auswirkte. Charakteristisch für den späten Chamisso ist das Bemühen um eine gegenständlich-objektive Lyrik, die Neigung zum Epischen, zur Objektivierung der lyrischen Situation selbst in den subjektiven Liebesgedichten. Seiner Lyrik fehlt deshalb jeder metaphysische Zug, wie auch das Kontemplativ-Stimmungshafte weitgehend zurücktritt. Gegenstand ist meist das Verhältnis des Einzelmenschen zu seiner Umwelt, einer bis ins Detail gegenständlich erfaßten Umwelt. Dieser Detailrealismus, der sich schon in *Peter Schlemihls wundersamer Geschichte* andeutete und in der späteren Lyrik noch verstärkt in Erscheinung tritt, weist bereits in die zweite Hälfte des 19. Jahrhunderts. Er hat seine Spuren in der deutschen Lyrik hinterlassen, auch wenn das nicht immer in Form von unmittelbaren Anklägen nachzuweisen ist.

Gegenwärtig scheint sich im Zusammenhang mit der ver-

stärkten Romantikrezeption und der Vormärzforschung der letzten Jahre eine Wende in der „Gunst des Publikums“ für Chamisso und sein literarisches Werk anzubahnen. *Peter Schlemihls wundersame Geschichte* hatte ohnehin nichts von ihrer Popularität eingebüßt, das beweisen die Vielzahl der Neuauflagen und Neuausgaben seit der Jahrhundertwende bis in die Gegenwart und die kaum noch zu überblickenden Interpretations- und Deutungsversuche dieses Werkes. Auch die Lyrik und die *Reise um die Welt* werden heute gerade wegen der eigentümlichen Wirklichkeitssicht ihres Verfassers wieder mehr beachtet. Die Herausgabe von repräsentativen Gesamtausgaben in der BRD und der DDR seit 1975 ist dafür ein eindrucksvolles Zeugnis. Ebenso bemüht man sich in jüngster Zeit stärker um den Naturwissenschaftler, um eine Popularisierung seiner botanischen und zoologischen Schriften, seines geographischen, geologischen und ethnographischen Wirkens,[34] obwohl hier, was die Aufarbeitung anbelangt, noch immer ein erheblicher Nachholebedarf besteht. Die vom Reclam-Verlag zum 150. Todestag Chamissos vorgelegte dritte, überarbeitete und erweiterte Auflage seiner Biographie versucht diesem Umstand Rechnung zu tragen, indem sie stärker als bisher auf die botanischen und zoologischen Schriften eingeht. Der Verfasser möchte an dieser Stelle der Lektorin des Verlages, Frau Birgit Fritz, für ihre Hinweise und Vorschläge zur Neugestaltung der dritten Auflage der Biographie und Herrn Klaus Werner von der Sektion Biowissenschaften der Martin-Luther-Universität Halle–Wittenberg für die Durchsicht der neugeschriebenen Ausführungen über den Botaniker Chamisso herzlich danken.
Zur Zeit wird von uns (Werner Feudel, Christel Laufer und René-Marc Pille) eine auf die Handschriften zurückgehende Gesamtausgabe der deutsch- und französischsprachigen Briefe Chamissos vorbereitet. Sie wird insgesamt ein anderes, differenzierteres Bild des Dichters, Naturwissenschaftlers und Weltumseglers vermitteln, als es die bisherigen Briefsammlungen verbreiteten und als es noch von neueren biographischen Darstellungen geboten wird.[35] Das ist auch die Absicht unserer hier erneut vorgelegten Darstellung von Leben und Werk dieser vielseitigen, außergewöhnlichen Persönlichkeit. Es trifft einen wesentlichen

Zug Chamissos, wenn Eduard Hitzig, der Freund und erste Biograph des Dichters, im Vorwort zur 1839 erschienenen ersten Stereotypausgabe von *Peter Schlemihls wundersamer Geschichte* über den Autor schreibt: „... das Volk war es, welchem zu gefallen das höchste Ziel des Dichters war, das Volk, für welches alle Pulse des seltenen Mannes schlugen, der, einem der ältesten erlauchten Geschlechter Europas entsprossen, ... sein ganzes Leben hindurch Befriedigung nur darin suchte und fand, ein bescheidener Bürger, ein wahrer Mann aus dem Volke zu sein."[36]

ANHANG

Anmerkungen

Die Gedichte und sonstigen Werke Chamissos werden nach der von Werner Feudel und Christel Laufer herausgegebenen Ausgabe in zwei Bänden, Leipzig (Insel) 1981, zitiert (abgekürzt Werke I und II), die gedruckten Briefe, soweit dort erfaßt, nach: Chamissos Werke, hrsg. von Julius Eduard Hitzig. Fünfte vermehrte Auflage, hrsg. von Friedrich Palm, Bd. V und VI, Berlin 1864 (abgekürzt Palm V und VI), die im Nachlaß Chamissos in der Deutschen Staatsbibliothek Berlin befindlichen ungedruckten Briefe und Dokumente unter der Chiffre N. Ch. Die Zitate werden bei unverändertem Lautstand in modernisierter Rechtschreibung wiedergegeben. Die im Text gebotenen Zitate aus französischsprachigen Briefen wurden von uns übersetzt.

Französischer Emigrant und preußischer Offizier

1 Revue des deux mondes, Paris, Mai 1840; zitiert nach Eduard Hitzig, Palm V, S. 213.

2 Heinrich Heine: Die Romantische Schule, in: Heines sämtliche Werke, hrsg. von Ernst Elster, Leipzig 1890, Bd. 5, S. 351.

3 Vgl. Louis Brouillon: Les Origines d'Adelbert de Chamisso, Reims 1910, S. 33–56.

4 An de La Foye, 20. Januar 1805, Palm V, S. 59f.

5 Die Familie Chamisso ist weder vertrieben worden, noch wurde das Schloß „von Revolutionstruppen eingeäschert", wie es noch in neueren Darstellungen zu lesen ist, das hat Louis Brouillon bereits 1910 anhand der Akten des Archives de la Marne (Les Origines d'Adelbert de Chamisso, a. a. O., S. 57–66) nachgewiesen. Hippolyte de Chamisso hat in seiner handschriftlichen Familienchronik die Tatsachen frisiert, höchstwahrscheinlich, um die Ansprüche der Familie bei den 1825 erfolgten Emigrantenentschädigungen zu sichern.

6 Friedrich von Bodenstedt: Neues von und über Adelbert von Chamisso, in: Deutsche Revue, 1878, II. Jg., 1. Bd., S. 63.

7 Palm V, S. 8 (Original franz.).

8 Vgl. René-Marc Pille: La venue des Chamisso à Berlin, Etudes Germaniques 41 (1986), S. 24–35.

9 Zu Chamissos Unterricht am Französischen Gymnasium vgl. Christian Velder: Das Verhältnis Adelberts von Chamisso zu Weltbürgertum und Weltliteratur. Diss. Berlin (West) 1955, S. 42f.

10 Vgl. Julius Petersen und Helmuth Rogge: Adelbert von Cha-

misso und Helmina von Chézy, Bruchstücke ihres Briefwechsels, Mitteilungen aus dem Literaturarchiv in Berlin, Neue Folge 19, Berlin 1923, S. 6.

11 Palm V, S. 10 (Original franz.).

12 Undatierter Brief aus dem Jahre 1799, N. Ch., Kasten 17, Mappe 12.

13 Palm V, S. 12 (Original franz.).

14 Vgl. dazu Brief an Hippolyte, 1799, N. Ch. 17, 12. Im Original wiedergegeben von Werner Feudel, Adelbert von Chamisso als politischer Dichter, Diss. Halle 1965, S. 10.

15 Undatierter Brief an Hippolyte, 1799, N. Ch. 17, 12.

16 Brief an Hippolyte vom 16. April 1801, ebenda, teilweise und frei übersetzt bei F. v. Bodenstedt, a. a. O., S. 64f. Die Briefstelle lautet im Original: „... tu as parcouru sans envier leur sort cette classe privilegée ... Tu as vu souvent la nullité de leur existence et la fausseté de leur plaisir. Des plaisirs il en est pour tous les hommes. Crois-tu que je donnerais pour toutes leurs assemblées la chaleur bienfaisante de ce rayon de soleil auquel au premiers jours du printemps je viens m'en poser et le spectacle varié de la nature étranger à ceux qui ne savent pas en jouir avec mon cœur? Crois-tu que je le donnerais pour toutes leur redoutes et toutes leur fêtes?"

17 F. v. Bodenstedt, a. a. O., S. 63.

18 Aus diesem im Nachlaß befindlichen Bericht sind bisher nur Auszüge von F. v. Bodenstedt, a. a. O., S. 62, übersetzt worden. Vollständig wiedergegeben von W. Feudel, Chamisso als politischer Dichter, a. a. O., S. 258f.

19 Das 1788 in London erschienene, stellenweise sehr kritische Werk wurde auch in Preußen verlegt, allerdings gekürzt und dadurch wesentlich entschärft.

20 Vgl. Franz Mehring: Die Lessing-Legende, in: Gesammelte Schriften, Berlin 1963, Bd. 9, S. 119ff.

21 Vgl. W. Feudel, a. a. O., S. 258f.

22 Undatierter Brief an Hippolyte, 1801, N. Ch. 17, 13 und F. v. Bodenstedt, a. a. O., S. 71.

23 Chamisso, *Reise um die Welt*, Werke II, S. 200.

24 Im Nachlaß Chamissos befindet sich ein Heft mit dem Titel: *Les yeux de mon imagination rédigé par une verve encore dans l'enfance. Chevalier de Chamisso âgé de 13–14 ans. A Liège, Dusseldorf et autres lieux 1793/94.*

25 N. Ch. 17, 22. Übersetzt von F. v. Bodenstedt, a. a. O., S. 79. In der originalen Orthographie lautet die Briefstelle: „Vous tous, vous mes chers parens, Lise, mes freres, vous appuyez sur ce que jus été sans la revolution, je reponds que jus été un autre homme, que je n'eusse point muri sous d'autres circonstances

les idees et le caractère qui me donnent aujourdhui ma personalité. J'eusse eu d'autres préjugés d'autres moeurs, eusse-je été meilleur, je ne le crois pas. Je ne veux donc point accuser nos malheurs dans lesquels je me suis formé, mais ne veuillez point me donner aussi pour mesure, celle qui eut été peutêtre celle de l'autre homme mais qui ne peut plus etre aujourdhui la mienne. D'autres tems dautres moeurs."

Der Nordsternbund

1 Karl August Varnhagen von Ense: Denkwürdigkeiten und vermischte Schriften, Mannheim 1837, Bd. 2, S. 30.

2 Es erscheint freilich reichlich übertrieben, wenn Jürgen Schwann in seiner ausschließlich von philosophischen Fragestellungen ausgehenden Dissertation „Vom ‚Faust' zum ‚Peter Schlemihl'. Kohärenz und Kontinuität im Werk Adelbert von Chamissos" (Tübingen 1984) behauptet, daß Chamissos Dichtung „gleichsam als eine Interpretation" von Fichtes „Bestimmung des Menschen" aufzufassen sei (S. 152), hier haben in weitaus stärkerem Maße die anderen angeführten Vorbilder auf den Dichter gewirkt.

3 Iffland schickte Chamisso am 29. Juli 1803 das Manuskript mit der Bemerkung zurück: „Ce sont lés mémes raisons, trop longues a lés alleguér ici, que m'ont obligé de ne pas donnér le Faust du célebre Goethe, et le méme poéme de Mr. Benkowitz." N. Ch. 28, 40.

4 In den einleitenden Bemerkungen der *Reise um die Welt,* Werke II, S. 86.

5 Vgl. Herbert Scurla: Begegnungen mit Rahel. Der Salon der Rahel Levin, 4. Auflage, Berlin 1966, S. 53ff.

6 Vgl. Hans Dietrich Dahnke: Die frühromantische Literatur, in: Geschichte der deutschen Literatur, Bd. 7, Berlin 1978, S. 385ff.

7 Aus den „Fragmenten"; zitiert nach: Die Kunstanschauung der Frühromantik. Deutsche Literatur in Entwicklungsreihen, hrsg. von Heinz Kindermann, Reihe Romantik, Bd. 3, Leipzig 1931, S. 224.

8 Ebenda, S. 131f.

9 Bisher unveröffentlichter Brief Varnhagens an Hitzig, den dieser teilweise für seine Chamisso-Biographie verwandte. Nachlaß Hitzig, Märkisches Museum Berlin.

10 Andererseits hat Chamisso die französische Orthographie, bedingt durch seinen unregelmäßigen Schulbesuch während der Wanderjahre, nie besser beherrscht als die deutsche. So zeigt er z. B. Unsicherheiten in der Schreibweise von Silben und En-

dungen, die im Französischen phonetisch gleich ausgesprochen, aber verschieden geschrieben werden, etwa bei Vokalen vor Nasalen. Er schreibt z. B. *immance* statt *immense, mintenant* statt *maintenant* usw. Vgl. Kapitel *Französischer Emigrant und preußischer Offizier,* Anm. 25.

11 Werke I, S. 463f.

12 Vgl. Erich Frank: Rezensionen über schöne Literatur von Schelling und Caroline in der Neuen Jenaischen Literatur-Zeitung, in: Sitzungsberichte der Heidelberger Akademie der Wissenschaften. Philosophisch-historische Klasse, Bd. III, Jg. 1912, Heidelberg 1912, S. 3–64.

13 Jenaische Allgemeine Literaturzeitung, Nr. 107 (6. May) 1805; zitiert nach Erich Frank, a. a. O., S. 27f.

14 Vgl. dazu auch Ludwig Geiger: Vorwort zum Musenalmanach auf das Jahr 1806, Berliner Neudrucke, Zweite Serie, Bd. I, Berlin 1898, S. I–XXVI, und R. Pissin: Almanache der Romantik, Veröffentlichungen der Deutschen Bibliographischen Gesellschaft, Fünfter Band, Berlin-Zehlendorf 1910, Sp. 29–70. Pissin zitiert auch eine Rezension des Musenalmanachs 1805 im „Magasin Encyclopédique ou Journal des Sciences, des Lettres et des Arts. Redigé par A. L. [Aubin-Louis] Millin“, Paris 1805, Tome II, p. 452–454, die dort durch die Vermittlung von Ferdinand Koreff erschien.

15 Aus dem Nachlaß Varnhagens von Ense, Erster Band, Leipzig 1867, S. 146.

16 Aus Chamissos Frühzeit. Ungedruckte Briefe nebst Studien von Ludwig Geiger, Berlin 1905, S. 34f.

17 An de La Foye, René Riegel: Correspondance d’Adalbert de Chamisso, Fragments inédits, Paris 1934, S. 73.

18 An de La Foye, 20. September 1805, Aus Chamissos Frühzeit, a. a. O., S. 90.

19 Ihm wurde mitgeteilt, daß „Seine Königliche Majestät es für eine Undankbarkeit anerkannten, nunmehr den Abschied zu fordern, nachdem der Lieutenant von Chamisso in Zeiten der unerwachsenen Jugend, von allen Hilfsquellen entblößt, einen Zufluchtsort im Preußischen gefunden hat und auf Kosten des Staats erzogen und unterhalten worden ist.“ N. Ch. 1, 3.

20 An Varnhagen von Ense, 25. April 1806, Palm V, S. 141.

21 Zu der Beschäftigung mit der stoizistischen Philosophie Epiktets wurde Chamisso durch den Gedankenaustausch mit dem Theologen Neander angeregt. Vgl. Brief Chamissos an Varnhagen vom 25. April 1806, Palm V, S. 141f., und Brief Neanders an Chamisso, Palm VI, S. 291.

22 An Varnhagen, 25. April 1806, Palm V, S. 141.

23 An denselben, ebenda, S. 157.

24 Ebenda, S. 231.
25 28. November 1805, ebenda, S. 107f.
26 19. Oktober 1805, Aus Chamissos Frühzeit, a. a. O., S. 100.
27 Ebenda, S. 99.
28 Palm V, S. 109.
29 Werke I, S. 493.
30 Chamissos Werke, hrsg. von Hermann Tardel, Leipzig und Wien o. J. (1907/08), Bd. II, S. 54.
31 Werke I, S. 499. Von der Distichengruppe *Völker und Staaten* gibt es mehrere Fassungen. Die in den meisten früheren Werkausgaben angeführte ist von Chamisso später überarbeitet worden (s. Werke I, S. 498).
32 Zum Beispiel folgende Distichen:

Wär ich nur dort, jenseits des Geheges, geboren! wir zahlen
Unserem Landsherrn hier, wahrlich des Geldes zu viel!
Achtest denn Bauer für nichts du das Blut aufwachsender Kinder?
Dort dient jeglicher Sohn, wird in die Fremde verkauft.
Gnädiger Herr, nun es ist einmal nicht anders. Sie aber
Zahlen weniger dort. Schlimmer ergeht es uns.
Rinder und Bauer, ihr wollet gepeitscht sein, blutig, wohlan denn
Werdet gepeitschet und zollt treu dem geweiheten Brauch
Kälber und Kinder, die Milch und die Garben, dem Herrn der euch peitschte
Bring er auch alles zu Marcht [Markt; W. F.], *löse sich schimmerndes Gold.*

Werke I, S. 498.
Allem Anschein nach bezieht sich der erste Teil der vom Sinn her sehr dunklen Distichen auf die Verhältnisse in Frankreich und Preußen. „Jenseits des Geheges", in Frankreich, hat „jeglicher Sohn" zu dienen und sein Leben in der Fremde für die Eroberungszüge Napoleons einzusetzen (vgl. Brief an. W. Neumann, 5. November 1806, Palm V, S. 180); dennoch zahlen sie „weniger dort", denn sie sind persönlich frei. In Preußen haben die Bauern die ganze Last des Krieges zu tragen; sie sind nicht nur persönlich unfrei, sondern sie haben auch den Willen verloren, sich gegen ihre Knechtschaft aufzulehnen (vgl. Bericht an die Brüder aus dem Jahre 1799 und die verschiedenen Fassungen von *Völker und Staaten*). Die unzweideutig sozialkritische Tendenz des zweiten Teiles geht auf Rousseaus „Abhandlung über die Ungleichheit unter den Menschen" zurück. Wo der Despotismus herrscht, heißt es dort sinngemäß, gibt es weder Tugend noch Sittlichkeit. Stockblinder Gehorsam ist die einzige Tugend, die dem zum Sklaven erniedrigten Untertanen geblieben ist.
33 Palm V, S. 196.
34 Aus Chamissos Frühzeit, a. a. O., S. 65.

1 Varnhagen von Ense: Denkwürdigkeiten, a. a. O., Bd. VII, S. 95.
2 An Varnhagen, 23. Dezember 1806, Palm V, S. 200.
3 Ebenda, S. 201.
4 27. Januar 1807, ebenda, S. 205.
5 9. Dezember 1806, ebenda, S. 199.
6 In Chamissos Nachlaß fand sich ein Diplom der Loge Châlons-sur-Marne, das ihn als Mitglied, symbolische Stufe 3, ausweist. In Berlin scheint Chamisso keine Verbindung zu einer Loge gepflegt zu haben, zumindest finden sich darüber keine Belege.
7 Palm V, S. 219f.
8 Vgl. Vorwort zur *Reise um die Welt,* Werke II, S. 87.
9 Palm V, S. 230.
10 An Fouqué, 7. Januar 1809, ebenda, S. 242f.
11 Ebenda, S. 243.
12 An Fouqué, Juli 1809, ebenda, S. 255f.
13 Jacob und Wilhelm Grimm, Briefwechsel aus der Jugendzeit, hrsg. von Herman Grimm und Gustav Hinrichs, Zweite vermehrte und verbesserte Auflage besorgt von Wilhelm Schoof, Weimar 1963, S. 165.
14 Werke II, S. 87.
15 Palm V, S. 280 (Original französisch; Übersetzung W.F.).
16 Varnhagen, Denkwürdigkeiten, a. a. O., Bd. VII, S. 129.
17 17. Juni 1810, Palm V, S. 280.
18 Vgl. Brief an Wilhelm Neumann, 1. August 1810, ebenda, S. 296, und Brief an Rosa Maria Varnhagen, Anfang Dezember 1810, ebenda, S. 319.
19 Uhlands Briefwechsel, hrsg. von Julius Hartmann, Bd. I, Stuttgart und Berlin 1911, S. 187.
20 24. Juni 1810, Palm V, S. 288.
21 An de La Foye, 4. Juni 1810, René Riegel, Correspondance, a. a. O., S. 144.
22 Werke I, S. 92.
23 Chamisso hatte schon 1806 in einem Brief an Varnhagen auf die Bedeutung dieses Bündnisses hingewiesen: „Bei Schlegel und der Staël werden jetzt Waffen geschmiedet zum Kriege gegen Franztum. – Er hat sich bereits geübt in Vorlesungen in französischer Sprache und wird französisch gegen die Franzosen schreiben, indem die Staël für die Deutschen schreiben wird." Palm V, S. 159.
24 Ebenda, S. 302.
25 Palm VI, S. 317.
26 Aus Chamissos Frühzeit, a. a. O., S. 249.
27 An de La Foye, Riegel, Correspondance, a. a. O., S. 188.

28 Aus einem unvollendeten Brief nach Berlin, Palm V, S. 268f.
29 Ebenda, S. 329.
30 28. Februar 1811, Riegel, Correspondance, a. a. O., S. 177.
31 Frühjahr 1812, ebenda, S. 191.

Peter Schlemihl

1 Palm V, S. 377f.
2 November 1812, ebenda, S. 376.
3 Dem Andenken an Adelbert von Chamisso als Botaniker, von D. F. L. v. Schlechtendal, in: Linnaea. Ein Journal für die Botanik in ihrem ganzen Umfange, 13. Bd., Jg. 1839, Halle 1839, S. 95.
4 Palm V, S. 379.
5 27. Mai 1813, ebenda, S. 381.
6 August 1813, ebenda, S. 384.
7 Ebenda.
8 Palm VI, S. 115.
9 Thomas Mann: Chamisso, in: Aufsätze, Reden, Essays, hrsg. von Harry Matter, Bd. 1, Berlin 1983, S. 244.
10 Vgl. dazu: René Riegel: Adelbert de Chamisso, sa vie et son œuvre, Paris 1934, S. 441ff.
11 Aus einem unvollendeten Brief nach Berlin, Palm V, S. 269.
12 Werke II, S. 24.
13 Ebenda, S. 67.
14 Ebenda, S. 30.
15 Ebenda, S. 35.
16 Ebenda, S. 55.
17 Ebenda, S. 44.
18 Ebenda, S. 58.
19 Ebenda, S. 60.
20 Thomas Mann, a. a. O., S. 249.
21 Werke II, S. 79.
22 So Bernd Leistner, in: Nachwort zu *Peter Schlemihls wundersame Geschichte,* Rudolstadt 1986, S. 96.
23 An Karl Bernhard Trinius, Palm VI, S. 115.
24 Vgl. dazu auch: Benno von Wiese: Die deutsche Novelle von Goethe bis Kafka, Bd. I, Düsseldorf 1956, S. 110.
25 Übersetzt von Eduard Hitzig, Chamissos Werke, hrsg. von Hermann Tardel, Bd. II, S. 286.
26 Werke II, S. 65.
27 Vgl. Benno von Wiese, a. a. O., S. 110f., und Josef Nadler: Die Berliner Romantik 1800–1814, Berlin 1921, S. 122–125.
28 Thomas Mann, a. a. O., S. 253.
29 Werke II, S. 21.

30 Werke I, S. 421f.
31 Palm V, S. 391.
32 Ebenda, S. 370.
33 1810 schrieb Chamisso z. B. an Hitzig: „Die reiche Freihandelsstadt Hamburg hat zum zweiten wie zum ersten Male mir wohlgefallen; sie ist ganz, was sie sein will, und will nichts sein, als was sie ist. Der Kaufmann dient gemächlich seinem Gelde, läßt neben sich den Gelehrten, der von ihm lebt, unverunglimpft seinem andern Gotte dienen, und keiner pfuscht in des andern Spiel und Treiben. Die Leute sind solid und klar, sind gesund." Palm V, S. 273.
34 So Winfried Freund: Adelbert von Chamisso. Peter Schlemihl, Geld und Geist. Ein bürgerlicher Bewußtseinsspiegel, Paderborn–München–Wien–Zürich 1980, S. 33f. Für Freund stellt der Schatten „das jeden einzelnen angeborene Recht dar, in der bürgerlichen Gesellschaft zu existieren, er veranschaulicht den individuellen Anspruch auf Anerkennung, Geborgenheit und Aufstiegschancen. Verwirkt wird dieses Recht, wenn Verstöße gegen elementare Verhaltensnormen vorliegen, wie im vorliegenden Fall gegen das die bürgerliche Gesellschaft erst konstituierende Leistungs- und Arbeitsethos ... Wahre Statusverbesserung kann nur der erzielen, der den Zusammenhang von Geld und Moral im Auge behält" (S. 33f.). Das ist so unromantisch wie möglich und läßt eher auf die Gesinnung des Interpreten als des Dichters schließen. Vgl. dazu den S. 79 von uns zitierten Schluß der Novelle.
35 Jürgen Schwann: Vom „Faust" zum „Peter Schlemihl". Kohärenz und Kontinuität im Werk Adelbert von Chamissos, Tübingen 1984. Während Chamisso immer wieder die Absichtslosigkeit des Erzählens in diesem Werk betonte, vertritt Schwann in seiner reichlich akademisch angelegten Untersuchung die These, daß auch dem *Schlemihl* bis in die Motivkonstellation und den Erzählablauf hinein eine von moralphilosophischen Vorstellungen bestimmte didaktische Konzeption zugrunde liege. Der „Erzähler" Schlemihl erklärt aber ausdrücklich (mit Berufung auf den Dichter-Herausgeber): Du weißt, mein Freund, daß ich deutlich erkannt habe, seitdem ich den Philosophen durch die Schule gelaufen, daß ich zur philosophischen Spekulation keineswegs berufen bin, und daß ich mir dieses Feld völlig abgesprochen habe; ich habe seither vieles auf sich beruhen lassen, vieles zu wissen und zu begreifen Verzicht geleistet, und bin, wie du es mir selber geraten, meinem geraden Sinn vertrauend, der Stimme in mir, so viel es in meiner Macht gewesen, auf dem eigenen Wege gefolgt" (Werke II, S. 63). Vgl. auch Anm. 36.
36 Im November 1812 schrieb Chamisso an de La Foye: „Mir ist

das müßige Konstruieren a priori und Deduzieren und Wissenschaft aufstellen von jedem Quark und Haarspalten, zum Ekel worden; leben will ich meiner Ethik – folge ich meiner Nase nach und bin fromm und gut, wird mir schon Gott die vielen Worte schenken und sich mit mir erbarmen. – Der Wissenschaft will ich durch Beobachtung und Erfahrung, Sammeln und Vergleichen mich nähern." Palm V, S. 376.

37 Vgl. dazu Benno von Wiese, a. a. O., S. 104ff., und Werner Feudel. Chamisso als Mittler zwischen französischer und deutscher Literatur, in: Weimarer Beiträge (1986), Heft 5, S. 753–765.

38 Vgl. Georg Lukács: Deutsche Realisten des 19. Jahrhunderts, Berlin 1953, S. 59.

39 Palm VI, S. 161.

40 Vgl. Gero von Wilpert: Der verlorene Schatten. Varianten eines literarischen Motivs, Stuttgart 1978, und Philipp Rath, Bibliotheca Schlemihliana. Ein Verzeichnis der Ausgaben und Übersetzungen des Peter Schlemihl, Berlin 1919.

41 E. T. A. Hoffmann: Poetische Werke in sechs Bänden, Berlin 1958, Bd. I, S. 382ff.

42 Vgl. Der Doppelroman der Berliner Romantik, hrsg. von Helmut Rogge, Leipzig 1926, Bd. II, S. 320ff.

43 E. T. A. Hoffmann: Poetische Werke in sechs Bänden, a. a. O., Bd. III, S. 130.

44 Varnhagen von Ense: Denkwürdigkeiten, a. a. O., Bd. VII, S. 145.

45 Zitiert nach Erwin Stresemann: Eine Charakteristik Adelbert von Chamissos aus dem Jahre 1815, in: Forschungen und Fortschritte, Nachrichtenblatt der deutschen Wissenschaft und Technik, 33. Jg., Berlin, Mai 1959, Heft 5, S. 130.

Reise um die Welt

1 Vgl. Peter Krüger: Adelbert von Chamisso und die „Rurik"-Expedition. Zur Geschichte der Zusammenarbeit russischer und deutscher Wissenschaftler bei der Erforschung der Küstengebiete und des Ozeanbodens, in: Zeitschrift für geologische Wissenschaften 4 (1976), S. 255–263.

2 Palm VI, S. 34f.

3 Ebenda, S. 26f.

4 Werke II, S. 219.

5 Ebenda.

6 Ebenda, S. 597.

7 Ebenda, S. 243.

8 Vgl. Heinz Kelm: Adelbert von Chamisso als Ethnograph der Südsee, Diss. Bonn 1951, S. 122ff.

9 Werke II, S. 496.
10 Ebenda, S. 323.
11 Ebenda, S. 329.
12 Ebenda, S. 475.
13 Ebenda, S. 371.
14 Ebenda, S. 191.
15 Ebenda, S. 363f. In London las Chamisso auch das nachgelassene Werk der Frau von Staël: „Considérations sur les principaux événements de la révolution française", Paris 1818, in dem sie ihre Vorliebe für die englische Verfassung ausspricht. An Varnhagen schrieb Chamisso dazu am 9. November 1818: „Bist Du mit der Frau von Staël versöhnt? Hörst Du nicht in den Schwanenworten meiner Herrin den hellsten gewaltigsten Ausspruch der öffentlichen Meinung unserer Zeit?" Palm VI, S. 71.
16 Werke II, S. 115.
17 Vgl. Günther Schmid: Chamisso als Naturforscher, Leipzig 1942, S. 35.
18 Vgl. Peter Krüger: Adelbert von Chamisso und die „Rurik"-Expedition, a. a. O., S. 258ff.
19 Vgl. Heinz Kelm: Chamisso als Ethnograph der Südsee, a. a. O., S. 59ff.
20 An Reimer und Hirzel, 22. Oktober 1834, in: Deutsche Dichtung, hrsg. von Karl Emil Franzos, Berlin 1888, Bd. 4, S. 356.
21 Chamissos Werke, hrsg. von Hermann Tardel, Bd. III, S. 15.

Der Botaniker und liberale Bürger

1 Palm VI, S. 160.
2 Ebenda, S. 76.
3 Ebenda, S. 165.
4 An de La Foye, ebenda, S. 170. Dieser Ausspruch ist nicht ausschließlich im politischen Sinne zu verstehen, sondern Resümee der allgemeinen weltanschaulichen Entwicklung Chamissos.
5 Chateaubriand, Mémoires d'outre-tombe, Paris o. J., Bd. VI, S. 192f.
6 An Varnhagen schrieb Chamisso 1819: „... wir haben Anker geworfen, das Schiff gemoort, ich begehre nichts, als was ist in seiner ruhigen Entfaltung weilen zu sehen." Ebenda, S. 72f.
7 Thomas Mann, Chamisso, a. a. O., S. 246.
8 Palm VI, S. 258f.
9 Vgl. Günther Schmid: Chamisso als Naturforscher, a. a. O., S. 38f.
10 Hoffmann von Fallersleben: Mein Leben, Aufzeichnungen und Erinnerungen, Hannover 1868, I. Bd., S. 314f.

11 Vgl. Hans W. Hertz: Wilhelm Ludwig Hertz, ein Sohn des Dichters Adelbert von Chamisso. Ein genealogischer Beitrag, in: Archiv für die Geschichte des Buchwesens 10 (1969), S. 269–308. Begründete Zweifel an dieser These äußert Dörte Brockhagen: Adelbert von Chamisso, in: Literatur in der sozialen Bewegung, Tübingen 1977, S. 390f.

12 So gehen die Erzählungen „Datura fastuosa" und „Haimatochare" auf Anregungen durch Chamisso zurück. Vgl. dazu den Briefwechsel Hoffmanns mit Chamisso, mitgeteilt von Carl Georg v. Maassen im 1. Jahrgang der Zeitschrift „Hyperion", München 1908, S. 122ff.

13 Unter anderem „Das Malerzeichen", entstanden 1830.

14 Vgl. Friedrich Karl Timler: Der Botaniker, in: Dorothea von Chamisso, und Friedrich Karl Timler: Chamissos Berliner Zeit, Berliner Forum 4/82, Berlin (West), S. 54.

15 Schlechtendal, Linnaea 13. Bd. (1839), S. 104f.

16 Palm VI, S. 164.

17 *De animalibus quibusdam e classe vermium Linnaeana in circumnavigatione terrae ... observatis Adelbertus de Chamisso. Fasciculus primus. De Salpa. Berolini, 1819.*

18 Vgl. Friedrich Klengel: Die Entdeckung des Generationswechsels in der Tierwelt, Leipzig 1913, S. 26ff. und 32ff., und Günther Schmid: Chamisso als Naturforscher, a. a. O., S. 36.

19 Unter anderem wurde Chamisso in der von Lorenz Oken herausgegebenen Zeitschrift „Isis" aufgefordert, seine Thesen durch genauere Zeichnungen und sorgfältige Bezeichnung der einzelnen Teile zu belegen. Chamisso kam diesem Wunsch nach, doch wurde nur ein Teil der Abbildungen in die Zeitschrift aufgenommen, was den Wert der Darstellung beeinträchtigte. Vgl. dazu Klengel, a. a. O., S. 28.

20 Vgl. Klengel, a. a. O., S. 29ff. und 59ff.

21 Hier erschien u. a. neben farbigen Tafeln der Medusen Physalis Aethusa Tilles. und Pelagia noctiluca Pér. von Chamisso der Aufsatz *Notice sur les îles de corail du grand Océan.* Vgl. Werke II, S. 647ff.

22 Hier erschien eine zusammen mit Carl Wilhelm Eysenhardt verfaßte Abhandlung über Meeres-Schnecken, Würmer, Quallen, Polypen u. a., darunter eine neue Gattung der Medusen und im ganzen 28 neue Spezies. Vgl. Günther Schmid, a. a. O., S. 46.

23 Hier erschien der Aufsatz *Ein Zweifel und zwei Algen*, in dem Chamisso den schwedischen Algenforscher Carl Adolph Agardh korrigiert, der von der Umwandlung einer grünen Fadenalge in eine Rotalge gesprochen hatte. Chamisso wies nach, daß sich die rote Alge lediglich auf der grünen angesiedelt habe. Vgl. Timler, Der Botaniker, a. a. O., S. 48.

24 Der Aufsatz *Über das Torfmoor zu Linum* von Hoffmann, Poggendorff und Chamisso erschien 1822 im fünften Band, *Untersuchung eines Torfmoors bei Greifswald und ein Blick auf die Insel Rügen* 1824 im achten Band und *Über die Torfmoore bei Colberg, Gnageland und Swinemünde* 1825 im elften Band des „Archiv für Bergbau und Hüttenwesen". Vgl. dazu auch Adelbert von Chamisso: ... und lassen gelten, was ich beobachtet habe. Naturwissenschaftliche Schriften mit Zeichnungen des Autors, hrsg. von Ruth Schneebeli-Graf, Berlin (West) 1983, S. 111ff.

25 Henriette Herz in Erinnerungen, Briefen und Zeugnissen, Leipzig und Weimar 1984, S. 142f.

26 Palm VI, S. 213 (22. Juni 1827).

27 Vgl. Friedrich Karl Timler und Bernhard Zepernik: Chamissos „Übersicht der nutzbarsten und der schädlichsten Gewächse", in: Zandera, Mitteilungen aus der Bücherei des Deutschen Gartenbaues e. V., Berlin, Bd. 1 (1982), Heft 3/4, S. 35.

28 Zitiert nach Chamisso: Naturwissenschaftliche Schriften, hrsg. von Ruth Schneebeli-Graf, a. a. O., S. 181f.

29 Ebenda, S. 179.

30 Werke II, S. 353.

31 Karl Klüpfel: Gustav Schwab, Sein Leben und sein Wirken, Leipzig 1858, S. 253.

32 Palm VI, S. 169.

33 Ebenda, S. 187.

34 Zum Beispiel im Brief an Hippolyte vom 7. August 1819, N. Ch. 17, 16, teilweise wiedergegeben von W. Feudel: Chamisso als politischer Dichter, a. a. O., S. 38f.

35 Dieser etwa 600 Blätter umfassende Briefwechsel konnte erstmals vollständig eingesehen und ausgewertet werden. Bisher sind nur geringe Auszüge publiziert, die zum Teil von Karl Fulda grob gefälscht sind (Karl Fulda: Chamisso und seine Zeit, Leipzig 1889). Die Edition dieses Briefwechsels wird vorbereitet. Vgl. S. 225 dieser Biographie.

36 An Hippolyte, 11. Februar 1828, N. Ch. 17,19. (Original franz.).

37 Palm VI, S. 162.

38 Ebenda, S. 189.

39 Ebenda, S. 169.

40 Thomas Mann: Chamisso, a. a. O., S. 242.

41 Werke I, S. 83.

42 Ebenda, S. 147.

43 Ebenda, S. 148.

44 Hans-Georg Werner: Geschichte des politischen Gedichts 1815–1840, Berlin 1969, S. 152.

45 Werke I, S. 151.

46 Poetisches Hausbuch II, S. 119. In der Druckfassung heißt es

mit Rücksicht auf die Zensur: „Denn der Bürger denkt und glaubt ..." Vgl. Werke I, S. 106f.

47 Unter den damals gesammelten französischen Volksliedern befanden sich auch politische Chansons, z. B. die Broschüre „Recueil de Chansons choisies et patriotiques sur la Constitution française et les Droits de l'Homme", Paris 1790.

48 Werke I, S. 101.

49 Hoffmann von Fallersleben: Mein Leben, a. a. O., S. 316.

Ein Dichter Deutschlands

1 Am 2. Dezember 1824 schrieb er z. B. nach Frankreich, er teile im Hinblick auf die Entschädigungen die Meinung des „Constitutionnel". Man schaffe nur Unzufriedene und Mißgünstige, und wenn die Entschädigungen auf Kosten der jetzigen Besitzer ihrer Güter vorgenommen würden, wäre er unzufriedener, als wenn er gar nichts erhielte (N. Ch. 17, 18).

2 Palm VI, S. 102.

3 Ebenda, S. 108.

4 Vgl. Werner Feudel: Chamisso als Mittler zwischen französischer und deutscher Literatur, in: Weimarer Beiträge (1986), H. 5, S. 755.

5 Palm VI, S. 107f.

6 Ebenda, S. 106f.

7 Im Nachlaß des Dichters befindet sich ein Extrablatt zum Tode des Generals Foy mit der Grabrede Casimir Périers (N. Ch. 2, 4).

8 Palm VI, S. 110.

9 Varnhagen von Ense: Blätter aus der preußischen Geschichte, hrsg. von Ludmilla Assing, Bd. 4, Leipzig 1868, S. 4.

10 In dem Brief an Hippolyte heißt es: „L'insurrection est sans doute en Catalogue le plus saint des devoirs, et je ne doute pas de passer dans l'esprit des plusieurs pour un Jacobin parce que je n'ai pas le cœur à la cause. – Je pense mal sans doute, mais je ne saurais penser mieux" (12. Oktober 1827; N. Ch. 17, 18).

11 Palm VI, S. 206f.

12 Werke I, S. 660ff. Ob dieser Aufsatz veröffentlicht wurde, konnte bisher nicht nachgewiesen werden.

13 Zum Beispiel an Hippolyte, 6. Februar 1827, N. Ch. 17, 18, und am 31. Mai 1829, N. Ch. 17, 19. Das Chamisso unterlegte überschwengliche Lob der Hohenzollern, „vor denen jeder den Hut abnimmt ..." und deren größte Lust es sei, „auf das gewissenhafteste ihre hohe Regentenpflicht zu erfüllen", ist dagegen eine grobe Fälschung Fuldas (a. a. O., S. 226). Vgl. dazu Feudel: Chamisso als politischer Dichter, a. a. O., S. 222f.

14 Der vollständige Titel lautet: *De plantis ... observatis rationem dicunt Adelbertus de Chamisso et Diedericus de Schlechtendal.*
15 Diederich von Schlechtendal: Dem Andenken an Adelbert von Chamisso als Botaniker, a. a. O., S. 102.
16 Vgl. Klaus Werner: Chamisso als Botaniker – Kritische Anmerkungen zu einem Buch, in: Flora (1986) 178, S. 206.
17 Günther Schmid: Chamisso als Naturforscher, a. a. O., S. 9.
18 Vgl. ebenda, S. 66 und S. 111.
19 Ludwig Börne: Berliner Briefe 1828, hrsg. von Ludwig Geiger, Berlin 1905, S. 28f.
20 Johann Peter Eckermann: Gespräche mit Goethe, 23. Aufl., Leipzig 1948, S. 181. W. Gubitz berichtet, daß sich Goethe ähnlich gegenüber Mitgliedern der Mittwochsgesellschaft äußerte, die ihn in Weimar besuchten. W. Gubitz, Erlebnisse, Bd. 3, Berlin 1869, S. 139.
21 Ebenda, S. 141.
22 Palm VI, S. 211.
23 An Georg Reimer, 1. Februar 1833; zitiert nach E. F. Koßmann: Der Deutsche Musenalmanach 1833–1839, Haag 1908, S. 54.
24 Xavier Marmier, Visite à un poète, Revue de Paris, Nouvelle série, Année 1836, S. 143 (Übersetzung W. F.).
25 An Rosa Maria Assing, 24. Mai 1827, Palm VI, S. 210.
26 Ebenda, S. 215f.
27 Werke I, S. 87f.
28 Ebenda, S. 236.
29 Palm VI, S. 331.
30 Thomas Mann, a. a. O., S. 240.
31 Werke I, S. 211.
32 Ebenda, S. 232f.
33 Johann Peter Eckermann: Gespräche mit Goethe, a. a. O., S. 580.
34 Werke I, S. 570.
35 Ebenda, S. 101.
36 Ebenda, S. 209.
37 Ebenda, S. 207f.
38 Ebenda, S. 222.
39 Die von Rolf Jahn in der Dissertation: Die Gestaltung der Bettlerfigur in der deutschen Literatur, Jena 1958, S. 85ff., vertretene Auffassung, der Bettler sei ein „verelendeter Arbeiter" und die Ballade rufe zum „Kampf gegen die kapitalistische Gesellschaftsordnung auf", wird schon durch den Text des Gedichts widerlegt.
40 Zitiert nach E. F. Koßmann, a. a. O., S. 38.
41 Literaturblatt, Beilage zum Morgenblatt für gebildete Stände, Nr. 125, 9. Dezember 1831.

1 Varnhagen: Blätter aus der preußischen Geschichte, a. a. O., Bd. V, S. 300ff.
2 Vgl. Palm VI, S. 117f.
3 Ebenda, S. 221f.
4 Ebenda, S. 222.
5 Vgl. Feudel: Chamisso als politischer Dichter, a. a. O., S. 261.
6 Werke I, S. 293.
7 Ludwig Börne: Briefe aus Paris, Werke in 12 Bänden, hrsg. von Ludwig Geiger, Bd. VI, Berlin–Leipzig–Wien–Stuttgart 1913, S. 300ff.
8 Vgl. Feudel, a. a. O., S. 114f. und 142ff.
9 Werke I, S. 314.
10 An de La Foye, 4. August 1831, Palm VI, S. 226.
11 Koßmann: Der deutsche Musenalmanach, a. a. O., S. 8.
12 Werke I, S. 325.
13 Koßmann, a. a. O., S. 9.
14 Werke I, S. 327f.
15 Ebenda, S. 69.
16 Ebenda, S. 246.
17 Ebenda, S. 104f.
18 Vgl. Hans-Georg Werner: Geschichte des politischen Gedichts in Deutschland, a. a. O., S. 313.
19 Palm VI, S. 225.
20 Heinrich Heine: Ludwig Börne. Eine Denkschrift; Sämtliche Werke, a. a. O., Bd. 7, S. 59.
21 Vgl. Feudel: Chamisso als politischer Dichter, a. a. O., S. 144f.
22 Am 26. Juli 1832 schrieb er an Hippolyte: „Et bien le bonnet rouge de Hambach avait apparu tout à l'avantage des gouvernements. Ces forcenés, ces agitateurs, ces intempestifs républicains proclament la révolution que personne ne veut, à laquelle personne ne pense, auraient refoulé les gauches sur les centres, les centres sur les droites. Voilà que cette pancarte commande un mouvement contraire, et rapelle à la défense des institutions et de la légalité" (N. Ch. 17, 20). Am 14. April 1833, kurz nach dem Frankfurter Wachensturm, schrieb er dem Bruder: „Voilà aujourd'hui l'émeute transportée des rues de Paris dans nos villes rhenanes. – Pour cette fois j'ajouterai force à la propagande et aux émissaires républicains. Mais en même temps je prendrai acte de leur insuffisence et de leur impuissance à rien produire qui ne se soit aussi bien fait sans eux. – Secouez les arbres en avril et il n'en tombera pas de prunes" (N. Ch. 17, 20).
23 Über die bevorstehende Ministerkonferenz des Deutschen Bundes, die zu den berüchtigten Beschlüssen gegen die Universitäten, die Presse und das Junge Deutschland führte, äußerte er

sich am 6. Januar 1834: „Voilà nos messieurs qui se rassemblent à Vienne … Ce serait une belle occasion pour faire des sottises; cependant on croit generalement qu'il n'en sera point fait trop de grossières. Depuis juillet 1830 ma peur est incessement tournée de ce coté, et j'ai bien autrement peur des gouvernants que des peuples…" (N. Ch. 17, 20).

24 Vgl. Hans-Georg Werner: Geschichte des politischen Gedichts in Deutschland, a. a. O., S. 241ff.

25 Werke I, S. 237f.

Der Herausgeber des Deutschen Musenalmanachs

1 Palm VI, S. 230f.

2 Werke I, S. 72.

3 Palm VI, S. 231.

4 Friedrich Hebbel schrieb in Gutzkows „Telegraph für Deutschland": „Mir zum wenigsten war Chamisso hauptsächlich darum von jeher so wichtig, weil er, als Individualität, mir die ganze neufranzösische Literatur, soweit sie durch deutsche Befruchtung ins Leben gerufen wurde, in ihrem Entwicklungsgange vorzubilden schien." (Zitiert nach Friedrich Hebbel: Sämtl. Werke, hist.-krit. Ausgabe, besorgt von Richard Maria Werner, Bd. 10, Berlin 1904, S. 414.)

5 Werke I, S. 571.

6 Wilhelm Buchner: Ferdinand Freiligrath, Ein Dichterleben in Briefen, Bd. I, Lahr 1882, S. 167f.

7 Karl Klüpfel: Gustav Schwab, sein Leben und sein Wirken, Leipzig 1858, S. 253.

8 Koßmann: Der deutsche Musenalmanach, a. a. O., S. 20f.

9 Ebenda, S. 209f.

10 Brief an Gustav Schwab, 27. Mai 1832; Klüpfel, a. a. O., S. 253.

11 Karl Marx schrieb am 10. November 1837 an seinen Vater: „A. v. Chamisso hat mir einen höchst unbedeutenden Zettel zugeschickt, worin er mir meldet, ‚er bedaure, daß der Almanach meine Beiträge nicht brauchen könne, weil er schon lange gedruckt ist'. Ich verschluckte ihn aus Ärger." (Zitiert nach Michail Lifschitz: Karl Marx/Friedrich Engels: Über Kunst und Literatur, Berlin 1950, S. 422.) Natürlich war die lakonische Mitteilung Chamissos nur eine diplomatische Umschreibung einer Ablehnung, was Karl Marx, wie der Nachsatz zeigt, auch so empfunden hat. Ähnlich erging es Theodor Storm. Am 23. Januar 1837 schrieb der junge Gymnasiast: „Unabgeschreckt durch die Gutzkowsche Recension des diesjährigen Musenalmanachs wage ich es, Ew. Wohlgeboren einige meiner kleinen

poetischen Arbeiten vorzulegen, mit der Bitte, falls selbige nicht unwerth erachtet werden sollten, sie als Beitrag zum deutschen Musenalmanach anzunehmen. Mit Hochachtung Th. Storm. Zur Zeit Schüler des Katharineums in Lübeck, von Ostern stud. jur. zu Kiel" (N. Ch. 6 a, 18). Auch diese Gedichte wurden nicht in den Musenalmanach aufgenommen.

12 Palm VI, S. 323.

13 Heinrich Heine: Werke, hrsg. von Ernst Elster, a. a. O., Bd. II, S. 221.

14 Palm VI, S. 118f.

15 Ebenda, S. 327.

16 Vgl. Feudel: Chamisso als politischer Dichter, a. a. O., S. 271.

17 An Andersen, 21. Juni 1836, Palm VI, S. 326f.

18 Vgl. Feudel, a. a. O., S. 199ff.

19 Brief an Hippolyte, ebenda, S. 200.

20 Palm VI, S. 326.

21 Goethe-Jahrbuch, XXIV. Bd., S. 99f.

22 Vgl. Oskar Walzel: Vorwort zu Chamissos Werke, Deutsche National-Literatur, 148. Bd., Stuttgart 1892, S. CXI.

23 Werke I, S. 158f.

24 Ebenda, S. 178.

25 Ebenda, S. 254.

26 Ebenda, S. 77f.

Der Mann der Zukunft

1 Palm VI, S.129.

2 Ebenda, S. 135 f.

3 Werke I, S. 420.

4 Palm VI, S. 138.

5 Am 4. März 1832 schrieb Chamisso an Hippolyte: „Voilà, mon cher ami, le schisme dans l'église de St. Simon. – Si vous avez peur d'eux, ne les persécutez pas, laissez les faire, ils crouleront sur eux-mêmes. Cependant je t'avouerai qu'ils inspirent chez nous attention et intérêt, et plusieurs de leur idées y trouvent de l'echo, dans les sommitées mêmes de la société. Quelques-unes de leurs idées politiques semblent empruntées d'un de nos philosophes (Fichte) dans un ouvrage de théorie et de spéculation que l'on peut comparer à la république de Platon. – Je partage bien ce pressentiment sur lequel ils semblent se fonder, que notre civilisation s'avance vers un renouvellement quelconque encore inconnu, mais je ne vais pas plus loin avec eux et n'attent point leur couple Messie" (N. Ch. 17, 20). Dieser Brief läßt erkennen, daß Chamissos Vorbehalte sich gegen die „Apostel" Bazard und Enfantin richten, daß er aber das soziale Anlie-

gen der Saint-Simonisten nicht recht ernst nimmt. Hippolyte antwortete ihm darauf: „Tu dis que l'on a eu tort de fermer le Club de Saint-Simoniens, mais c'est que tu vois les choses de loin. Il faut savoir qu'outre leur doctrine religieuse qui en est tellement insensée que personne ne la croit dangereuse, ils en proclamaient une autre bien autrement attrayante: l'abaissement des Riches et le partage de leurs dépouilles aux pauvres" (N. Ch. 20, 8).

6 N. Ch. 17, 21.

7 Eine Kopie der Familiengeschichte befindet sich im Nachlaß Chamisso in der Deutschen Staatsbibliothek (N. Ch. 33). Sie enthält Familiendokumente, eine Genealogie des Hauses Chamisso und Lebensläufe der Großeltern, Eltern und Geschwister des Dichters. Im Vorwort zu diesem handschriftlichen Werk schrieb Hippolyte de Chamisso: „Ignorant ce que l'avenir peut amener à cet égard, né noble, reconnu Noble par la Charte, devant transmettre à mes enfants la Noblesse et la qualité de Gentilhomme, je regards comme un devoir de rassembler ici quelques souvenirs ..." Man vergleiche damit das Testament des Dichters.

8 Am 29. August 1837 schrieb er z. B. an Hippolyte: „La machine à vapeur est l'hieroglyphe de notre époque, – plus de distance, plus de démarcations, le monde de notre civilisation n'est plus qu'un ‚la presse abat les murs de la patrie' (Béranger), le locomotif est lancé, tout obeit à l'impulsion, tous les gouvernements liberaux ou absolus de nom, ne peuvent que suivre. – Bonaparte a tenu le dernier les rênes de l'histoire, depuis lui, plus d'hommes, les choses vont et se font d'elles mêmes, l'esprit du temps, l'esprit de l'histoire souffle et tout va. –" (N. Ch. 17, 21).

9 Vgl. an Hippolyte, 14. April 1833, N. Ch. 17, 20; teilweise bei Feudel: Chamisso als politischer Dichter, a. a. O., S. 245 f.

10 W. Pfeiffer: Drei Briefe an Fouqué, Euphorion 9, 1902, S. 677.

11 Aus einer ganzen Reihe von Belegen sei als Beispiel der Brief vom 10. Dezember 1837 zitiert: „... je vois partout le progrès comme il est là. – Si l'irréligion du beau monde parisien te fait peur, sont-ce donc les mœurs de la régence que tu voudrais rapeller – sans doute que l'on fréquentait d'avantage les églises – – sont-ce les buchers des Dauphinés, la St. Barthélemy, dont le contrecoup fit sauter la tête de Marie Stuart? – – Il y a cinquante ans qu'en pareil cas on eut ecartelé et brulé à feu les ministres de Charles X. Vois aujourd'hui il en eut été quitté pour quelques années de reclusion. – Je vois partout le mœurs se sadoucir et les législations se moraliser. – L'abolition de la Torture a été le premier pas – on tue encore ceux dont l'existence

menace la société, on ne s'amuse plus à les faire souffrir ... la liberté des nègres est enfin admise en principe, et plusieurs gouvernements cherchent déjà de bonne foi à abolir la traite des noirs. – Je ne vois pas quel mal il y aura quand ils y auront réussi. – Ce sera peut-être encore long, car les bons catholiques d'Espagne et les bons républicains des Etats-Unis méridionaux d'autres encore y trouvent de l'argent à gagner ..." (N. Ch. 17, 21).

12 29. August 1837, N. Ch. 17, 21.

13 Ähnlich versuchte auch Baron von Kottwitz den Armen Gelegenheit zur Arbeit und bessere Unterkunft außerhalb Berlins zu verschaffen, ohne indes viel zu erreichen. Vgl. Max von Boehn: Biedermeier. Deutschland von 1815–1847, S. 149f.

14 Werke I, S. 79.

15 Correspondance de Béranger, recueilli par Paul Boitteau, Bd. II, Paris o. J., S. 190f. (Original franz.).

16 Palm VI, S. 140.

17 Zitiert nach René-Marc Pille: Les papiers d'Adelbert de Chamisso ... Répertoire raisonné de la partie française du fonds Chamisso de la Deutsche Staatsbibliothek de Berlin (RDA), Thèse Aix-en-Provence 1985, Vol. II. S. 318f. (Original franz.). Übersetzung W. F.

18 Koßmann, a. a. O., S. 221f.

19 Werke I, S. 621.

20 So unterdrückte er z. B. in dem Gedicht „La mort du roi Christophe" die Namen der Fürsten der Heiligen Allianz. In dem Gedicht „Jacques", in dem Béranger die reichen Bürger für das Schicksal der Armen verantwortlich macht, ersetzt Chamisso den Begriff „die Reichen" durch „der Gutsherr" und gibt so dem Gedicht ausschließlich eine antifeudale Note.

21 Werke I, S. 599.

22 Ebenda, S. 110.

23 Palm VI, S. 257.

24 Werke I, S. 292.

25 Zitiert nach Agnes Ziegengeist: Die Literaturkritik des jungen Georg Herwegh, mit neuen Texten aus Herweghs Frühwerk, Diss. Berlin 1965, S. 322.

26 Louise d'Engente, die Schwester Chamissos, bat Hitzig, gegen Laubes Artikel im Constitutionnel, Supplément Dimanche 26. Mai 1839, aufzutreten. Unter anderem schrieb sie: „Überdies daß dieser Artikel des Herrn Heinrich Laube in dem Constitutionnel erscheint und von andern Journalen derselben Farbe abgedruckt wird, so ist er in den Händen gerade derjenigen, welche uns unsrer alten Vorrechte beraubt haben, welche eifersüchtig auf die Hochachtung schauen, mit welcher man

noch immer die treuen Diener der alten Könige und der alten Zeiten betrachtet." Handschriftliche Übersetzung durch E. Hitzig, N. Ch. 2, 15.

27 Georg Herwegh: Deutsche Lyrik, in: Herwegh: Frühe Publizistik 1837–1841, unter Leitung von Bruno Kaiser bearbeitet von I. Pepperle, J. Rosenberg und A. Ziegengeist, Berlin 1971, S. 46.

28 Linnaea, 13. B., Jg. 1839, S. 105.

29 Günther Schmid: Chamisso als Naturforscher, a. a. O., S. 10.

30 Ebenda, S. 25f.

31 Palm VI, S. 251.

32 Vgl. Hans-Georg Werner: Geschichte des politischen Gedichts, a. a. O., S. 310.

33 Vgl. Elisabeth Ehrlich: Das französische Element in der Lyrik Chamissos; Germanische Studien, Heft 118, Berlin 1932. Die Autorin versucht dort, Chamissos Lyrik als undeutsch zu diffamieren, indem sie deutsche Dichtung gleich romantische Dichtung setzt, französischen *Esprit* und deutschen *Geist* als angeblich unvereinbar gegeneinander ausspielt. Chamissos Lyrik sei deutsch gewollt, aber französisch gedacht. Richtig ist, daß die späte Lyrik ihrem Wesen nach unromantisch ist, daß deutsche und französische Einflüsse sie gleichermaßen geformt haben, daß aber gerade darauf ihre Bedeutung und ihr eigentümlicher Reiz beruhen.

34 Vgl. Peter Krüger: Adelbert von Chamisso und die Rurik-Expedition, in: Zeitschrift für geologische Wissenschaften 4 (1976), S. 255–265, und Ruth Schneebeli-Graf (Hrsg.): Adelbert von Chamisso: Und lassen gelten, was ich beobachtet habe. Naturwissenschaftliche Schriften mit Zeichnungen des Autors, Berlin (West) 1983. Vgl. dazu Klaus Werner: Chamisso als Botaniker – Kritische Anmerkungen zu einem Buch, Flora (1986) 178, S. 203–207.

35 So in der aus angeblich unbekannten Briefen und anderen Dokumenten zusammengestellten „Porträtskizze des Naturforschers" von Ruth-Schneebeli-Graf (a. a. O., S. 231–279), in der ein recht philisterhaftes Bild der Persönlichkeit Chamissos entworfen wird, oder in der Chamisso-Biographie von Peter Lahnstein (München 1984), die ohne Kenntnis der französischsprachigen Briefe des Dichters verfaßt wurde. Lahnstein betont die alten Klischees vom königstreuen preußischen „Beamten", „Der Preuße aus Frankreich" lautet der Untertitel des Buches. Chamisso hat aber nie die preußische Staatsangehörigkeit angenommen, sondern sich stets als Mittler zwischen Deutschland und Frankreich angesehen.

36 Tardel II, S. 289f.

Literaturhinweise

(Auswahl)

I. Werkausgaben

Adelbert von Chamissos Werke, 4 Bde., Leipzig (Weidmann) 1836.

Adelbert von Chamissos Werke. Fünfte vermehrte Auflage, hrsg. von Friedrich Palm, 4 Bde. (Bd. 5 und 6 *Leben und Briefe von Adelbert von Chamisso,* hrsg. von Julius Eduard Hitzig), Leipzig 1864.

Chamissos Werke, hrsg. von Oskar F. Walzel, Berlin und Stuttgart (Deutsche National-Literatur 148) o. J. (1892).

Chamissos Werke, hrsg. von Hermann Tardel. Kritisch durchgesehene und erläuterte Ausgabe, 3 Bde., Leipzig und Wien (Meyers Klassiker-Ausgaben) o. J. (1907/08).

Chamissos Werke in 5 Teilen. Auf Grund der Hempelschen Ausgabe neu herausgegeben mit Einleitung und Anmerkungen versehen von Max Sydow, Berlin (Bongs Goldene Klassiker Bibliothek) o. J. (1909).

Adelbert von Chamisso: Werke in einem Band, ausgewählt und eingeleitet von Peter Wersig, Berlin und Weimar (Bibliothek Deutscher Klassiker) 1967.

Adelbert von Chamisso: Gedichte und Versgeschichten, Auswahl und Nachwort von Peter von Matt, Stuttgart (Reclam) 1971.

Adelbert von Chamisso: Werke in zwei Bänden. Neu bearbeitet von Ulrike Wehres und Wolfgang Deninger, Zürich–Frankfurt–Innsbruck 1971.

Adelbert von Chamisso: Sämtliche Werke in zwei Bänden. Nach dem Text der Ausgaben letzter Hand und den Handschriften. Textredaktion Jost Perfahl, Anmerkungen und Nachwort von Volker Hoffmann, München (Winkler) 1975.

Adelbert von Chamisso: Ich bin nach Weisheit weit umhergefahren. Gedichte, Dramatisches, Prosa, hrsg. mit Nachwort und Anmerkungen von Werner Feudel, Leipzig (Reclam) 1978.

Adelbert von Chamisso: Werke in zwei Bänden, hrsg. von Werner Feudel und Christel Laufer (Einführung, Kommentar, Zeittafel: Werner Feudel. Textherstellung: Christel Laufer), Leipzig (Insel) 1981.

Adelbert von Chamisso: Und lassen gelten, was ich beobachtet habe. Naturwissenschaftliche Schriften mit Zeichnungen des Autors, hrsg. von Ruth Schneebeli-Graf, Berlin (West) 1983.

Adelbert von Chamisso: Illustriertes Heil-Gift- und Nutzpflanzenbuch, hrsg. von Ruth Schneebeli-Graf, Berlin (West) 1987.

Adelbert von Chamisso: Werke in einem Band. Ausgewählt und eingeleitet von Werner Feudel, Berlin und Weimar (Aufbau) 1988.

II. Briefe

Leben und Briefe von Adelbert von Chamisso, hrsg. von Julius Eduard Hitzig, in: Chamissos Werke, fünfte vermehrte Auflage, bearbeitet von Friedrich Palm, Bd. V und VI, Berlin 1864.

Chamisso, Adelbert von: Briefe an Rosa-Maria Assing, Freihafen, Altona 1839.

Chamisso, Adelbert von: Briefe an Fouqué, Euphorion, Zeitschrift für Literaturgeschichte, Heft 9, 1902.

Chamisso, Adelbert von: Brief an Rahel Varnhagen, Goethe-Jahrbuch, XXIV. Bd., 1903.

Chamisso, Adelbert von, und *Chézy,* Helmina von: Bruchstücke ihres Briefwechsels, hrsg. von Julius Petersen und Helmuth Rogge; Mitteilungen aus dem Literaturarchiv in Berlin, 1923.

Briefe von Chamisso, Gneisenau, Haugwitz, W. v. Humboldt, Prinz Louis Ferdinand, Rahel, Rückert, L. Tieck u. a.; Aus dem Nachlaß Varnhagens von Ense, Erster Band, Leipzig 1867.

Ungedruckte Briefe von Adelbert von Chamisso. Mitgeteilt von Ernst Koßmann, in: Deutsche Dichtung, hrsg. von Karl Emil Franzos, 4 (15. 8. und 15. 9. 1888), 10 und 12, S. 301–306 und S. 354–360.

Ungedruckte Briefe von Adelbert von Chamisso, Gustav Schwab und Friedrich Rückert. Mitgeteilt von Georg Hirzel, in: Deutsche Dichtung, a. a. O. 12 (1892), S. 28–31, 76f., 174–177.

Bessler, Otto: Chamisso als Naturforscher. Bisher unveröffentlichte Briefe, in: Wissenschaftliche Zeitschrift der Martin-Luther-Universität Halle – Wittenberg 4 (1954).

Bodenstedt, Friedrich: Neues von und über Adelbert von Chamisso; Deutsche Revue, Oktober 1878.

Dorow, Wilhelm: Denkschriften und Briefe zur Charakteristik der Welt und Literatur, Berlin 1840.

Fulda, Karl: Chamisso und seine Zeit, Leipzig 1881.

Geiger, Ludwig: Aus Chamissos Frühzeit, ungedruckte Briefe nebst Studien, Berlin 1905.

Koßmann, Ernst Ferdinand: Der deutsche Musenalmanach 1833–1839 (Redaktionskorrespondenz), Haag 1908.

Riegel, René: Correspondance d'Adalbert de Chamisso, Fragments inédits suivis de Das stille Julchen par Helmina von Chézy, Paris 1934.

III. Monographien und Spezialuntersuchungen

Adnes, André: Chamisso et le mythe de l'ombre, in: Chamisso. Actes des journées franco-allemandes des 30 et 31 mai 1981, Sainte-Menehould 1982, S. 141–148.

Alfero, Giovanni Angelo: Adelbert von Chamisso, Torino 1924.

Alpi, Friederike: Chamisso's Peter Schlemihl, Diss. Wien 1939.
Ampère, Jean-Jacques: Chamisso, in: Revue des deux Mondes 22, Paris 1840, S. 641–671.
Atkins, Stuart: Peter Schlemihl in Relation to the popular novel of the romantic period, in: The Germanic Review, Columbia university, 1946.
Baumgartner, Ulrich: Adelbert von Chamissos Peter Schlemihl, Frauenfeld – Leipzig 1944.
Brockhagen, Dörte: Adelbert von Chamisso. Ein Forschungsbericht, in: Literatur in der sozialen Bewegung. Aufsätze und Forschungsberichte zum 19. Jahrhundert. In Verbindung mit Günter Häntzschel und Georg Jäger, hrsg. von Alberto Martino, Tübingen 1977.
Brouillon, Louis: Les origines d'Adelbert de Chamisso, in: Traveaux de l'Académie nationale de Reims, 127. Volume, Anné 1909/10, Tome Ier.
Brun, Xavier: Adelbert de Chamisso de Boncourt, Thèse Lyon 1896.
Chabozy, Friedrich: Über das Jugendleben Adelberts von Chamisso. Zur Beurteilung seiner Dichtung „Peter Schlemihl", Diss. Jena 1879.
Chamisso, Dorothea von: Adalbert von Chamisso. Bild seines Lebens, Berlin 1981.
Chamisso, Dorothea von, und *Timler,* Friedrich Karl: Chamissos Berliner Zeit. Vom Pagen zum Direktor des Botanischen Gartens: der Dichter Adelbert von Chamisso, Berliner Forum 4/82.
du Bois Reymond, Emil: Adelbert von Chamisso als Naturforscher, Leipzig 1889.
Ehrhard, Auguste: La conversion à l'Allemagne du champenois Adelbert de Chamisso. Extrait des Travaux de l'Académie de Reims, Tome 147 (1931/32), p. 190–236.
Ehrlich, Elisabeth: Das französische Element in der Lyrik Chamissos, in: Germanische Studien, Heft 118, Berlin 1932.
Erläuterungen zur klassischen deutschen Literatur. Romantik (Kapitel Adelbert von Chamisso), hrsg. vom Kollektiv für Literaturgeschichte im Verlag Volk und Wissen, Berlin, Berlin 1968.
Feudel, Werner: Chamisso als politischer Dichter. Diss. Halle 1965.
Feudel, Werner: Chamisso, médiateur entre la littérature française et la littérature allemande, in: Actes des journées franco-allemandes, a. a. O., S. 17–27.
Feudel, Werner: Chamisso als Mittler zwischen französischer und deutscher Literatur, in: Weimarer Beiträge, H. 5 (1986), S. 753–765.
Fink, Gonthier-Louis: Peter Schlemihl ou la démonisation de l'argent, in: Actes des journées franco-allemandes, a. a. O, S. 123–132.

Flores, Ralph: The lost shadow of Peter Schlemihl, in: German Quarterly 47 (1974), S. 567–584.

Freund, Winfried: Adelbert von Chamisso „Peter Schlemihl", Geld und Geist. Ein bürgerlicher Bewußtseinsspiegel; Entstehung – Struktur – Rezeption – Didaktik. Paderborn/München [u. a.] 1980.

Geiger, Ludwig: Adelbert von Chamisso, Leipzig (Reclam) 1907.

Gille, Klaus F.: Der Schatten des Peter Schlemihl, in: Der Deutschunterricht I, 1987, Romantik, hrsg. von Heinz-Dieter Weber, S. 74–83.

Götze, Alfred: Frau von Staël, Chamisso und H. v. Chézy, in: Archiv für das Studium der neueren Sprachen 189 (1952/53), S. 145–171.

Gullberg, Helge: Hans Christian Andersen och Adelbert von Chamisso, in: Nordisk Tidskrift 55 (1979), S. 71–84.

Hertz, Hans W.: Wilhelm Ludwig Hertz, ein Sohn des Dichters Adelbert von Chamisso. Ein genealogischer Beitrag, in: Archiv für die Geschichte des Buchwesens 10 (1969), Sp. 269–308.

Hoffmann, Arnold: Bérangers Einfluß in Chamissos Gedichten; Programm der Kgl. Oberrealschule Suhl 1905.

Hoffmann, Ernst Fedor: Spiegelbild und Schatten. Zur Behandlung ähnlicher Motive bei Brentano, Hoffmann und Chamisso, in: Lebendige Form, hrsg. von Jeffrey L. Sammons und Ernst Schürer, München 1970, S. 167–188.

Hoffmann, Volker: Nachwort und Anmerkungen zu Adelbert von Chamisso. Sämtliche Werke in zwei Bänden, München 1975.

Hoffmann, Volker: Drücken, Unterdrücken – Drucken. Zum Neubeginn von Chamissos politischer Lyrik anhand eines erstveröffentlichten Briefes an Uhland, in: Jahrbuch der deutschen Schillergesellschaft XX (1976), S. 38–86.

Hoffmann, Volker: Peter Schlemihl, une machine célibataire. Treize Thèses et notes; in: Actes des journées franco-allemandes, a. a. O., S. 133–140.

Hoffmann, Volker: Künstlerselbstzeugung durch Metamorphose: Naturpoesie aus den Ruinen der Zivilisation. Zu Adelbert von Chamissos Gedicht „Das Schloß Boncourt", in: Gedichte und Interpretationen, Bd. 4: Vom Biedermeier zum Bürgerlichen Realismus, hrsg. von Günter Häntzschel, Stuttgart 1983, S. 58–68.

Hohoff, Curt: Adelbert von Chamisso, in: Das innere Reich 7 (1940/41), Bd. 2, S. 448–460.

Kelm, Heinz: Adelbert von Chamisso als Ethnograph der Südsee, Diss. Bonn 1951.

Koeppen, Wolfgang: Chamisso und Peter Schlemihl, in: Ders.: Die elenden Skribenten. Aufsätze, hrsg. von Marcel Reich-Ranicki, Frankfurt (Main) 1981, S. 25–35.

Kroner, Peter: Adelbert von Chamisso, sein Verhältnis zu Romantik, Biedermeier und romanischem Erbe, Diss. Erlangen 1941.

Kroner, Peter: Adelbert von Chamisso, in: Deutsche Dichter der Romantik. Ihr Leben und Werk, hrsg. von Benno von Wiese, Berlin 1971, S. 371–390.

Krüger, Peter: Adelbert von Chamisso und die Rurik-Expedition. Zur Geschichte der Zusammenarbeit russischer und deutscher Wissenschaftler bei der Erforschung der Küstengebiete und des Ozeanbodens, in: Zeitschrift für geologische Wissenschaften 4 (1976), S. 255–265.

Kux, Hedwig: Über Adelbert von Chamissos Beschreibung der Insel Santa Catarina in der „Reise um die Welt" (1836), in: Staden – Jahrbuch 27/28 (Jg. 79/80), S. 41–50.

Lahnstein, Peter: Adelbert von Chamisso. Der Preuße aus Frankreich, München 1984.

Liptzin, Solomon: Chamisso as a social poet, in: Philological Quarterly, Volume V, Nr. 3, July 1926.

Liptzin, Solomon: The poet of the Middle Class, in: Lyric Pioneers of Modern Germany, New York 1928.

Loeb, Ernst: Symbol und Wirklichkeit des Schattens in Chamissos „Peter Schlemihl", in: Germanisch-Romanische Monatsschrift N. F. 15 (1965), S. 398–408.

Lübbe-Grothues, Grete: Chamisso: Peter Schlemihls wundersame Geschichte. Protokoll einer Arbeitsgemeinschaft, in: Wirkendes Wort 6 (1955/56), H. 5, S. 301–307.

Ludwig, Albert: Schlemihle. Eine Studie zum Fortleben des Chamissoschen Märchens in Deutschland und England, in: Archiv für das Studium der neueren Sprachen und Literaturen, Jg. 74, Bd. 140, Deutsches Sonderheft (1920), S. 95–135, Nachträge in: Jg. 75, Bd. 142, 1921, S. 124ff.

Mahr, August C.: The Visit of the „Rurik" to San Francisco in 1816, Stanford, London, Oxford 1932.

Mann, Thomas: Chamisso, in: Aufsätze, Reden, Essays, hrsg. von Harry Matter, Bd. 1, Berlin 1983, S. 230–254.

Mauget, L.: Notes historiques sur Adelbert de Chamisso (1781–1838), Reims 1910.

Menza, Gisela: Adelbert von Chamisso's Reise um die Welt mit der Romanzoffischen Entdeckungs-Expedition in den Jahren 1815–1818. Versuch einer Bestimmung des Werkes als Dokument des Übergangs von der Spätromantik zur vorrealistischen Biedermeierzeit, Frankfurt (Main)/Bern 1978.

Miller, Norbert: Chamissos Schweigen und die Krise der Berliner Romantik, in: Aurora, Jahrbuch der Eichendorff Gesellschaft 39 (1979), S. 101–119.

Möbius, Martin: Chamisso als Botaniker, in: Beihefte zum Botanischen Zentralblatt 36 (1918).

Müssle, Hans Peter: Chamissos Peter Schlemihl oder die Weltordnung des Teufels, Nagoya (Japan) 1961.

Nadler, Josef: Die Berliner Romantik 1800–1814. Ein Beitrag zur gemeinvölkischen Frage: Renaissance, Romantik, Restauration. Berlin 1921, S. 120–125.

Nettesheim, Josefine: Adalbert von Chamissos botanisch-exotische Studien, Peter Schlemihl und die Lieder von „armen Leuten", in: Dieselbe: Poeta doctus oder die Poetisierung der Wissenschaft von Musäus bis Benn, Berlin 1975, S. 57–76.

Pille, René-Marc: Les papiers d'Adelbert de Chamisso (1781–1838). Répertoire raisonné de la partie française du fonds Chamisso de la Deutsche Staatsbibliothek de Berlin (RDA), Thèse de 3e cycle, Aix-en-Provence 1985.

Pille, René-Marc: La venue des Chamisso à Berlin, in: Études Germaniques, Janvier-Mars 1986, p. 24–35.

Pille, René-Marc: Sechs ungedruckte Briefe Koreffs an Chamisso. Zeugnisse einer erloschenen Freundschaft, in: Zeitschrift für Germanistik, 8. Jg., April (1980), H. 2, S. 171–178.

Rath, Philipp: Bibliotheca Schlemihliana. Ein Verzeichnis der Ausgaben und Übersetzungen des Peter Schlemihl. Nebst neun unveröffentlichten Briefen Chamissos und einer Einleitung. Mit 6 Bildbeilagen, Berlin 1919.

Reimann, Paul: Adelbert von Chamisso, in: Ders.: Hauptströmungen der deutschen Literatur 1750–1848. Beiträge zu ihrer Geschichte und Kritik, Berlin 1956, S. 674–691.

Riegel, René: Adalbert de Chamisso, sa vie et son œuvre, 2 Bde., Paris 1934.

Rougemont, Denis: Chamisso et le mythe de l'ombre perdu, in: Le Romantisme Allemand. Textes et études publiés sous la direction d'Albert Béguin. Marseille 1949, S. 276–284.

Sanders, Daniel: Eigenheiten und Eigentümlichkeiten in Chamissos Sprache, in: Zeitschrift für deutsche Sprache, 2. Jg., Leipzig 1889, S. 343f., 410f., 557f., 597f.

Schapler, Julius: Chamissos Peter Schlemihl, Diss. Leipzig 1892.

Schapler, Julius: Chamisso-Studien, Arnsberg 1909.

Schlechtendal, Diederich Franz Leonhard von: Dem Andenken an Adelbert von Chamisso, in: Linnaea. Ein Journal für die Botanik in ihrem ganzen Umfange 13 (1839), S. 93–112.

Schmid, Günther: Chamisso als Naturforscher. Eine Bibliographie. Leipzig 1942.

Schneider, Hans: Chamissos Balladentechnik, Diss. Breslau 1916.

Schneider, Rolf: Wirklichkeitsmärchen und Romantik, in: Aufbau, Kulturpolitische Monatszeitschrift, Berlin (1957), Heft 8, S. 203–210.

Schubotz, Eduard: Chamissos Gedichte, eine Stiluntersuchung, Diss. Marburg 1910.

Schulz, Franz: Die erzählerische Funktion des Motivs vom verlorenen Schatten in Chamissos „Peter Schlemihl", in: The German Quarterly 45 (1972), H. 3, S. 429–442.

Schwann, Jürgen: Vom „Faust" zum „Peter Schlemihl". Kohärenz und Kontinuität im Werk Adelbert von Chamissos, Tübingen 1984.

Schweizer, Niklaus R.: A poet among explorers: Chamisso in the South Seas, Bern, Frankfurt (Main) 1973.

Seemann, K. D.: Adelbert von Chamissos Beziehungen zur russischen Literatur, in: Zeitschrift für Slavische Philologie 31 (1961).

Sündermann, Gertrud Maria: Chamissos Balladenstil, Diss. Wien 1940.

Swales, Martin: Mundane Magic: Some Observations on Chamisso's „Peter Schlemihl", in: Forum for Modern Language Studies 12 (1976), Nr. 3, S. 250–262.

Swales, Martin: Chamisso: „Peter Schlemihl", in: Ders.: The German Novelle, Princeton 1977, S. 77–98.

Tardel, Hermann: Studien zur Lyrik Chamissos; in: Programm der Handelsschule zu Bremen, 1903.

Tardel, Hermann: Quellenstudien zu Chamissos Gedichten, in: Archiv für das Studium der neueren Sprachen und Literaturen, Braunschweig 1905.

Tardel, Hermann: Biographische Einleitung zu Chamissos Werken, Leipzig und Wien 1907/08.

Thies, Waldemar: Adelbert von Chamissos Verskunst mit einer Einleitung zur Chamissoforschung, Diss. Frankfurt 1953.

Timler, Friedrich Karl, und *Zepernick,* Bernhard: Chamissos „Übersicht der nutzbarsten und schädlichsten Gewächse", in: Zandera. Mitteilungen aus der Bücherei des deutschen Gartenbaues e. V., Berlin, Bd. 1 (1982), H. 3/4, S. 31–39.

Tunner, Erika: La terrible fascination de l'ombre. Quelques réflexions sur le récit de Chamisso, La Merveilleuse Histoire de Pierre Schlemihl, et sur le roman de Henri Bosco, Une Ombre, in: Actes des journées franco-allemandes, a. a. O., S. 149–154.

Vaugiraud, Jean-Claude de: Les ancêtres d'Adelbert de Chamisso ou l'empreinte de l'héridité, in: Actes des journées franco-allemandes, a. a. O., S. 29–48.

Velder, Christian: Das Verhältnis Adelberts von Chamisso zu Weltbürgertum und Weltliteratur, Diss. Berlin (F. U.) 1955.

Walach, Dagmar: Peter Schlemihls wundersame Geschichte (1814), in: Romane und Erzählungen der deutschen Romantik. Neue Interpretationen, hrsg. von Paul Michael Lützeler, Stuttgart 1980, S. 285–301.

Walach, Dagmar (Hrsg.): Adelbert von Chamisso. Peter Schlemihls wundersame Geschichte. Erläuterungen und Dokumente, Stuttgart 1981.

Walzel, Oskar: Fortunati Glücksäckel und Wunschhütlein, in: Euphorion 4 (1897), S. 132–145.

Weber, Ernst: Kommentar zu „Peter Schlemihls wundersame Geschichte", in: Meistererzählungen der deutschen Romantik, hrsg. und kommentiert von Albert Meier, Walter Schmitz, Sibylle von Steinsdorff und Ernst Weber, München 1985, S. 382–394.

Weigand, Hermann J.: Peter Schlemihl, in: Wert und Wort. Festschrift für Else M. Fleissner, hrsg. von Marion Sommerfeld u. a., New York 1965.

Werner, Hans-Georg: Geschichte des politischen Gedichts in Deutschland 1815–1840, Berlin 1969, S. 146–174 und 308–322.

Werner, Hans-Georg: „Peter Schlemihls wundersame Geschichte", in: Geschichte der deutschen Literatur. Von den Anfängen bis zur Gegenwart, Bd. 7: 1789–1830, Berlin 1978, S. 583–585.

Werner, Klaus: Chamisso als Botaniker – Kritische Anmerkungen zu einem Buch, Flora (1986) 178, S. 203–207.

Wiese, Benno von: Peter Schlemihls wundersame Geschichte. Eine Studie zu Gestaltungsproblemen der Märchennovelle, in: Die deutsche Novelle von Goethe bis Kafka, Bd. I, Düsseldorf 1956.

Wilpert, Gero von: Der verlorene Schatten. Varianten eines literarischen Motivs, Stuttgart 1978.

Winter, Ernst: Die Stellung Adalbert von Chamissos in der Entwicklung der Volkskunde und der Völkerkunde, Diss. Göttingen 1947.

Zeittafel

1781 Zwischen dem 27. und 30. Januar wird Chamisso als sechstes Kind des Comte Louis-Marie de Chamisso und seiner Gemahlin Marie-Anne Gargam auf Schloß Boncourt in der Champagne geboren und am 31. Januar auf den Namen Louis-Charles-Adélaïde getauft.

1789 14. Juli Ausbruch der Französischen Revolution.

1792 Im Mai Flucht der Familie Chamisso nach den Niederlanden.

1793/94 Versteigerung und Abbruch des Stammschlosses Boncourt; Aufenthalt der Familie in Lüttich, später in Luxemburg und Trier; erste Gedichte in französischer Sprache: *Les yeux de mon imagination rédigés par une verve encore dans l'enfance. Chevalier de Chamisso âgé de 13–14 ans. A Liège, Dusseldorf et autres lieux 1793–94.*

1795 Düsseldorf, Würzburg, Bayreuth; Chamisso und seine Brüder bestreiten den Unterhalt der Familie durch den Verkauf selbstverfertigter Miniaturmalereien.

1796 Im Frühjahr Übersiedlung der älteren Brüder nach Berlin; im Mai und Juli folgt die übrige Familie; Louis-Charles wird Page der Königin Friederike Louise; zeitweiliger Unterricht am hugenottischen Collège français.

1798 31. März Fähnrich der preußischen Armee im Berliner Regiment von Götze.

1799 Lektüre Rousseaus, Voltaires, Diderots, Klopstocks und Schillers.

1801 29. Januar Beförderung zum Leutnant; Sammlung französischer Verse: *Contes en vers par un jeune exilé, premier cahier 1801;* Rückkehr der Eltern und Geschwister nach Frankreich.

1802 Übertragung des französischen Trauerspiels *Les amants malheureux ou le comte de Comminge* (1764) von François-Thomas de Baculard d'Arnaud ins Deutsche; im August Reise nach Frankreich.

1803 Rückkehr nach Berlin; *Faust*-Versuch; Verkehr in den Salons der jüdischen Familien Cohen und Ephraim; leidenschaftliche Zuneigung zu der französischen Hauslehrerin Cérès Duvernay; Anschluß an den Romantikerkreis des Polarsternbundes; *Musenalmanach auf das Jahr 1804*; Besuch der Berliner Vorlesung August Wilhelm Schlegels über romantische Poesie; Bekanntschaft mit Fichte.

1804 Intensives Griechischstudium; Auflösung des Berliner

Freundeskreises; Ende Oktober Abreise von Cérès Duvernay nach Königsberg; Ende Dezember erscheint der *Musenalmanach auf das Jahr 1805.*

1805 Arbeit am *Musenalmanach auf das Jahr 1806;* im Oktober verläßt Chamissos Regiment Berlin; Marsch über Magdeburg und Hildesheim nach Hessen; Sprachstudien, Lektüre von Jakob Böhme, Novalis, Tieck, Wackenroder und Brentano.

1806 Festung Hameln; Arbeit an der geplanten Epigrammsammlung *Encheiridion*; Abschiedsgesuch Chamissos vom Militär wird abgelehnt; 18.–25. April Niederschrift von *Adelberts Fabel;* Juli und August *Märchen von dem lieben Gänslein;* August bis Oktober Arbeit an dem unvollendeten Versdrama *Fortunati Glückseckel und Wunschhütlein*; Krieg Preußens mit Frankreich, am 14. Oktober vernichtende Niederlage Preußens in der Schlacht bei Jena und Auerstedt, am 21. November kampflose Kapitulation der Festung Hameln; Tod der Mutter (20. Oktober) und des Vaters (4. November); Reise Chamissos nach Frankreich.

1807 Aufenthalt bei den Geschwistern in Paris, Vertus und Troyes; Ende September Rückkehr nach Berlin; im Oktober zusammen mit Varnhagen Fußreise nach Hamburg.

1808 11. Januar Abschied vom Militärdienst; *Memoire über die Ereignisse bei der Kapitulation von Hameln;* Kapitel für den Roman *Die Versuche und Hindernisse Karls. Eine deutsche Geschichte aus neuerer Zeit* von Varnhagen, Neumann, Fouqué und Bernhardi, das jedoch nicht gedruckt wird; Differenzen mit den patriotischen Kreisen um Schleiermacher in Berlin.

1809 Zeugnis des Wohlverhaltens bei der Kapitulation von Hameln durch die Immediat-Kommission; umfangreiche Sprachstudien; Tätigkeit als Privatlehrer; Lektüre von Cervantes und Dante.

1810 Chamisso folgt Berufung als Lehrer für Griechisch an das Lyzeum von Napoléonville (vormals Pontivy) in der Bretagne, die sich jedoch nicht realisieren läßt; Ende Januar Reise über Hamburg nach Paris, dort Begegnung mit Uhland, A. W. Schlegel, A. v. Humboldt; intimes Verhältnis mit Helmina von Chézy, mit ihr Übersetzung von A. W. Schlegels *Wiener Vorlesungen über dramatische Kunst und Literatur* ins Französische; Sammlung französischer Volkslieder, Liebeslyrik; Ende September Aufenthalt bei Frau von Staël in Chaumont und Fossé, im Winter bei Prosper de Barante in Napoléon-Vendée (La Roche-sur-Yon); Lektüre von Rabelais und altfranzösischen Volksbüchern.

1811 Aufenthalt bei Frau von Staël in Coppet am Genfer See; Begegnung mit Simonde de Sismondi; Übersetzung der französischen Komödie *Conaxa ou les deux gendres dupés* ins Deutsche.

1812 Hinwendung zur Botanik; im Mai Flucht der Frau von Staël über Rußland nach England; im August Rückkehr Chamissos nach Deutschland, dabei Fußreise durch die Alpen und den Jura; im September Ankunft in Berlin; am 17. Oktober Immatrikulation an der Berliner Universität als Student der Medizin, Chamisso belegt Vorlesungen über Botanik, Zoologie, Anatomie, Mineralogie, später über Magnetismus und Naturphilosophie.

1813 Botanische Exkursionen in die Umgebung Berlins zusammen mit Kunth und Schlechtendal; Unterbrechung des Studiums durch die Erhebung des preußischen Volkes gegen die Napoleonische Fremdherrschaft; Mai bis Oktober Aufenthalt Chamissos in Kunersdorf im Oderbruch; erste botanische Schrift über die Potamogetonen: *Adnotationes quaedam ad Floram Berolinensem C. S. Kunthii ...; Peter Schlemihls wundersame Geschichte;* 16.–19. Oktober Völkerschlacht bei Leipzig; Rückkehr Chamissos nach Berlin und Wiederaufnahme des Studiums.

1814 Fortführung der Studien, Arbeit am eigenen Herbarium; „Seraphinen-Abende" mit E. T. A. Hoffmann, Hitzig, Contessa und Fouqué; im Herbst erscheint *Peter Schlemihl's wundersame Geschichte* bei Leonhard Schrag in Nürnberg.

1815 Kapitel zu dem gemeinsam mit E. T. A. Hoffmann, Contessa und Fouqué verfaßten *Roman des Freiherrn von Vieren;* im März Rückkehr Napoleons von der Insel Elba; Entschluß zur Teilnahme an einer russischen Pazifik- und Antarktisexpedition; 15. Juli Reise über Hamburg, Kiel nach Kopenhagen, dort am 17. August Beginn der Reise um die Welt an Bord der Kutterbrigg „Rurik"; 7. September – 4. Oktober Aufenthalt in Plymouth; Atlantiküberquerung, dabei am 13. Oktober Entdeckung des Generationswechsels der Salpen; am 12. Dezember Ankunft in San Catarina (Brasilien).

1816 22. Januar Umseglung von Kap Hoorn; 12. Februar bis 8. März Aufenthalt in Chile; 19. Juni – 14. Juli nach Pazifikdurchquerung Aufenthalt in Kamtschatka; 17. Juli bis 29. August erste Nordfahrt, Entdeckung des Kotzebue-Sunds, Rückkehr nach Unalaschka (Alëuten); 2. Oktober bis 1. November San Francisco; 22. November – 14. Dezember Hawaii.

1817 1. Januar – 13. März Ratak; Rückkehr nach Unalaschka;

28. September – 14. Oktober zweite Nordfahrt, Rückkehr nach Unalaschka; 28. September – 14. Oktober Hawaii; 31. Oktober – 5. November Ratak; 24. November Ankunft in Agaña (Guam), 17. Dezember in Manila (Philippinen).

1818 29. Januar Weiterfahrt durch die Sunda-Straße; 31. März bis 8. April Kapstadt; 24. April St. Helena; 16. – 30. Juni Portsmouth, London, dort Begegnung mit Georges de Cuvier; 3. August Ankunft in Petersburg; Ende September Rückkehr nach Preußen über Swinemünde; am 31. Oktober Ankunft in Berlin; Arbeit an den *Bemerkungen und Ansichten;* Entwürfe zu einem geplanten zweiten Teil der *Versuche und Hindernisse Karls.*

1819 *De animalibus quibusdam e classe vermium Linnaeana in circumnavigatione terrae ... observatis ..., De Salpa;* am 20. März ernennt die Berliner Universität Chamisso zum Dr. phil.; am 23. März Ermordung des Schriftstellers August von Kotzebue; im August Durchsetzung der Karlsbader Beschlüsse zur Unterdrückung der liberalen Oppositionsbewegung in Deutschland; Anstellung Chamissos als Adjunkt am Botanischen Garten in Schöneberg und 2. Kustos am Königlichen Herbarium; am 25. September Heirat mit Antonie Piaste; Begegnung mit dem Bonner Botaniker und Präsidenten der Leopoldina Nees von Esenbeck; im Oktober Mitglied der Leopoldinisch-Carolinischen Akademie der Naturforscher; Gelegenheitsgedichte für Antonie und den Freundeskreis.

1820 Aufstände in Spanien und Neapel, Beginn des griechischen Freiheitskampfes; Chamisso bezieht ein Gartenhaus in Schöneberg, dort am 14. September Geburt des ersten Sohnes Ludwig Deodatus, gen. Ernst; Gelegenheitsgedichte; *Ein Zweifel und zwei Algen; Notice sur les îles de coreil du grand Océan.*

1821 Untersuchung eines Torfmoores bei Linum im Havelland, dazu Publikation *Über das Torfmoor zu Linum, von den Herrn Adalb. v. Chamisso, F. Hoffmann und Chr. Poggendorf;* Vorwort zur französischen Ausgabe des *Peter Schlemihl*; erste politische Sonette (*An die Apostolischen* u. a.), *In malayischer Form,* die *Bemerkungen und Ansichten* erscheinen als 3. Band von Otto von Kotzebues „Entdeckungs-Reise in die Süd-See und nach der Berings-Straße ...“; im September mutmaßliches Verhältnis mit Marianne Hertz, geb. von Halle, dem als vermutlicher Sohn Chamissos Wilhelm Ludwig Hertz (1822–1901), der spätere Verleger Fontanes, entstammt.

1822 Im Juli Brand des Schöneberger Gartenhauses, Umzug nach der Lindenstraße; Bekanntschaft mit Hoffmann von Fallersleben; sog. *Windmüllerlieder, Tragische Geschichte, Die goldene Zeit, Nachdichtungen* u. a.

1823 Reise nach Greifswald und Rügen, darüber Publikation *Untersuchung eines Torfmoores bei Greifswald und ein Blick auf die Insel Rügen* (erscheint 1824).

1824 Juli/August Fußreise nach dem Harz; Mitglied der von Hitzig gegründeten literarischen „Mittwochsgesellschaft" in Berlin; Gelegenheitsgedichte; Arbeit an *Übersicht der nutzbarsten und der schädlichsten Gewächse, welche wild oder angebaut in Norddeutschland vorkommen,* dazu Einleitung *Ansichten von der Pflanzenkunde und vom Pflanzenreich* (erscheint 1827).

1825 Aufführung des Lustspiels *Die Wunderkur* am 9., 12. und 14. Mai in Berlin; *Über die Torfmoore bei Kolberg, Gnageland und Swinemünde;* im Oktober Reise nach Paris, um seinen Anteil an der von der französischen Regierung gewährten Emigrantenentschädigung zu sichern; Teilnahme an politischen Demonstrationen der liberalen Opposition; Zusammenkunft mit Lafayette, Auguste de Staël, dem französischen Weltumsegler Dumont d'Urville und dem Geographen Bory de St. Vincent; Besuch bei de La Foye in Caën; Rückkehr über Brüssel, Köln, Bonn, dort Besuch bei Nees von Esenbeck.

1826 Im Januar Ankunft in Berlin; Beginn der fortlaufenden Veröffentlichung der botanischen Ergebnisse der Weltreise in Schlechtendals Zeitschrift „Linnaea" unter dem Titel: *De plantis in expeditione speculatoria Romanzoffiana observatis* ...; Beginn der Béranger-Rezeption in Chamissos Lyrik: *Nachtwächterlied, Polterabend* u. a.

1827 Im Juni Geburt der Tochter Adélaïde; umfangreiche lyrische Produktion, darunter die Gedichte *Die Sonne bringt es an den Tag, Der Invalid im Irrenhaus, Das Schloß Boncourt, Die Löwenbraut, Der Frau Base kluger Rat;* im Mai Veröffentlichung der ersten Gedichtsammlung im Anhang zur zweiten Auflage des *Peter Schlemihl.*

1828 *Der Wunder-Doktor,* Nachdichtung von Molières „Le médecin malgré lui" (Arzt wider Willen); *Der Stein der Mutter, Die Giftmischerin, Der neue Ahasverus, Erscheinung, Abdallah, Die Kartenlegerin* (nach Béranger); Aufsatz *Über Zensur und Preßfreiheit.*

1829 Im März Geburt der zweiten Tochter Johanna; *Salas y Gomez, Vergeltung, Rede des alten Kriegers Bunte-Schlange, Der Bettler und sein Hund, Chios* u. a.; erfolglose Leseprobe des

Lustspiels *Der Wunder-Doktor* am 5. November am Königstädtischen Theater.

1830 Julirevolution in Paris, Freiheitskampf der Polen, Unruhen in Belgien, Italien, Süd- und Mitteldeutschland; im September Reise Chamissos nach Hamburg zur Versammlung der Naturforscher und Ärzte; Zusammentreffen mit Heine; in Berlin Unruhen unter den Schneidergesellen; *Frauen-Liebe und Leben, Mateo Falcone, der Korse, Das Malerzeichen, Das Kruzifix, Das Dampfroß, Memento* u. a.; Geburt des dritten Sohnes Adolph.

1831 *Hans im Glücke, Lebens-Lieder und Bilder, Kleidermacher-Mut, Die Verbannten, Das Gebet der Witwe, Deutsche Volkssagen, Der Szekler Landtag* u. a.; Gesamtausgabe der Gedichte im Weidmannschen Verlag.

1832 Redaktion des *Deutschen Musenalmanach* zusammen mit Gustav Schwab; *Zur Einleitung in den deutschen Musenalmanach; Das Urteil des Schemjáka, Ein Gerichtstag auf Huahine, Abba Glosk Leczeka, Vetter Anselmo, Der Soldat* (nach Andersen), *Ein Baal Teschuba, Der Klapperstorch* u. a.; am 27. Mai Hambacher Fest; im August Reise nach Rügen; im Oktober Geburt des vierten Sohnes Hermann.

1833 Seit April 1. Kustos am Königlichen Herbarium; nach schwerer Grippe im Mai/Juni ständige Kränklichkeit Chamissos; *Sage von Alexandern, Der rechte Barbier, Der alte Sänger, Die rote Hanne, Der Bettler, Prophezeiung des Nostradamus auf das Jahr MM* (3 Lieder nach Béranger), *Die alte Waschfrau.*

1834 *Der Republikaner zu Paris, Die Kreuzschau, Stimme der Zeit, Die letzten Sonette;* zweite erweiterte Auflage der gesammelten *Gedichte.*

1835 Im Januar Geburt des fünften Sohnes Adelbert; im Mai Abschluß des *Tagebuch* zur *Reise um die Welt;* dritte Auflage von *Peter Schlemihls wundersamer Geschichte;* am 7. Mai Wahl zum Mitglied der Berliner Akademie der Wissenschaften; Juli/August Kuraufenthalt in Bad Reinerz in Schlesien; 10. Dezember Bundestagsbeschlüsse gegen das Junge Deutschland, Verbot der Schriften Heines, Börnes, Gutzkows u. a.

1836 Auszug der schwäbischen Dichter aus dem *Musenalmanach* wegen des vom Verlag gewählten und von Chamisso gebilligten Porträts von Heine als Titelkupfer; Juli/August Kuraufenthalt in Bad Charlottenbrunn in Schlesien; Akademieabhandlung *Über die hawaiische Sprache;* dritte vermehrte Auflage der *Gedichte*; Herausgabe der *Werke* in vier Bänden.

1837 Am 21. Mai Tod der Gattin; im Herbst Reise nach Leipzig, Fahrt auf der ersten Teilstrecke der Eisenbahn Leipzig–Dresden, Besichtigung der Brockhausschen Großdruckerei; Vorwort zur zweiten Auflage der französischen *Schlemihl*-Übersetzung; Vorbereitung der Stereotyp-Ausgabe von *Peter Schlemihls wundersamer Geschichte; Traum und Erwachen, Der arme Heinrich.*

1838 Februar bis April Nachdichtung der Lieder von Béranger in Gemeinschaft mit Franz von Gaudy; *Rechenschaftsbericht von dem fortgesetzten Studium der hawaiischen Sprache; Zweites Lied von der alten Waschfrau, Mahnung, Seht auf schwarzbeschlagner Bahne* ..., im Juni Anzeige der *Gedichte von Ferdinand Freiligrath* durch Chamisso im Stuttgarter „Morgenblatt"; *Ein russisches Lied;* am 4. August Versetzung in den Ruhestand; am 12. August Abschluß der Redaktion des *Deutschen Musenalmanach 1839.* Am 21. August Chamisso in Berlin gestorben, am 23. August Bestattung auf dem Friedhof vor dem Hallischen Tor.

Personenregister

Das Register erfaßt nur die im Textteil erwähnten Personen.

Nachweis der Bildquellen

Deutsche Staatsbibliothek Berlin: Frontispiz, 15, 19, 21, 23, 28, 30, 31, 32, 33, 40, 42, 51, 53, 57, 58, 59, 67, 89, 113, 114, 118, 120, 121, 122, 123, 125, 126, 128, 134, 138, 142, 152, 158, 164, 169, 182, 184, 185, 186, 196, 200, 203, 204, 205, 207, 210, 215, 217, 219, 221

Märkisches Museum Berlin: 12, 14, 17, 117, 129

Sächsische Landesbibliothek Dresden, Abt. Deutsche Fotothek: 49

Herbarium der Sektion Biowissenschaften der Martin-Luther-Universität Halle–Wittenberg: 124

Sammlung Frau Dorothea von Chamisso: 6, 7, 8, 9, 18, 220

Sammlung Dr. Walther Migge: 155

Archiv des Verlages: 70, 71, 76, 78, 81, 83, 85, 90, 91, 92

Louis Choris, Voyage pittoresque autor du monde. Paris 1822
Louis Choris, Vues et paysages des régions équinoxiales. Paris 1826: 96, 97, 98, 99, 100, 101, 102, 103, 104, 105, 106, 107, 108, 109, 111

Die Zeichnungen E. T. A. Hoffmanns, hrsg. von Leopold Hirschberg, Potsdam 1921: 34, 74, 127

Deutsche Geschichte in drei Bänden, Berlin 1965, Band 2: 45, 68, 177, 179, 206

Propyläen Weltgeschichte, hrsg. von Walter Goetz, Berlin 1931, Band 7: 146, 167, 171

D. Steinberg: 218

Obwohl einige Abbildungen leider von mangelhafter technischer Qualität sind, wollten wir auf die Wiedergabe der zeitgenössischen Dokumente und Porträts wegen ihres dokumentarischen Wertes nicht verzichten.

Zum Verfasser der Biographie

Werner Feudel (geb. 1926) studierte an der Martin-Luther-Universität Halle–Wittenberg Germanistik. Seine wissenschaftlichen Lehrer waren unter anderen E. Hadermann und V. Klemperer. 1965 Promotion A, 1985 Promotion B. Nach dem Studium Tätigkeit als Verlagslektor im Mitteldeutschen Verlag Halle–Leipzig und im Verlag der Nation Berlin; danach als wissenschaftlicher Assistent an der Universität Halle, seit 1967 wissenschaftlicher Mitarbeiter am Zentralinstitut für Literaturgeschichte der Akademie der Wissenschaften der DDR. Sein Arbeitsgebiet ist die deutsche Literatur des 19. Jahrhunderts. Von ihm erschienen Aufsätze zur deutschen Vormärzliteratur und Editionen von Werken Chamissos, Lenaus, Mörikes, Immermanns, Gotthelfs und Fontanes. Werner Feudel ist Mitautor von Bd. 8,1 der „Geschichte der deutschen Literatur" (Darstellung der Vormärzlyrik). Er arbeitet zur Zeit an einer Gesamtausgabe der deutsch- und französischsprachigen Briefe Chamissos.

Inhalt

Anhang

HEINZ UND GUDRUN BECKER
Giacomo Meyerbeer

Ein Leben in Briefen

Zum Teil aus dem Französischen übertragen und mit einer Einleitung von H. und G. Becker
Mit 84 Abbildungen
Band 1213 · Broschur 4,– M

Giacomo Meyerbeer (1791–1864), gebürtiger Berliner, errang als Opernkomponist (u. a. „Robert der Teufel", „Der Prophet", „Die Hugenotten") im Paris der 30er und 40er Jahre Weltruf. Mit neuen Klangbildern gab er der Oper des 19. Jahrhunderts entscheidende Impulse. Die Autoren versuchten, durch eine wohlerwogene Auswahl aus den Hunderten – vom Komponisten auf längere Zeit vertraulich verfügten, von den Erben bisher zurückgehaltenen – Briefen möglichst alle Stationen von Meyerbeers Leben sichtbar und zugleich das Werk verständlich zu machen. Zwischentexte geben notwendige Informationen. Zu den Adressaten gehören u. a.: die Mutter, seine Frau und Töchter, Freunde, Kollegen, Operndirektoren, der Adel und das Preußische Königshaus, Heinrich Heine, Carl-Maria von Weber, die Librettisten Eugène Scribe und Alexandre Dumas.

Universal Bibliothek BIOGRAFIEN

Mathias Hansen

ANTON BRUCKNER

Mit einer Vorbemerkung des Autors. Mit 86 Abbildungen und Notenbeispielen
Band 1173 (Sonderreihe) · Broschur 4,– M

Bei Anton Bruckner (1824–1896) liegt wohl der einmalige Fall vor, daß ein Künstler als rücksichtslos-blinder Zerstörer geheiligter Traditionen geschmäht und andererseits zum verklärenden Vollender eben dieser Traditionen erhoben wird. Der Autor Mathias Hansen, wissenschaftlicher Mitarbeiter an der Akademie der Künste der DDR, bringt durch detaillierte Untersuchungen zu Leben und Werk des Komponisten für Forschung und Interpretationspraxis wertvolle neue Erkenntnisse.

Universal Bibliothek BIOGRAFIEN

Renate Hartleb

KARL HOFER

Mit 32 Abbildungen
Band 1118 · Broschur 3,– M

Karl Hofer (1878–1955) gehört, ähnlich wie z. B. Oskar Kokoschka oder Max Beckmann, zu den großen Einzelgängern in der deutschen Malerei des 20. Jahrhunderts. Er ging sensibel und kompromißlos einen Weg der „Mitte", antwortete auf schlimme Erfahrungen mit konstruktiver Aktivität; sein Werk ist einerseits Mahnung und Warnung vor zerstörerischen Kräften, andererseits Sehnsucht nach Schönheit und Harmonie. Renate Hartleb beschreibt das Leben des Künstlers und deutet die Welt seiner Bilder.

Universal Bibliothek KUNSTWISSENSCHAFTEN

KARL FRIEDRICH ZELTER
JOHANN WOLFGANG GOETHE

Briefwechsel

Eine Auswahl

Herausgegeben und mit einem Vorwort
von H.-G. Ottenberg
Mit Notenbeispielen und fünf Faksimiles
Band 1188 (Sonderreihe) · Broschur 4,– M

Von insgesamt 871 Briefen vereint diese Ausgabe etwa ein Viertel, ausgewählt unter dem Gesichtspunkt der Aussagen Zelters und Goethes zum Gegenstand Musik. Schon die Schilderung denkwürdiger Ereignisse – der Begegnung Goethe–Beethoven 1812, der Berliner „Freischütz"-Inszenierung 1821, der epochalen Aufführung von Bachs Matthäus-Passion 1829 – macht den Briefwechsel zu einer einzigartigen musikhistorischen Quelle. Darüber hinaus reflektieren Goethe und der Berliner Musiker und Maurermeister Zelter Grundfragen der Tonkunst. Der Briefdialog ist ein Zeugnis einer tiefen und beständigen Freundschaft.